教育部基础教育课程教材发展中心组织编写

中小学学科教学关键问题指导丛书

初中地理教学关键问题指导

Chuzhong Dili Jiaoxue Guanjian Wenti Zhidao

河南省基础教育教学研究室
山西省教育科学研究院 研发
福建省普通教育教学研究室
丁武营 李元平 郑云清 主编
林培英 指导

高等教育出版社·北京

内容提要

本丛书由教育部基础教育课程教材发展中心组织编写。

本书从地理课程的核心要素、核心内容、教学策略三个方面梳理、提炼出本学科的21个教学关键问题，每个教学关键问题包括：教学关键问题分析、教学关键问题解决、案例示范、评述与建议、校本研修建议，阐述了教学关键问题的理论研究、问题梳理的来龙去脉和解决策略。这21个教学关键问题的解决对应37个教学案例文本及微课程，每个微课程以二维码呈现，包括：说课、上课、教学反思、案例评析四段微视频。全方位地呈现了初中地理教学关键问题的课堂实践和教学指导。读者可以扫描二维码观看，也可以使用书后配的学习卡登录学习平台，在线观看。本书及配套的数字化资源有助于教师提升教学品质，发展教师专业素养，从而促进学生地理核心素养的培养和能力的提升。

本书为初中地理教师的培训教材，供初中地理教师自学或研修使用。本书可以作为初中地理教师资格考试的参考书，也可作为高等院校相关专业师范生的教学参考书，还可供中小学地理教育研究者参考使用。

图书在版编目（CIP）数据

初中地理教学关键问题指导／丁武营，李元平，郑云清主编；教育部基础教育课程教材发展中心组织编写. --北京：高等教育出版社，2016.9

（中小学学科教学关键问题指导丛书）

ISBN 978-7-04-045946-3

Ⅰ.①初…　Ⅱ.①丁…　②李…　③郑…　④教…　Ⅲ.①中学地理课-初中-教学参考资料　Ⅳ.①G633.553

中国版本图书馆CIP数据核字(2016)第168875号

策划编辑　魏振水　王文颖　　责任编辑　王文颖　　封面设计　王　鹏　　版式设计　范晓红

插图绘制　杜晓丹　　责任校对　窦丽娜　　责任印制　刘思涵

出版发行　高等教育出版社
社　　址　北京市西城区德外大街4号
邮政编码　100120
印　　刷　河北鹏盛贤印刷有限公司
开　　本　787mm×1092mm　1/16
印　　张　15
字　　数　330千字
购书热线　010-58581118
咨询电话　400-810-0598

网　　址　http://www.hep.edu.cn
　　　　　http://www.hep.com.cn
网上订购　http://www.hepmall.com.cn
　　　　　http://www.hepmall.com
　　　　　http://www.hepmall.cn
版　　次　2016年9月第1版
印　　次　2016年9月第1次印刷
定　　价　39.80元

物 料 号　45946-00

丛书编委会

本册编委会

序言

十五年来，基础教育课程改革成效显著。主要表现在，德育为先、能力为重、全面发展的教育理念得到普遍认同，符合素质教育和时代要求的课程教材体系不断完善，教育教学改革和人才培养模式改革不断深化。为了每一个学生的发展，广大中小学教师努力在更新教育理念、改革教育方法、推进教学育人等方面进行探索。

从实施层面来看，基础教育课程改革还面临着诸多严峻的挑战。特别是在课堂教学方面。从整体上看，广大中小学教师对课程标准的理解和研究水平还不高，基于课程标准的教学实践能力还比较薄弱，新课程理念与教学实践之间还缺乏深度融合；注重知识传授、忽视学科核心素养培养的教学现象比较普遍；机械训练、死记硬背的学习方式还没有发生本质变化，自主合作探究的学习方式尚未全面推开。这些问题的存在，影响着教学改革的全面深入推进，影响着国家课程的高质量校本化实施，影响着课堂教学质量的提升。

为研究解决课堂教学面临的诸多问题和困难，教育部基础教育课程教材发展中心（以下简称“教育部课程教材中心”）在广泛征求意见并开展调研工作的基础上，于2014年正式启动了“中小学学科教学关键问题实践研究”项目。本项目紧密围绕基础教育各学科课程标准的实施，以各学科教学关键问题的梳理、提炼与解决为突破口，遵循“自上而下”与“自下而上”相结合的研究理念，广泛发动基层教研机构专业力量和中小学骨干教师，充分凝聚来自基层的实践智慧，协同攻关，着力解决，帮助中小学教师在教学实践中准确把握并贯彻落实课程标准的思想精髓和根本要求，旨在显著提升中小学教师的教学研究水平和教学水平，整体提升国家课程校本化实施水平。在研究过程中，我们充分发挥信息化手段在优质课程教学资源传播上的巨大优势，建设网络资源平台，确保开发的优质课程教学资源在更大范围内使更多的中小学教师受益。

根据当前实际情况，本项目研究分为两个阶段组织实施。第一阶段，围绕义务教育各学科教学关键问题开展实践研究。第二阶段，待教育部正式印发修订后的普通高中各学科课程标准后，启动普通高中各学科教学关键问题实践研究。目前呈现给大家的是小学和初中学段各学科教学关键问题实践研究的成果。

在项目研究中，明确“教学关键问题”的内涵至关重要。课题研究组认为，必须基于课程标准，站在立德树人的高度，对“教学关键问题”的本质内涵进行界定。基于此，课题研究组认为，“教学关键问题”指的是：对培养学生核心素养有着重要影响的教学问题。这与一般意义上所指的关于具体知识点的、琐碎的、零散的教学问题有着本质区别。可以从四个方面来理解“教学关键问题”的指向：一是如何选取对学生发展最有价值、最有意义的核心学习内容；二是如何引导学生形成学科核心思想方法、核心能力及重要价值观；三是如何进行有效的教与学的活动设计，有力支持教学目标的实现；四是如何对教学进行全过程、持续性的发展性评价。教学关键问题的提炼与有效解决，为中小学教师深入理解课程标准，高质量开展基于课程标准的教学，提供了实在、具体的载体；对深化课程改革、整体提高教学效益、显著提升育人水平、促进教师专业发展，具有重要的现实意义。

为了准确提炼各学段各学科教学中的关键问题，避免随意性和主观性，经认真研究，课题研究组提出了三种互补并行的思路。思路一，认真研读义务教育各学科课程标准，特别是课程理念、课程目标、课程内容、实施建议中的重要论述，从中提炼学科教学关键问题。思路二，通过文献检索，全面总结学科核心思想与方法，特别是学科中的核心概念与原理，提炼教学关键问题。思路三，基于大样本的课堂观察、学业监测、教研活动和教师培训活动，梳理师生在课堂教与学的过程中普遍存在的难点和困惑，提炼教学关键问题。最终提炼出的教学关键问题具有内在的逻辑性，体现了系统性和整体性。

本项目对教学关键问题进行实践研究，在于力图消除理论与实践之间的“两张皮”现象，促成理论与实践之间的深度融合。一方面，重视科学理论在解决教学关键问题上的专业指导和方向引领；另一方面，更加强调通过基于多种解决方案的实践教学，进一步验证、完善并丰富理论，从而探寻解决教学关键问题的科学、管用、普遍之道。

梳理提炼、研究解决基础教育各学段各学科教学关键问题，无疑是一项专业性极强、难度颇高、任务艰巨的研究工作，不是一个团队、一个单位就能高质量完成的。教育部课程教材中心高度重视项目研究工作，专门成立了工作领导小组，由田慧生主任担任组长、刘月霞副主任担任副组长。工作领导小组负责对项目研究进行顶层规划和整体设计，指导研制项目工作方案，审定各学科项目研究成果，推动项目研究成果的推广与使用，提高研究成果的社会效益。

为确保项目研究成果质量，教育部课程教材中心组建了以国家基础教育课程标准研制组负责人或核心成员为主的学科专家指导组，遴选确定了教研能力强的省市级教研机构，委托承担不同学科的项目研究任务。在高等教育出版社的支持下，充分发挥各方优势，协同推进研究工作，确保项目研究成果质量。

在项目研究中，教育部课程教材中心充分发挥学科专家指导组的作用。学科指导专家全程参与相应学科的项目研究过程，通过各种方式指导各学科项目组梳理、提炼、研究、解决教学关键问题，审读各学科项目研究成果，确保各学科项目的研究方向和成果质量。在教育部课程教材中心及学科指导专家的指导下，具体承担各学段各学科项目研究任务的省市级教研机构高度重视，组建了学科研究团队。研究团队包括省域内外教学理念先进、研究能力突出、实践经验丰富的特级教师、国培专家、省级学科带头人等教学实践专家，教学实践专家与学科指导专家开展联合攻关，协同研究，确保了成果质量。作为项目研究的合作单位，高等教育出版社在研究经费、微课视频案例展示网络平台建设，以及研究成果编辑、出版、宣传、推广等方面提供了大力支持。

项目最终研究成果主要包括两部分：一是在明确学科教学关键问题内涵的基础上，全面系统梳理、提炼中小学各学段、各学科教学关键问题，提供指向问题解决的实践指导策略，开发与指导策略相对应的文本教学案例资源。二是视频形态的教学关键问题实践解决微课教学案例资源。每个微课视频教学案例包括说课、上课、反思和点评四部分。特别说明的是，各学科教学关键问题的微课教学案例随书赠送，可以通过扫描书中的二维码直接访问学习。

优质课程教学资源要发挥巨大的社会效益，关键在于应用。我们希望，本套资源有助于引领基础教育课堂教学方向，有助于提高中小学教师高水平实施国家课程的能力和水平，有助于整体提升区域基础教育教学质量。同时，我们认为，本套资源对于各级教研机构和教学研究人员开展教研活动，国培机构、教师培训机构开展教师培训和研修活动，师范院校创新教师培养模式，不断提高师范生教学能力，也将发挥重要的专业支持作用。

教育部基础教育课程教材发展中心
2015年6月

目录

绪言

《国家中长期教育改革和发展规划纲要（2010—2020 年）》强调，今后一个时期，要把提高质量作为教育改革发展的核心任务。党的十八大及十八届三中全会明确提出要深化教育领域综合改革，落实立德树人根本任务。教育部在《关于全面深化课程改革落实立德树人根本任务的意见》中提出要提升育人水平，特别强调各地要启动实施一批教学改革项目，激发学校和教师创新育人方式方法。为此，教育部基础教育课程教材发展中心研究设立、启动“中小学学科教学关键问题实践研究”项目，以聚焦课堂教学关键问题的解决为突破口，通过组建专业团队开展实践研究，以及探索多种方式实现成果的推广使用，达到深入推进课程改革、显著提高课程实施质量和课程育人水平的目标。

受教育部基础教育课程教材发展中心委托，河南省基础教育教学研究室、山西省教育科学研究院、福建省普通教育教学研究室联合承担了“初中地理教学关键问题实践研究”子课题的研究工作。2014 年 5 月—2015 年 6 月，三省地理教研员和一线优秀教师联合攻关，围绕“初中地理教学关键问题”开展了理论与实践相结合的研究，取得了丰硕成果。这些研究成果，在帮助教师准确理解《义务教育地理课程标准（2011 年版）》，把握地理学科的核心思想与方法，解决地理教学关键问题，提升地理教师的教学水平和实践能力，促进教师的专业发展等方面，发挥重要作用。

一、地理教学关键问题内涵的界定

地理教学关键问题是指在地理教学过程中，对培养学生深入理解学科核心内容、学科本质、学科核心思想与方法，形成良好的思维习惯和解决实际问题能力具有重要影响的关键要素。教学关键问题是对教学活动起决定作用的问题，是一个学期、一个单元、一节课教学活动链条中的关键环节，是联系全部教学活动的轴心，是必须要让学生掌握、理解、探明的主要知识和技能。

教学关键问题具有统摄性、衍生性。它是一个教学活动单元的统领者与链接者，是整个教学活动的母体，相对而言，其他课堂知识技能都是从这一基点衍生出来的，都是为这个核心知识在课堂教学中的展开或习得服务的。教学关键问题的解决能实现对整个课堂知识体系的生成与扩容。

二、初中地理教学关键问题的提炼

在提炼地理教学关键问题的过程中，充分考虑了以下几个方面：（1）2011 年颁布的初中地理课程标准；（2）地理学科中具有重要价值或居于核心地位的概念、原理、方法，如地理实践能力、全球视野、家国情怀、人地观、区域认知、地理空间思维等；（3）对未来公民综合文化素养有用的、对学生能力发展具有重要意义的问题，或学生发展的分化点；（4）教师在教学实践中普遍感到困惑的问题，教学中的难点、不易讲清楚的地方；（5）有一定研究和实践基础还值得深入研究的问题。此外，地理教学关键问题必须能够体现地理学科特点，有前瞻性。

基于上述考虑，从地理课程的核心素养、核心内容、教学策略三个方面梳理、提炼出本学科的教学关键问题，整体框架如下图所示。

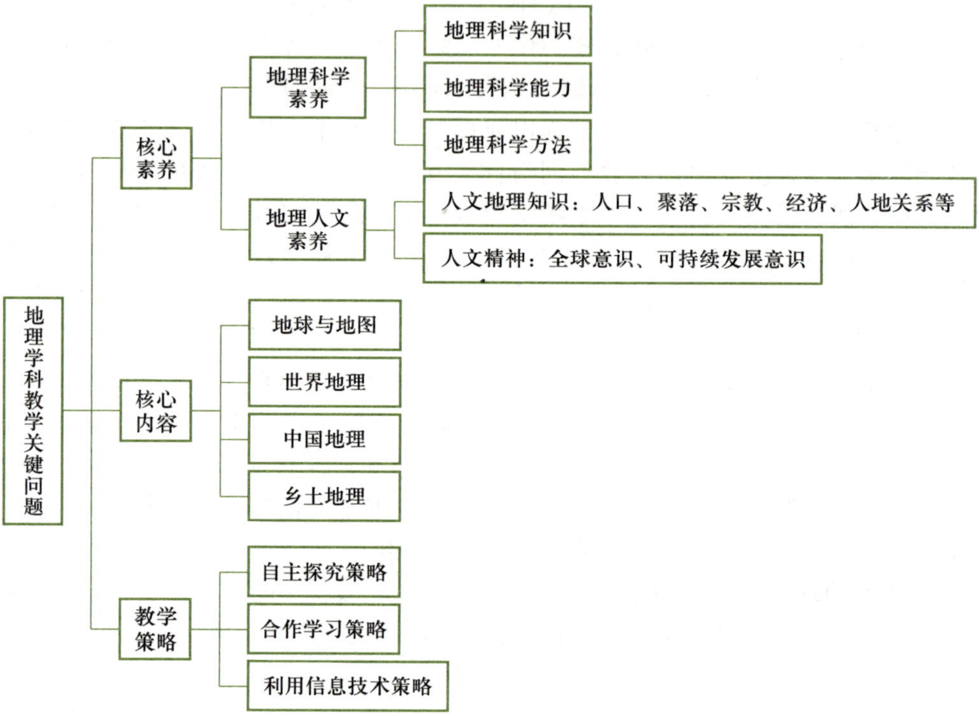

三、初中地理教学关键问题实践研究的意义

初中地理教学关键问题实践研究的意义在于：（1）基于学科思想、学科发展核心素养，对学科课程进行再建构。项目研究来自实践，来自一线的需求，整个研究过程是专家理论指导与一线教师实践智慧的有机整合。（2）促进现代化信息技术与教学环节的深度融合。（3）文本的整理和微课程的录制，为一线教师提供优质、丰富的课程资源。（4）为教师提供教学关键问题的解决方案，促进教师专业发展，促进教师转变教育观念，促进教师对教育观念的深度思考。

四、初中地理教学关键问题实践研究关注的重点

在知识爆炸的时代，面对学生未来发展，什么样的教学内容最有意义？教什么？落实什么样的目标？用什么方法和行为进行教学？怎样教？用什么样的方式反馈学生的学习？基于上述思考，在研究过程中，我们重点关注以下内容：（1）党的十八届三中全会提出“立德树人”是教育的根本任务，“立德树人”应成为教师教学实践中重点把握的问题。我们结合学科特点，重视学科育人功能，重视学科德育要素的挖掘、

渗透和落实。（2）如何把握学科本质和学科思想，怎样研究和落实学科核心素养，如何把学科发展核心素养转换成学生学业质量标准，最终培养学生对学科本质、学科思想方法的把握，发展学科核心素养。（3）基于地理学科体系和核心概念，提炼出初中地理教学关键问题，厘清这些问题对地理学科教学观念与方法起到哪些作用。（4）初中地理教学关键问题不仅是研究教师的教学，最终目的是优化学生的学习，让学生自主学习、合作学习，促进学生能力的培养。

五、阅读和使用本书的建议

本书提炼出 21 个初中地理教学关键问题。对这些教学关键问题的提出和价值进行分析解读；针对教学关键问题给出具体的解决策略和方法，结合教学案例进行分析和评述并提出建议，对教学关键问题的研究做进一步拓展与深化。

建议教师从四个角度来理解初中地理教学关键问题：一是思考哪些是初中地理课程最有价值、最有现实意义的内容；二是思考初中地理教学应培养学生形成什么样的能力和价值观，掌握什么方法；三是思考通过什么样的教与学的活动支持教学目标的实现；四是思考运用什么理念、策略和工具对教学进行全过程的评价。

具体要求：一是认真研读《义务教育地理课程标准（2011 年版）》（简称《课程标准（2011 年版）》），能够逐条分解细化课程标准；二是深入理解地理核心思想与方法，正确把握地理核心概念和原理；三是基于课堂教与学过程中存在的难点，进行深入分析研讨；四是针对初中地理关键问题，分析书中提供的案例，通过自己的实践提出更多切实可行的解决方案。

第一部分
地球与地图

地理学是研究地理环境以及人类活动与地理环境相互关系的科学。地理环境由大气圈、水圈、岩石圈、生物圈及人类智慧圈等圈层所构成，是地球表层各种自然现象、人文现象有机组合而成的复杂系统。地理环境各要素的运动、变化规律，以及各要素之间相互作用的机制，都与地球所处的宇宙环境以及地球的运动有关。因此，要认识地理环境，就必须了解地球的有关知识。在学校地理课程中，从小学、初中、高中到大学，往往是从学习地球知识开始的。

地图是记录和传递地理信息的工具。作为一种工具，地图对于地理学习至关重要。另一方面，现实生活中，我们越来越多地与地图打交道，而在学校课程中，只有地理课才讲授有关地图的知识。因此，地图也是地理学习的另一重要基础。

初中阶段的地理课程包括四部分内容：地球与地图、世界地理、中国地理和乡土地理。其中，“地球与地图”是学生学习区域地理的基础。学生通过有效的方法获得有关地球与地图的知识，学会运用地球仪和地图这两种学习工具，为之后的地理学习打好根基，从而更好地学习生活中有用的地理和对终身发展有用的地理。

在《地理课程标准（2011 年版）》中，对“地球”部分的内容目标从两方面做了要求：一是地球的形状、大小与运动，主要是学习地球本身的基本属性；二是地球仪，通过学习人类模拟的地球模型——地球仪来认识地球。对“地图”部分的内容目标也可以概括为两个方面的要求：一是学习有关地图的基本知识，包括地图三要素等；二是地图的运用，包括地形图的判读和在地图上查找地理信息。

通过对学生的调查问卷和对教师的访谈发现，“地球与地图”这部分内容教学中，下列三个方面的教学内容一直是学生学习的难点，也是教师教学的难点。因此，将以下三个教学关键问题作为研究对象：

1-1　如何帮助学生运用地理现象说明地球的运动，并在生活中发现地理现象？

无论对于本部分的学习，还是对于整个中学阶段的地理学习，认识地球的运动都是一个重要的学习目标。地球的运动包括围绕地轴的自转和环绕太阳的公转，这两种运动的合运动，具有重要的地理意义，产生了许多重要的地理现象。这些地理现象是地理环境的形成，以及地理环境各要素运动变化的基础，并进一步影响到人类活动。因此，对于地球运动的学习目标应该延伸到对人类活动的影响，这样也体现了学习的实用价值，突出了“人地关系”。

1-2　如何帮助学生认识地球仪，并初步建立地理空间概念？

地球仪是地理学习和研究的一种工具。利用地球仪可以帮助学生逐步建立地理空间概念，让学生直观地了解地球的形状、地表海陆分布、各地理要素的空间位置和空间分布等，还可以形象地演示地球的运动，帮助理解地球运动的地理意义。认识地球仪的作用，了解经纬线和经纬度，认识经纬网，并利用经纬网给任何地点定位，这是学习地理应达到的基本技能之一。

1-3　如何帮助学生阅读等高线地形图，并掌握识别各种地形图的方法？

等高线地形图是地理图表中基础地图类型之一，在地理学习中占据着重要的地位。等高线地形图的判读是达成“利用等高线的特点判断山体的不同部位”“在地形图上识别五种主要的地形类型”等学习目标的基础，也是培养学生掌握阅读和使用地图基本技能的关键。

教学关键问题1-1 如何帮助学生运用地理现象说明地球的运动，并在生活中发现地理现象

教学关键问题分析

（一）问题的提出

地理学是研究地理环境以及人类活动与地理环境相互关系的科学。地理环境各要素的运动、变化规律，以及各要素之间的相互作用，都与地球所处的宇宙环境以及地球的运动有关。因此，要认识地理环境，就必须了解有关地球运动的知识。在学校地理课程中，从小学、初中、高中到大学，往往都是从学习地球知识开始，地球的运动是初中地理地球部分的重要内容。地球的运动包括围绕地轴的自转和环绕太阳的公转，这两种运动的合运动是地理环境各要素运动变化的基础，也产生了许多重要的地理现象，具有重要的地理意义。七年级学生建立空间概念比较困难，所以认识地球的运动一直是教学的难点。

结合地理课标要求，我们将“如何帮助学生运用地理现象说明地球的运动，并在生活中发现地理现象”作为关键问题进行研究。

（二）问题的价值

本教学关键问题的解决，有利于学生空间观念和整体观念的形成，有利于培养学生在生活中发现地理现象的能力。

自转和公转运动形成的原因，如黄赤交角、正午太阳高度的变化、太阳直射点的回归运动等，都需要较强的空间思维能力和整体观念，一般不作深入的分析，也尽量避免出现这些概念。

地理课标不要求学生系统地理解地球运动的地理意义，要求学生能用地理现象说明地球的自转和公转。教学中，教师应指导学生观察、体验生活中的昼夜变化、太阳高度变化、四季交替等现象，运用这些现象说明地球的自转和公转。本教学关键问题体现了生活中的地理。

（三）问题的分析

本教学关键问题的核心内容是地球的运动，核心能力是运用地理现象说明地球的运动，核心素养是在生活中发现地理现象的意识。

地理课标对“地球的运动”这部分内容的要求是：“用简单的方法演示地球自转和公转”和“用地理现象说明地球的自转和公转”，这是教学的难点。

根据地理课标的要求，“地球的运动”的学习包括两方面的内容：地球的运动形式和地球的运动产生的地理意义。地球运动的基本形式包括地球的自转和公转；地球的运动产生的地理意义则包括地球自转产生的地理意义（昼夜的更替、时差的产生、水平运动的物体运动方向发生偏转等）以及地球公转产生的地理意义（正午太阳高度的变化、四季的更替、五带的形成等）。地理课标将“地球运动所产生的地理意义”这部

分的难度降低，在语言表述中用“地理现象”代替了“地理意义”。

地球运动对太阳辐射的分布和变化的影响深刻，可以看成间接影响气候的一个重要因素。考虑到七年级学生的认知水平，在具体内容的处理上，突出地球运动（自转和公转），特别是公转造成正午太阳高度和昼夜长短随纬度和季节的变化，以及这些变化如何影响太阳辐射的分布差异，如何决定了地球上不同热量带的形成和气候特征的季节变化。昼夜的变化，学生一般都能直接感受到，用它来说明地球的自转，学生容易理解；在地球公转产生的地理现象中，四季更替和不同纬度地区热量的差异，是初中学生不易理解的。

学习对生活有用的地理是地理课程基本理念之一。地球运动相关知识与生活密切联系，发现地理现象可以作为引导学生在生活中发现地理问题的突破口之一。做好这样的引导，对促进学生从地理的视角思考生活中的问题，提升学生的生活品位，增强学生的生存能力有很大意义。

教学关键问题解决

1. 把握内容的难度

不同版本的教材对本部分知识的安排是不一样的，例如湘教版把本部分知识进行了分割，把地球的运动安排在“认识地球”中来讲述，把地球运动产生的地理意义安排在“影响气候的主要因素”中来学习。因此，对于“地球的运动”这部分内容，如何对教材做应用化处理（包括调整教学顺序、安排教学时间、扩充或者简化教学内容等）是一个需要研究的问题。对于这个问题，我们可以化繁为简，不要引入地方时的概念，仅从学生在生活中可以观察到的现象进行说明即可。对于水平运动物体运动方向发生偏转等方面的内容，初中学生理解起来有一定难度，不必作为必须掌握的内容，可以根据学生的需要做适当的补充。

2. 恰当运用信息技术

对于“地球的运动”这部分内容，将多媒体技术融于课堂教学，利用其图文并茂、声像并举、能动会变、形象直观的特点为学生创设各种情境，有利于学生感知地球的运动，把学生的视觉、听觉等协同利用起来，调动学生强烈的学习欲望，激发动机和兴趣，促进知识内化，加深学生对重难点的理解，从而达到其他教学手段达不到的效果。在使用信息技术时，应该遵循“不可替代性”原则，不应抛弃传统的板书板画，要注意传统教学媒体与信息技术的结合与相互补充。我们要把信息术运用在最需要、最不可替代的位置上，才能达到教学的最佳效果，也才最能体现信息技术与教学整合的优越性。教师可以在学生对地球的自转和公转运动有了一定认识，并能用事实或地理现象来说明地球的自转和公转以后，在介绍二分、二至点时，适时运用信息技术辅助教学，展示地球公转以及二分、二至点位置的动画，让学生通过观察动画来回答教师提出的问题。这样，一方面是对前面所讲授的内容进行了动态的、形象的复习；另一方面，使一些还尚未完全理解的问题得到解决。

3. 充分开展学生探究活动

教学过程中应充分体现“学生是主体，教师是主导”的教学思想，使学生充分参与教学活动。在本部分内容的教学中，如果教学条件和时间允许，并且学生基础较好，可以采取分组探究的方式。例如，可以先提出问题“昼夜交替是如何产生的”引导学生探究，学习小组利用地球仪和手电筒或电灯泡，进行实验演示，得出结论后，在全班进行总结交流。另外，对于“正午太阳高度的变化”的内容，也可以用问题作牵引，指导学生开展户外观察探究活动，然后全班再讨论总结。这样不但能使学生更深刻地理解教学内容，同时也有助于培养学生的逻辑思维能力。

针对“地球运动”这部分内容的教学，可以这样处理：师生通过模拟地球的自转和公转这个活动，结合生活中的地理现象，将本是枯燥的内容变得生动鲜活、容易理解。概括起来，主要有如图 1-1-1 所示的几个环节。

图 1-1-1

例如，在进行地球的自转及其产生的地理意义这部分内容教学时，可以采用以下两种方式：

第一种，教师在讲台上面对学生，把一列列的学生当太阳光线，教师当地球旋转示范。这样，既形象地说明了地球是如何自转的，又能说明地球自转所产生的地理意义。(教师面向学生的一面是白天，背对学生的一面是黑夜，右手的一侧是清晨，左手的一侧是傍晚。通过这种方式，也能说明同一时刻、不同地方的时间是不相同的)。

第二种，利用地球仪进行实验演示。如图 1-1-2 所示，在教师的指导下，小组成员转动地球仪，观察讨论地球自转的特点（绕转中心、方向和周期）。小组长协调大家的观察讨论结果，记录员做好相关结论的记录工作。教师演示、点拨提升，帮助学生认识地球自转运动的特点，并强化对地球自转方向的绘图。

图 1-1-2

小组长组织大家继续刚才的实验，用灯泡、手电筒或蜡烛等光源照射地球仪，并按照地球自转方向转动地球仪，观察、讨论昼夜更替、各地时间差异等现象的产生，探究这些地理现象与地球自转的关系。小组长协调大家的观察讨论结果，记录员做好相关结论的记录工作。教师用手电筒和地球仪演示画图、点拨提升，帮助学生理解昼夜更替、各地时间差异等现象与地球自转的关系。

在进行地球的公转及其产生的地理意义这部分内容的教学时，可以采用以下两种方式：

第一种，请两位学生模拟地球围绕太阳的运动，一位扮演太阳，一位扮演地球。扮演地球的学生应该注意地球是一边自转、一边围绕太阳公转的，还要注意公转的方向、地轴的指向等，学生在演示过程中能更深刻地体会地球的运动，而其他学生也在有趣的模拟活动中理解得更深刻。

由于地轴始终指向北极星方向，教师需要在黑板上画出示意图，来说明实际情况与学生演示的差别，说明太阳光线在南北回归线之间来回移动，进而说明四季的变化和昼夜长短的变化。

开展地理观测活动：在校园内空旷的地方，竖一根一米长的标杆，每周一的正午12点观测标杆的影子长度和方向，来说明正午太阳高度的变化是由于地球公转产生的。

第二种，在教师的指导下，小组成员用地球仪以及灯泡、手电筒或蜡烛等光源，演示地球的公转运动，观察并讨论地球公转的特点（绕转中心、方向、周期和地轴倾斜方向）。用手电筒作为光源，模拟太阳光的照射，观察光亮点（直射点）与地球仪上三条标志性纬线（赤道、南回归线和北回归线）之间的位置关系，要求学生回答以下三个问题：

（1）春分、夏至、秋分、冬至时，太阳分别直射哪条纬线？

（2）太阳直射点是如何在南北半球之间移动的？

（3）在如图1-1-3所示的两种情况中，太阳分别直射地球的什么地方？

教师用手电筒和地球仪演示画图、点拨提升，并联系生活中的地理，帮助学生理解太阳直射点在地表的移动、正午太阳高度的变化、白昼和黑夜时间长短的变化、四季的形成、五带的划分等地理现象与地球公转的关系。

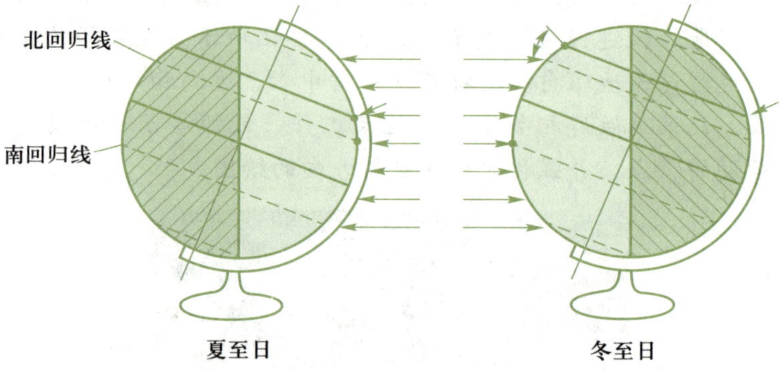

图1-1-3

4. 发现地理现象

引导学生在生活中发现与地球运动相关的地理现象，如教室里贴的校历表及作息时间表。可以用作息时间表帮助学生理解“太阳直射点的移动”“昼夜长短的变化”等抽象难懂的内容。例如，在课堂中提问学生：“这个学期，同样是下午6点放学，为什么开学初时天是亮的，而学期末时天已暗下来了？”“每天中午的时候，我们观察自己的影子为什么在夏季比在冬季短？”“我们这里每天上课的时间是早上八点，而远在新疆的同学上课的时间是9点到9点半之间，这又是为什么呢？”把身边鲜活的事物与书上的知识有意识地联系在一起，不但可以帮助学生理解课本知识，而且增强学生学习地理的兴趣。利用生活素材、利用调查研究等拓展地理学习的时空，可以培养学生的综合能力。

案例示范

案例

地球的运动及其地理意义

陈世庚　河南大学附属中学

教学环节		教师活动	学生活动	设计意图
	创设情境导入新课	喜欢踢球的学生："如果没有夜晚就好了，这样我就能一直练球了。" 爱睡觉的小宝宝："如果没有白天就好了，这样我就可以一直睡觉了。" 设问：世界上有这样的地方吗？为什么？他们的愿望有没有可能成为现实呢？	学生思考并进入新课的学习。	联系生活情境引入，激发兴趣。
一、地球的自转	实验探究观察发现	教师转动地球仪，观察讨论地球自转的特点(绕转中心、方向和周期)。 思考下列问题： 1. 地球沿什么方向绕地轴自转？ 2. 你知道地球自转一周是多长时间吗？	分组讨论，按小组合作的方式共同完成总结：地球绕着地轴自西向东自转，自转一周是一天。	培养学生合作学习的态度。
二、地球自转产生的地理意义	模拟演示观察总结	教师用自己的身体表示地球，面向自己的一列列同学表示太阳光线（平行光线），教师伸开双臂自西向东旋转。 讨论： 地球是不透明的球体，假定它是静止的，地球表面向着太阳的一面和背着太阳的一面各有什么现象？而地球自转又会产生什么地理现象呢？ 用日影变化的生活图片创设情境导入，根据课前预习成果，引入地球公转运动知识的学习。 承转：你观察过自己在太阳下的影子吗？一天之内，它什么时候最长，什么时候最短呢？人影长度变化有什么规律吗？ 观测杆影日变化。同一地方不同时期的中午，为什么太阳升得不一样高？所产生的物体影子也不一样长呢？	教师引导学生思考，由此得出：昼夜更替、一天内太阳高度的变化等现象的产生，是由于地球的自转产生的。 小组成员讨论现象成因。	利用模拟演示，把抽象的问题具体化、形象化，有利于学生的理解。同时培养了学生的观察能力和思维能力。 为后面的活动做好准备。

续表

教学环节		教师活动	学生活动	设计意图
三、地球的公转	实验探究观察发现	1. 地球仪演示 用手电筒作为光源，模拟太阳光的照射，观察光亮点（直射点）与地球仪上三条标志性纬线（赤道、南回归线和北回归线）之间的位置关系。 2. 学生利用相互位置演示 由于地轴始终指向北极星方向，此时需要教师在黑板上画出示意图（图 1-1-4），来说明实际情况与学生演示的差别。 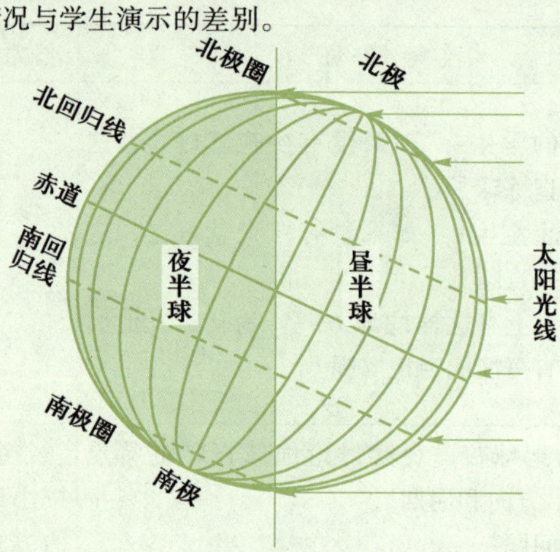 昼半球和夜半球 图 1-1-4	学生用地球仪以及手电筒，演示地球的公转运动，观察讨论地球公转的特点（绕转中心、方向、周期和地轴倾斜方向）。一位扮演地球，一位扮演太阳，扮演地球的学生应该注意地球是一边自转一边围绕太阳公转的，还要注意地球公转的方向等。	通过实验，激发学生的好奇心，打破常规思维，培养学生的创新意识，提高学生的动手操作能力，加深学生对知识的理解，同时能培养学生合作、团队意识。
四、地球公转产生的地理意义	实验演示合作探究	分组合作学习，教师指导 设置问题： 1. 春分、夏至、秋分、冬至时，太阳分别直射哪条纬线？（图 1-1-5） 2. 太阳直射点是如何在南北半球之间移动的？ 3. 观察所在地区居民楼的主卧室和阳台，通常朝哪个方向？为什么？ 4. 为使底层住户也能全年见到阳光，两幢居民楼之间的距离应依据哪一天的楼影来计算？为什么？ 5. 所在地区哪个季节傍晚放学的时间最早？哪个季节最晚？为什么？  图 1-1-5　白昼和黑夜时间长短的变化	认真观察教师的操作，然后自己动手演示，通过小组合作，反复演示，思考并讨论问题。	通过设计一系列有梯度的问题，加深学生对难点知识的理解，使学生养成探究式学习的好习惯。

<table>
<tr><th colspan="2">教学环节</th><th>教师活动</th><th>学生活动</th><th>设计意图</th></tr>
<tr>
<td rowspan="2">四、地球公转产生的地理意义</td>
<td>实验演示合作探究</td>
<td>6. 家乡四季的景观有哪些变化？我国主要位于五带中的哪个带，这对我国有哪些好处？
结合图 1-1-6 分析。
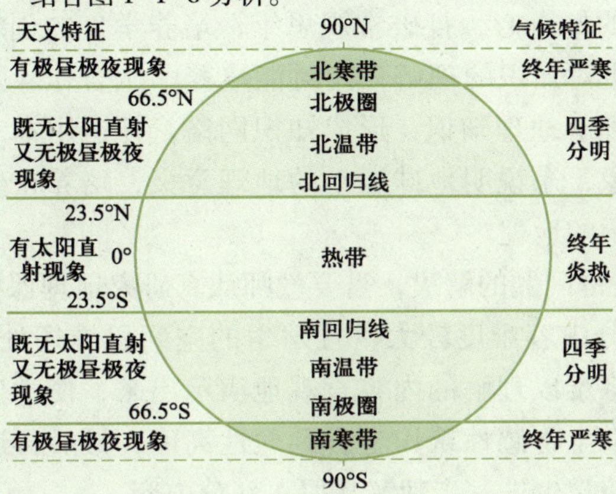

图 1-1-6　五带的划分

教师利用多媒体动画展示，并用手电筒和地球仪演示，画图 1-1-7。联系生活中的地理，帮助学生理解太阳直射点在地表的移动、正午太阳高度的变化、白昼和黑夜时间长短的变化、四季的形成、五带的划分等地理现象与地球公转的关系。
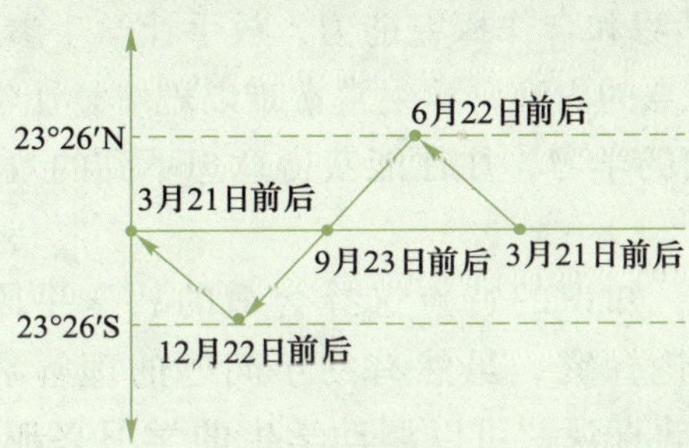

图 1-1-7</td>
<td>学生结合生活体验，结合教师给出的图片资料（图 1-1-6）思考问题，讨论总结。</td>
<td>尝试从演示中发现问题，教师提出探究问题，教师提出探究思路，让学生提出看法或解决问题的方法，培养学生分析问题的能力。</td>
</tr>
<tr>
<td>归纳比较实战演练</td>
<td>提供比较表格（阴影为学生总结得出）
<table>
<tr><th>运动形式</th><th>旋转中心</th><th>方向</th><th>周期</th><th>产生的现象</th></tr>
<tr><td rowspan="2">自转</td><td rowspan="2">地轴</td><td rowspan="2">自西向东</td><td rowspan="2">约 24 小时</td><td>昼夜交替</td></tr>
<tr><td>时间差异</td></tr>
<tr><td rowspan="2">公转</td><td rowspan="2">太阳</td><td rowspan="2">自西向东</td><td rowspan="2">1 年</td><td>季节变化</td></tr>
<tr><td>五带划分</td></tr>
</table></td>
<td>学生归纳总结，填写表格。</td>
<td>通过对比分析，让学生更深刻地理解地理知识，形成知识网络，并运用本节知识解决相关问题。</td>
</tr>
</table>

评述与建议

本教学案例通过师生之间模拟地球的自转和公转这个活动来培养学生地理空间概念。通过实验，激发学生的好奇心，打破常规思维，培养学生的创新意识，提高学生的动手操作能力，加深学生对知识的理解，同时能培养学生合作、团队意识。通过对比分析，让学生更深刻地理解地理知识，形成知识网络，并运用本节知识解决相关问题。通过生活中的地理现象，来说明地球运动的地理意义，培养在生活中发现地理现象的能力，充分体现生活中的地理。

“地球的运动”这一关键问题的解决，需要教师认真研究地理课标，结合学生的实际情况，化难为易。这部分内容难度较大，且学生的空间思维还处于比较弱的阶段，从直观的教具演示入手，将难以理解的内容直观地演示出来，使学生首先获得感性认识。再利用模拟演示帮助学生将感性认识上升到理性高度，最后再通过分析模拟演示与实际地球运动的差别，使学生进一步理解掌握本部分内容。

本教学关键问题的解决始终以学生的发展为本，在尊重课程标准的基础上，将地理教学与实际生活联系起来，试图通过实际生活现象来说明较为复杂的地理知识。在解决本关键问题时需要注意以下问题：

（1）认真研读课标，依据课标要求整合教材，结合学生的特点简化、回避难以理解的知识，如将地球运动产生的地理意义简化为用地理现象说明地球的运动。

（2）要相信学生的自主学习和合作探究能力，放手让学生参与教学活动。在实际教学过程中，对于二分、二至点的内容，学生常常难以理解。让学生在课下讨论探究，利用学生之间的讨论和同伴间的学习，往往能获得意想不到的效果，同时也调动了学生的学习积极性。

（3）要依据学生的特点、知识的特点选择合适的教学手段。任何一种教学手段都有它的局限性，比如讨论探究，虽然有助于问题的理解掌握但是课堂效率不高。比如模拟演示，虽然生动直观，可以调动学生的学习兴趣，但是局限性较大，对问题的说明不够精确。因此，要学会在不同的教学手段之间扬长避短、互通有无。

（4）从生活中的有关地球运动的地理现象入手，探究地球的自转和公转，进而启发学生发现其他生活中的有关地球运动的地理现象，这样的讲述能激发学生的探究欲望，使学生感受到地理知识的趣味性和实用性，让学生学到对生活有用的地理。同时有利于培养学生的观察能力和思维能力，也能引导学生发现身边的地理问题，培养学生迁移和运用知识的能力。

【校本研修建议】

以教研组为单位进行校本研修，参考流程如下：

（1）教师自己备教材、备学生，提出自己的教学设想。

（2）观摩微课程案例，对比两个方案的优劣，进行深入分析和整理。

（3）制订优化后的方案并实施，在实施过程中进行调整。

（4）讨论怎样在解决这一教学关键问题的过程中充分发挥学生潜能，组织学生探究学习。

（5）把自己教学实践中比较满意的方案制作成微课程或编写出文本，作为研修成果。

教学关键问题 1-2 如何帮助学生认识地球仪，并初步建立地理空间概念

教学关键问题分析

（一）问题的提出

地理空间概念是地理课程的核心概念。地理空间概念是指地理事物和地理现象间的空间关系特有属性在人脑中的反映。让学生建立地理空间概念既是地理教学的重点，也是地理教学的难点。很多学生对一些地理问题一直弄不明白，与没有很好建立起地理空间概念有很大关系。

地理课标要求初中阶段学生掌握的主要技能是使用地球仪、学会阅读和使用地图。日常生活中也多以地球仪和地图为主要的空间表达工具，故对地球仪和地图等空间表达工具的运用意识和技能是形成地理空间概念的基础，是具有地理空间素养的重要表现。

认识地球仪是“地球与地图”部分的重要内容，是学生掌握“使用地球仪、学会阅读和使用地图”这一技能的关键。对于地球仪的学习应本着了解地球仪的作用，以使今后的学习、生活中能利用地球仪的原则。认识地球仪的作用，以及使用地球仪，重点是认识经纬网，前提是认识经纬线和经纬度；“确定某地点的经纬度”是教学要达到的基本技能。“确定某地点的经纬度”是对地理空间位置的学习，对于没有相应空间概念和知识储备的初中学生来说，难以理解和掌握，教师普遍认为难以处理，是教学中的难点。

综合地理课标的理念、目标和内容，把“如何帮助学生认识地球仪，并初步建立地理空间概念”确定为教学关键问题。

（二）问题的价值

本教学关键问题研究的价值在于科学教育和地理空间素养的培养。

地球仪是地理学习和研究的一种工具。利用地球仪把宏观的概念具体化、形象化，可以帮助学生直观地了解地球的形状、地表海陆分布、各地理要素的空间位置和空间分布等，还可以形象地演示地球的运动，帮助理解地球运动的地理意义。因此，运用地球仪可以帮助学生正确认识地球的宇宙空间，有利于开展科学教育。

认识地球仪这部分内容直接关系到学生地理空间素养的培养。认识地球仪的重点和难点在于认识经纬网，经纬网的重要意义在于可以确定地表示任何一地的地理坐标，确定两点间的方位，掌握“确定某地点的经纬度”这一基本技能。“确定某地点的经纬度”是一种空间技能，是帮助学生逐步建立地理空间概念，发展地理空间思维能力，进而解决各种各样的地理问题的基本方法之一。

经纬网的学习还直接影响到读图获取信息任务的达成，不仅是初中地理学习地图知识、地球运动知识、气候分布、区域地理的基础，更是高中地理学习的基础。只有

能够读懂经纬网才能真正读懂地图从而做到识图达理。

教学关键问题解决

本教学关键问题的解决主要从以下四个方面进行：学生参与模拟活动——建立地理空间概念；充分利用地球仪——培养地理空间思维；形象直观到抽象——归纳地理空间分布规律；确定某地的经纬度——掌握地理空间表述技能。

1. 引导学生通过观察分析、模拟演示等活动，建立地理空间概念

认识地球仪的关键在于学生要在头脑中形成地理空间概念。只有让学生建立起直观的感知，才能使抽象的概念变得易于理解和掌握。教师应在教学中为学生创设多种有效教学情境，立体展示地球空间，将抽象的经纬线和经纬度学习形象直观化，帮助学生通过观察与思考，建立地理空间概念。对于研究的问题，创设怎样的情景才是有效的呢？

例如，单莉霞老师执教的“认识经度”一课，在“合作演示”环节中，结合学生年龄特点，让 1 个学生手拿竹竿站在中心扮演地轴，其余 8 个学生围绕中心站成一圈，每人手拿一条连接“地轴”顶端的彩带，扮演经线，共同演示经度的划分。

该教学活动在地球与地球仪之间架起一座桥梁，形象直观的方式有利于学生观察理解，帮助学生初步建立地理空间概念。教师将枯燥的地理知识融入轻松愉快的游戏中，学生感到非常新奇有趣，愿意主动参与其中。

2. 指导学生通过观察对比、操作等方式充分熟悉地球仪，培养地理空间思维

地球仪是地理空间思维训练不可或缺的辅助工具，学生进行地理空间认知是对地理现象——地理实体的认知和操作过程。而地理实体的时空广阔性决定了地理空间认知对地球仪的依赖，学生获得地理空间概念、进行地理空间表述与空间推理都离不开地球仪的辅助。教师要充分利用地球的模型——地球仪，变抽象为具体直观，从而降低学习难度，提高学生学习兴趣。

在教学中，教师可以指导学生动手转动地球仪，通过在地球仪上识别经纬线和经纬度、描画经纬线等多种操作，引导学生在全面仔细观察、对比的基础上进行合作、讨论，使学生充分熟悉地球仪，能够运用地球仪说出经纬度的划分，运用地球仪确定某地点的经纬度位置。

例如，刘会霞老师执教的“经线和经度”一课设计了“制作小地球仪”的活动：学生利用铁丝和乒乓球动手制作地球仪。在自制地球仪上绘制出几条重要的纬线：赤道、南北回归线、南北极圈，标注纬度。再平均画出 12 条经线，并标出经度。以班级为单位收齐，在校园展示并评选优秀作品，供学生参观学习。

学生利用乒乓球制作地球仪的制作过程既是一个手脑并用、相互促进、相得益彰的过程，也是学生有所发现、有所发明、有所创造的过程。动手操作有助于提高学生空间思维能力。通过制作小地球仪的活动，可以培养学生的实践能力和创新精神。

又如，单莉霞老师执教的“认识经度”一课设计了“运用地球仪说出经度的划分”的环节：请同学到讲台前面指着地球仪向全班同学说出经度的划分和东西半球的划分。教师引导学生归纳东、西半球的经度范围，并给出一个具体的经度数值，由同学判断该经度位于东、西哪个半球。

对学生来说，东西半球的划分比南北半球的划分困难得多，他们大多说不清东西半球的经度范围。让学生观察地球仪，清晰直观地看到东西半球包含的经度，可以更容易归纳出东西半球的经度范围。

3. 指导学生运用表演、绘图等方法从形象直观到抽象，归纳地理空间分布规律

“经纬度的划分和排列规律”的教学要激发学生的学习兴趣，组织多种教学活动，充分运用多媒体、地球仪、经纬仪进行演示，通过绘制示意图、描画经纬线、表演、动手操作等多种途径，帮助学生在划分经纬度的过程中不断观察，从形象直观到抽象，真正理解并能够运用地球仪说出经纬度的划分和排列规律。

例如，刘会霞老师执教的“经线和经度”一课中“经度的划分和排列规律”环节设计了让学生小组合作在地球仪上粘贴0°经线的活动。通过这一活动，学生在地球仪上指出东西经度的划分，形象直观，便于理解。

在活动中，为了方便观察经度的变化规律，用白卡纸放大赤道附近的经线并标上度数，展开后粘贴在黑板上，让学生结合地球仪进行观察，利用展开图找出经度的变化规律。这种把问题简化的设计，有利于突破学生在平面图上区分经度这一难点。

刘会霞老师采取的是把立体的地球仪简化为平面，让学生沿着一个方向找规律、判断经度，巧妙地化难为易。

例如，单莉霞老师执教的“认识经度”一课设计了“经度的排列规律”的环节：

学生围成一圈扮演经线，让“地球”旋转起来，分别使0°和180°经线面向全体学生，请同学们判读0°经线和180°两侧的经度排列规律，并绘制示意图进行对比。

四人一个小组，学生扮演经线，演示经度的排列，通过小组合作演示、互评掌握经度的排列规律。

让学生在游戏中潜移默化理解经度的排列规律，有利于学生建立清晰的地理空间概念和空间思维的培养。避免学生对经纬线形状的错误认识，避免将来判读以极点为中心的经纬网图造成隐患。此外，有利于今后对时区及国际日期变更线的学习。

4. 指导学生操作观察、反复练习掌握“运用地球仪确定某地经纬度位置”这一地理的基本技能

认识地球仪的核心技能就是“运用地球仪确定某地经纬度位置”这一地理的基本技能。学生一定要充分观察地球仪，在地球仪上描画经纬线，或者让学生动手制作地球仪、绘制经纬线。只有熟悉地球仪才能深入理解经纬网，学会“确定经纬度位置”。教师在教学过程中不能操之过急，可以放慢速度，关注学习的过程，关注学生地理思维的建立和发展。学生要熟练掌握“确定某地经纬度”这一技能，还需要经过反复训练。教师可设计一些问题，使学生认识到描述一个地点的位置，把经纬度写明确（东、西经，南、北纬，度数）是非常重要的。

例如，刘会霞老师执教的“经线和经度”一课，在“课堂评价”环节设置了与生活有关的问题，帮助学生学以致用。她的提问是：学校附近的纬一路和经八路各是什么方向的路？在地球仪上找出我们的家乡郑州市，它的经度是多少？属于东经还是西经？位于东西半球中的哪个半球？

教师应结合生活实际，比如在现实中辨别方向，身边的道路以及家乡的经度等，尽量以身边的地理为主，引导学生关注生活，有意识地获取地理信息，潜移默化地培养学生关注身边的地理，感受学习地理是为了更好地生活。

案例示范

在认识地球仪的核心内容中，“经线与经度”最为抽象和复杂，是教学的难点，我们把“经线和经度”作为教学案例分析如下：

1. 地理课标要求

“运用地球仪，说出经线经度的划分。”在这条课程标准的表述中，行为条件是运用地球仪，一定要让学生动手制作地球仪，绘制经纬线，观察、使用地球仪。只有这样才能帮助学生建立起立体的概念，有助于学习地球和地图知识。行为动词是说出，只有理解透彻，才能用自己的语言表述。核心概念是经线、经度的划分，要求学生能够运用地球仪说出经度的划分规律及经度的排列规律。

2. 教学内容分析

（1）“经线与经度”是在纬线和纬度后学习的。学生容易混淆经线和纬线的定义，所以经线的学习需要和纬线进行对比。

（2）“经线与经度”概念必须让学生准确掌握，否则学生就无法理解为什么两条相对应的经线组成一个经线圈。

（3）方向更是一个难点。首先要弄明白东西南北方向要放在一个宏观的背景下去界定。指向北极星方向为北方，相反的是南方，地球自转方向是自西向东，也就是从北极上空往下看的逆时针方向。然后是现实中的东西南北方向如何辨别。这对于初中学生是一个学习难点。

（4）经度的划分也比较难于理解。纬线有特殊的，比如赤道，很明显作为起始线，但经线因为长度、形状都相同，0°经线的确定也是一个学习难点。

（5）经度的排列规律上，学生一般会找0°经线，然后按照往东是东经，往西是西经去判定。这为以后的学习带来了后续问题，在以南北极点为中心的经纬网地图上，这样判定会非常困难，而且东西方向容易造成混淆。

只有掌握了经纬线和经纬度的基础知识，特别是理解了“经线和经度”，才能为下一步经纬网的学习奠定基础，进而形成“在地球仪上确定某地点经纬度”这一基本技能。

3. 学情分析

“认识地球仪”的学习比较抽象复杂，是七年级学生学习的一大难点。一是涉及的概念较多，理解起来有难度。二是学生的空间概念还没有建立，读图只能依照“上北、下南、左西、右东”来阅读，在现实生活中不能准确辨别方向。三是点、线、面、体的联系学生还没有接触过，和数学学习有脱节现象。

案例 1

经线和经度

刘会霞　河南省郑州市第七中学

一、设计思路

以自制地球仪活动为主线，让学生通过动手绘制、观察，形成立体的概念。

二、学习目标

（1）在自制地球仪上绘制经线，说出经线的概念。

（2）观察地球仪，说出经线的特点，并和纬线对比，区分经纬线。

（3）在地球仪上找到并标出本初子午线，区分东、西经度（学习重点）。

（4）观察地球仪，归纳东西经度的变化规律，并在经纬网图上确定某地的经度（学习重点、难点）。

三、教学过程

教学环节	教师活动	学生活动	设计意图
导入新课	出示学校附近的地图，上午老师在校园里听到马浩对张强说，下午放学后纬一路见，一起去打球。你觉得马浩能顺利等到张强吗？相约要约在一个点上，最好是两条路的交叉口。上节课我们学习了纬线和纬度，同样的，在地球表面要想确定一个位置，只有纬线行不行？不行。今天我们就一起来学习经线和经度。	学生思考并回答问题。	结合生活实际，了解学习经线和纬线的意义。
第一环节：说明经线的概念	出示经线的概念：在地球仪上，连接南北两极并和纬线垂直的线叫经线。变式：只连接南北两极的线是经线吗？只垂直于纬线的线是经线吗？	学生自己动手在自制地球仪上绘制一条经线，试着自己给经线一个定义。 说出经线概念的关键词：连接南北两极，垂直于纬线。	这一环节通过在自制地球仪上绘制经线，说出经线概念。这个目标主要是为了培养一种能力：说明概念的能力。怎样才能把概念真正理解，并能表述出来呢？在此过程中，学生通过动手绘制、观察、归纳等一系列活动和思维过程，说出地理概念，并找出的关键词。
第二环节：小组合作总结经线的特点	教师总结：① 都是半圆，② 指示南北方向，③ 长度相等，④ 两条相对应的经线构成一个经线圈。第④条可能说不出来，可以留做后面再补充。	观察地球仪，学生说出经线的特点。并指着经纬仪说出经线的特点。	这一环节通过观察、讨论、表述这一系列的过程，锻炼学生获取信息的能力、地理表述能力，通过比较的方法，对近似的概念加以对比辨析，更深一步地理解地理概念，归纳地理特征。小组讨论可以把经线的特点说得更完整，学生在交流的过程中可以完善自己的想法。

续表

教学环节	教师活动	学生活动	设计意图
第三环节：明确经度的划分	我们利用路名区分道路，而地球仪上，无数条长度相等，形状相同的经线，怎么区分它们呢？（用不同的经度。） 经度是如何划分的呢？纬线有一条最长的叫赤道，为0°纬线。而经线每一条都相等，哪一条为0°经线呢？（本初子午线）经过格林尼治天文台的那条经线为0°经线，向东向西各分为180°，东经用E表示，西经用W表示，东西经180°合二为一，称为180°经线。	小组合作在地球仪上粘贴0°经线。	这是一个难点，如何化难为易，结合学生年龄小的特点，通过对比纬度的划分，拟人化的引导方式，让学生自己思考如何划分经度。并通过动手粘贴0°经线的活动，在地球仪上指出东西经度的划分，形象直观，更容易理解。
第四环节：利用展开图找出经度的变化规律	经度的变化是否有规律呢？为了方便观察，用白卡纸放大赤道附近的经线并标上度数，展开后粘贴在黑板上，让学生结合地球仪进行观察，后找出自西向东的变化规律。	学生观察，总结规律。	为了方便学生在高纬度地区区分经度，在地球仪上学生根据0°经线能够区分经度，但在平面图上学生又会搞不清楚，为了突破这一难点，自制一个教具，在地球仪上粘贴白纸，放大经线经度，然后展开，只找一个方向——自西向东的变化规律，这样可以把这个问题简化，而且不易混淆。
课堂评价	课堂评价有些是随时评价，比如经线概念的表述，有些是设置一些与生活有关的问题，引发学生学习兴趣，同时巩固知识，学以致用。	学生回答： 1. 学校附近的纬一路和经八路各是什么方向的路（评价学习目标1）？ 2. 如图1-2-1，说出A、B两地的经度（评价学习目标2） 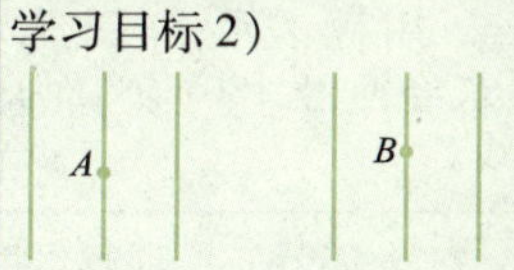 图1-2-1 3. 在地球仪上找出我们的家乡郑州市，读出它的经度是多少？属于东经还是西经？位于东、西半球中的哪个半球（评价学习目标3）？	评价1设计思路：本题考查经线的特点。利用身边的路名，引导学生关注身边的地理。 评价2设计思路：在经纬网图上判定经度，是初中阶段，以及高中阶段学生学习的一个难点，所以这里的问题简化为只有经度，利用规律判定是东经度还是西经度，只要记住一个方向的变化规律，判定起来非常简单。 评价3设计思路：评价问题尽量以身边的地理为主，引导学生关注生活，关注身边的地理，有意识地获取地理信息。

续表

教学环节	教师活动	学生活动	设计意图
总体设计思路	整个教学过程以学生动手绘制、观察、粘贴、讨论、总结、探究为主，通过形象直观的地球仪、自制地球仪及经纬仪，帮助学生建立立体的概念。并结合生活实际，比如现实里辨别方向，身边的道路名称，以及家乡的经度等，潜移默化地培养学生关注身边的地理，感受学习地理是为了更好地生活。		

案例2

认识经度

单莉霞　河南省开封市第十四中学

学习目标	1. 合作演示并运用地球仪，说出经度的划分，归纳经度的排列规律（学习重点、难点） 2. 观察地球仪，认识东西半球的划分 3. 在地球仪上确定某地的经度（学习重点）
教学方法	采用演示法，让学生合作扮演经线，将抽象的经度学习形象直观化，帮助学生建立空间概念。在认识经度的过程中不断观察、总结出经度的排列规律。进而达成“在地球仪上确定某地点的经度”这一基本技能。
教学用具	多媒体课件、自制经线模型

教学过程

教学环节	教师活动	学生活动	设计意图
创设情境导入新课	提问：我们已经认识了经线，经线有多少条？怎样区分这些经线呢？要给这些经线标上度数，就相当于取上名字。	回顾经线知识，并思考问题，理解经度划分的目的，从而进入经度的学习。	创设有效问题，激发学生回忆与本节课有关的知识。
环节一：认识经度的划分			
教学活动	多媒体课件出示“经度示意图”，讲解：我们把经过英国伦敦格林尼治天文台旧址的这条经线确定为0°经线，又叫本初子午线。0°经线以东为东经，用E表示，以西为西经，用W表示，向东向西各分为180°，东经西经180°合二为一，称为180°经线。	学生在教师引导下，初步认识经度的划分。	使学生对经度的划分有初步认识，同时培养学生读图析图能力。
环节二：理解经度的划分			
教学活动	请9位同学到前面与教师一起合作演示共同认识经度的划分。如图1-2-2所示。	合作演示： 一人手拿竹竿当地轴，其余8人每人手拿一条连接“地轴”顶端的彩带，扮演经线，“地轴”顶端绑彩带的位置就是北极点。	如何将抽象的经度概念形象具体化是学生深入理解经度划分的关键。结合学生年龄特点，让学生合作扮演经线，通过趣味性的表演激发学生学习兴趣，提高学生参

续表

教学过程			
教学环节	教师活动	学生活动	设计意图
教学活动	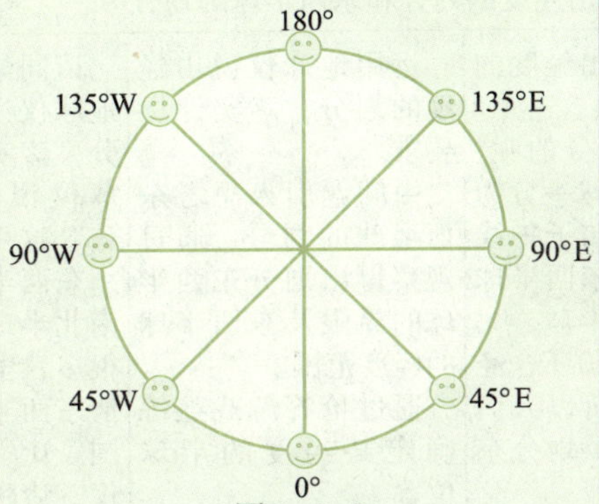 图 1-2-2 这位站在正前方的同学比较特殊，因为她经过格林尼治天文台旧址，所以她就是本初子午线，也就是0°经线，她以东就是东经的度数，以西就是西经的度数。每条经线与地轴之间形成一个平面，本初子午线所在平面与这一条经线所在平面的夹角是多少度？为什么？共同归纳经度的划分，依次确定45°E、90°E、135°E、180°、45°W、90°W、135°W。 强调西经180°与东经180°重合为同一条经线，称作东西经180°或180°经线，写作：180°。	思考： 每条经线与地轴之间形成一个平面，本初子午线所在平面与这一条经线所在平面的夹角是多少度？为什么？归纳： 经度的划分，依次确定45° E、90° E、135°E、180°、45° W、90°W、135°W。 理解：如何划分东、西经180°。	与度。教师引导学生深入形象地分析经度度数的来由，使学生更容易理解经度的划分。
环节三：归纳经度的排列规律			
教学活动	请同学们仔细观察，从0°经线向东向西到180°经线，经线的度数变化有什么规律？归纳经度的排列规律。 由台上扮演经线的同学举手，台下同学抢答相应经线的度数。 让“地球”自转起来，移动到180°经线位于正前方，请同学们观察，180°经线向东向西到0°经线，经线的度数变化有什么规律？归纳经度的排列规律。 由台下同学说出台上显示的经度，由扮演的同学举手表示。 现在我给出经度请各小组到前面演示经线。给出写有经度的卡片，例如，120°W、130°W、140°W、150°W，各小组上台表演。	学生通过演示并在教师的启发下，通过观察归纳出经度的排列规律。 通过抢答游戏，熟练掌握经度的排列规律。 让“地球”自转起来，移动到180°经线位于正前方，同学们更直观的观察180°两侧经度排列。 各四人小组用卡片演示经度的排列，有利于更扎实掌握经度的排列规律，为今后经纬网的学习打下良好基础。	学生通过这种直观的方式观察并总结出东西经度的排列规律并不困难，理解也更深入。困难在于0°经线和180°经线两侧东西经度的判读，这牵涉今后对时区及国际日期变更线的学习。让“地球”旋转起来使180°经线面对全体学生，此时学生可以清楚看到180°经线两侧的经度变化。台上、台下学生互动说出经度，小组扮演经线，让学生加强对经度排列规律的认识。

续表

教学过程			
教学环节	教师活动	学生活动	设计意图
环节四：运用地球仪说出经度的划分和东西半球的划分			
教学活动	请同学到台前运用地球仪说出经度的划分。 同学们东西半球又是怎样划分的呢？为什么不用0°和180°经线把地球一分为二？请同学们观察地球仪，本初子午线经过许多国家，如果把它作为东西半球的界线，许多国家会一边在东半球，一边在西半球。再观察20°W和160°E，经过的地方大多是海洋和海岛，所以人们用20°W和160°E组成的经线圈划分东西半球。 归纳东西半球的经度范围：东半球：从20°W到0°再到160°E。西半球：从160°E到180°再到20°W。 抢答：老师说出经度，由同学判断该经度位于东西哪个半球。	运用地球仪说出经度的划分，落实课标要求。 由问题引入思考东西半球的划分，通过观察得出划分东西半球的界限及东西半球的经度范围。 通过抢答游戏熟练确定某经度的半球位置。	请同学到台前运用地球仪说出经度的划分，落实了“运用地球仪说出经度的划分”这一课标要求。 东西半球的划分比南北半球的划分困难很多，学生往往说不清东西半球的经度范围。让学生观察地球仪，清晰直观地看到东西半球包含的经度，从而更容易归纳出东西半球的经度范围。
环节五：在地球仪和地图上确定某地的经度			
教学活动	请同学们在地球仪上找到北京市，判断北京市大致的经度。 出示北京市地图，提问：北京市所跨经度范围？在地球仪上北京市用一个点表示，我们判断北京市的经度只需要说出这个点所在经度。但北京市地图的比例尺变大了，范围缩小了，内容更详细了，我们就需要更详细的判读北京市所跨经度范围。也就是说不同尺度的区域，经度的表示方法是不同的。 同学们，你能仅仅根据这个经度范围找到北京市吗？只给出经度范围，只能说明北京市位于这两条经线之间的条带状的范围内，而无法确定北京市的位置。怎样才能确定北京市的位置呢？下节课让我们共同学习如何在经纬网地图上确定某地点的经纬度位置。	在地球仪上找到北京市并判断大致经度位置。 阅读北京市地图判断北京市的经度范围。 思考：怎样才能确定北京市的位置呢？为下节课学习经纬网做好准备。	这一环节是认识经度的进一步深入学习，同时也是对认识经度这部分内容的课堂评价。学生通过在地球仪上确定城市的经度，把经度的认识落实到地球仪上，达成课程标准要求的“在地球仪上确定地点的经度”。该环节还引入了经度范围的概念，强调不同尺度区域中经度的表示方法是不同的，使学生对经度位置的认识更加深入。最后的问题设置，激发学生进一步探索经纬网的学习兴趣，为下节课“经纬网”的学习做好铺垫。
板书设计	认识经度 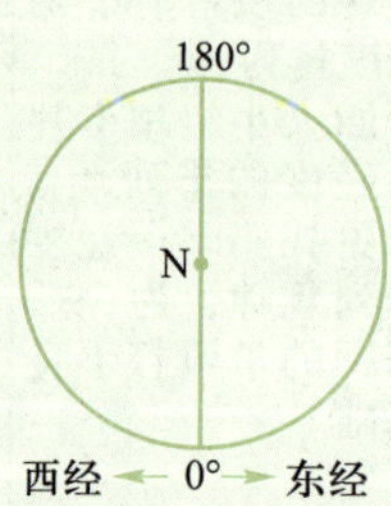 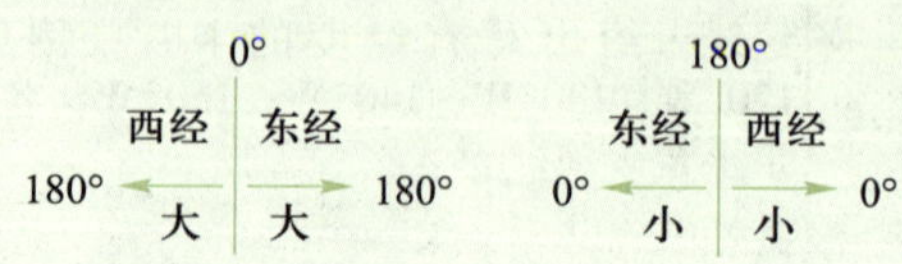 东半球：20°W— 0°—160°E 西半球：160°E—180°—20°W		

评述与建议

案例 1 比较适合传统的教学。地球仪、经纬仪等教具一般学校都具备，经纬仪主要用于经度和纬度度数来由的讲解，制作地球仪也比较容易，学生们也有兴趣，因此可以充分发挥学生们的智慧，用乒乓球、橙子等制作地球仪，绘制经线时可以用硬纸片帮助定位。在这一过程中，让学生初步认识地球仪，并通过观察地球仪，在自制地球仪上绘制经线等活动理解它们，达到能够描述经线的概念，说明概念的能力。

经度的划分和判读分为两步骤，先让学生明确经度是如何划分的，起始线的确定及划分的原则。然后用自制教具化难为易、化立体为平面，让学生找到经度的变化规律，总结规律并解决问题。

案例 2 中，学生合作扮演经线实际上是在大地球与地球仪之间搭建了一个桥梁，学生在表演后观察自己的小地球仪就不会不知所措，而变得胸有成竹，观察的目的性更强了，能够顺利在地球仪上找出经线并在地球仪和地图上确定某地点的经度。

利用人体演示的方法能够帮助学生轻松建立地理空间概念。人体演示的方法应用到“地球和地图”教学单元的其他教学活动中很受学生欢迎，起到了良好效果。例如：学生用身体演示地球的自转和公转；学生站成一圈扮演时区，学习时区知识；教师扮演地球，一条胳膊代表国际日期变更线，讲解国际日期变更线知识等。实践证明，用身体演示的方法操作简便，生动有趣，能在短时间内帮助学生形成空间概念，深入理解知识难点，轻松地达成学习目标。

1. 学生合作演示化解难点

学生合作扮演经线的环节，从形象直观到抽象，帮助学生轻松地建立地理空间概念。设计的活动层层递进，将枯燥的地理知识融入快乐的游戏中，学生感到新奇有趣，主动参其中。在演示经度划分的过程中加入了两面角的概念，帮助学生深入理解经度概念，进一步通过观察、分析，得出经度的划分规律；在演示经度排列的过程中，引导学生观察 180°经线两侧的经度排列规律，解决 180°经度的判读，为今后时区的学习打好基础。

2. 充分利用地球仪

地理课标要求：“运用地球仪说出经线经度的划分”“在地球仪上确定某地的经纬度”要求教师一定要让学生充分利用地球仪，指导学生观察地球仪，让学生用清晰直观的方式学习经度知识、认识东西半球的划分、确定某地的经度，只有这样才能有助于学生建立起立体的概念，学习地球和地图知识，落实课标要求。本节课让学生运用地球仪说出经度的划分及东西半球的划分，并运用地球仪判读北京市经度，落实课标要求。

3. 引入经度范围的概念

运用地球仪和北京市地图判读北京市的大致经度和经度范围，强调不同尺度区域中经度的表示方法是不同的，使学生对经度位置的认识更加深入。

学生学习感受：远远地望去这颗硕大而美丽的地球，不禁让我浮想联翩。在今天的学习中，让我对这个浩瀚的宇宙有了更深的认识。在地球上，有一条条经线。它们每天都默默地工作着，奉献着，为人们指引道路，为人们指点迷津。它们不会说话，不会表达，可在生活中却起着举足轻重的作用。老师通过让同学们扮演经线，使一条条原本生硬的线条，瞬间富有了生命力。扮演经线的同学分成东西半球，把一个立体的地球呈现在我们眼前，把一条条经线表演得活灵活现，演绎得淋漓尽致。通过今天的学习，我收获了很多，比如，0°经线的位置，180°经线的判读和东西半球的划分。更重要的是，老师奇妙有趣的教学方法，使我受益颇深。在今后，我也可以将老师教的一些判断经度的方法运用到生活中去。总之，"认识经度"这节课和这节课带给我的快乐，令我终身难忘。

"如何帮助学生认识地球仪，并初步建立地理空间概念"这一关键问题的解决，主要包括两个方面：一是对于核心素养——地理空间素养的培养，让学生初步建立地理空间概念，进行地理空间思维训练。二是对于核心技能——运用地球仪确定某地的经纬度，掌握"确定某地的经纬度"这一基本地理空间表述技能。

地理空间素养是学生学习有关空间位置、空间分布、空间过程、空间格局、空间上成因联系等内容的过程中，在掌握地理空间概念和形成地理空间技能的基础上，运用这些知识和技能解决有关地理空间问题的内在修养。

"确定某地的经纬度"是地理事物的绝对位置，教学中，要求学生养成将地理事物放到经纬网中认识其空间属性的习惯，掌握经纬网组成中特殊的、重要的经纬线，这是认识地理事物空间属性，培养学生地理空间概念的重要方法。

"确定某地的经纬度"这一空间表述技能可以通过练习获得，地理技能的培养最根本的途径是加强练习。只有反复练习，才能形成技能和技巧。在地理空间素养的培养过程中，地理空间表述技能的培养与地理空间概念的教学和地理空间推理过程同时进行。

"认识地球仪"这一教学关键问题的解决涉及地理空间素养、地理空间技能。因此，以该内容为载体，精选多种策略，使用有效辅助工具进行教学设计，促进中学生地理空间素养的提升。教师可采用多种形式组织教学活动，激发学生的学习兴趣，优化学习的过程与方法。例如，在"说明某地点经纬度位置"教学中，可设计多媒体演示、简图图解、动画、表演等多种形式组织教学，让学生充分动脑、动手、动口，通过亲身体验掌握基础知识、形成技能、发展能力，最终达成学习目标；还可以采用翻转课堂等新型课堂模式，提高学生自主学习能力。再如，运用信息技术辅助教学就为地理空间素养培养的方式方法提供了新思路，信息技术能形象地显示地理现象在空间的分布状况和在时间上的发展变化情况，在教学中，为学生形成地理空间概念提供非常直观的帮助，有利于培养地理空间素养。

【校本研修建议】

以教研组为单位进行校本研修，参考流程如下：

（1）教师自己备教材，备学生，提出自己的教学设想。

（2）观摩微课程案例，对比两个方案的优劣，进行深入分析和整理。

（3）制订优化后的方案并实施，在实施过程中进行调整。

（4）讨论：怎样在达成这一教学关键问题的过程中充分发挥学生潜能，组织学生自主学习。

（5）把自己实施中比较满意的方案制作成微课程或文字呈现，上传到资源平台。

教学关键问题1–3 如何帮助学生阅读等高线地形图，并掌握识别各种地形图的方法

教学关键问题分析

（一）问题的提出

地形是自然地理环境的重要因素之一，对地理环境的其他要素及人类的生产和生活具有深刻的影响。在初中地理学习的四大板块内容中，各区域的地形特征及其对人类活动的影响是学生学习的重点内容。地形图是获取地形区分布、分析地形特征的重要工具。

“等高线地形图”的应用十分广泛。通过阅读等高线地形图，可以判读出某地的方向、海拔、相对高度、坡度、坡向、建筑物的相对位置、交通线路、河流沟渠、各种土地利用类型的分布等情况；利用等高线地形图可以获取大量数据依据，用于军事、工程设计和施工，有效避免人力的浪费和财力的损失。

通过对学生的调查问卷和对教师的访谈发现，“等高线地形图的判读”这部分内容较为抽象，对于刚迈入初中门槛的学生来说难度较大，是学生学习的难点，也是教师教学的难点。

综合地理课标理念、目标和内容，把“如何帮助学生阅读等高线地形图，并掌握识别各种地形图的方法”确定为教学关键问题。

（二）问题的价值

本教学关键问题的价值主要体现在生产生活中的应用和方法技能的训练上。

地理课标明确提出：学习对生活有用、对终身发展有用的地理，教会学生在学习和生活中读图、用图、分析图、绘制地图，不仅能使学生获得所需的大量对生活有用的地理信息，还能让抽象的概念具体化，零星的知识系统化，对学生的终身发展大有裨益。

对于中学生来说，知道地形图的绘制，学会使用地形图判读地形特征非常重要。这部分内容体现了地理对生活有用，对终身发展有用。

地图的学习侧重于培养学生掌握运用地图的基本技能，即学习地图的目的是为了运用地图，阅读和使用地图是初中学生必备的一项地理技能。等高线地形图的判读是学习分层设色地形图的基础，等高线地形图的判读为以后学习地形基本特征，识别各种地形的方法，形成阅读地形图的技能奠定了基础。“等高线”的学习也是学生第一次接触到等值线，是学习其他等值线的基础。

（三）问题的分析

本教学关键问题的核心内容是识别等高线地形图上的山峰、山脊、山谷等，在地形图上识别五种主要地形类型；核心技能是阅读等高线地形图；核心素养是识别各种地形的方法。

“等高线地形图的判读”要求识别不同地形部位，在读图过程中归纳出山脊、山谷

的等高线特点。等高线地形图的判读之所以成为初中地理的一个难点，主要有以下几点原因：

（1）学生缺乏抽象的思维。升入初中，学生的抽象思维开始占优势，但在很大程度上尚属于经验型，仍需要感性经验的直接支持。

（2）学生缺乏理论基础和生活实践的支撑。学生除在小学数学中学过垂直概念外没有任何理论基础，在生活经验上又缺乏空间、立体的概念和野外实践，缺少野外山谷、山脊、鞍部地形地貌的概念。

（3）学生对平面和立体之间的转化存在困难。这部分内容既要求学生理解如何将地形的起伏用等高线的形式表示，即将立体的地形转化为平面图；又要求学生学会等高线地形图的判读，即将平面的图形转化为立体的地形。这两方面的转换要做到信手拈来，没有科学方法的指导和一定的训练几乎是不可能完成的。

对于五种地形，学生或多或少已经了解一些。这部分内容的学习目的，应使学生在区域地理学习中会阅读有关区域的地形图。教学时没有必要介绍它们的概念、特点和分布。地理课标中只要求学生能在地形图上识别主要地形，当然可以让学生通过读图找出五种地形之间的差异以及它们在地形图上的表现，在地形图上分别比较山地与盆地、高原与平原、山地与丘陵的等高线分布特点。

教学关键问题解决

对本教学关键问题的解决，建立空间概念和理论联系实际是关键。提出以下几点建议：

1. 创设情境，引发兴趣，联系生活，突出等高线地形图的实用性

实际生活中，地形图广泛应用于军事、建筑、城市规划等领域中。地形图的学习要注重理论联系实际，突出地理的实用性。“等高线地形图”与七年级学生生活体验交集较少，要根据学生的心理发展规律，联系实际安排教学内容，引导学生从现实生活的经历与体验出发，激发学生对地理问题的兴趣。通过创建学生熟悉的情境，使学生快速进入状态。

例如，郝晓萍老师让同学们课后收集等高线地形图被广泛应用于军事、建筑、城市规划等领域的相关资料，让新知识的学习得以延伸。

又如，郝晓萍老师创设越野比赛、闯关寻宝、登山旅游等情境，使学生在有趣、熟悉的情境中不断发现问题、解决问题。韩若冰老师以登山为线索，创设了登山探险之初发现、登山探险之再发现、登山探险之实战演习等情境，以学生感兴趣的话题，快速把学生引入“等高线”的教学当中，使原本抽象、枯燥的内容变得生动有趣，激发学生的求知欲，提高学生参与的积极性和学习的兴趣。

2. 搭建支架，化繁为简，帮助理解等高线绘制原理，建立空间概念

在本教学内容中，可将内容标准分解为：等高线的概念、等高线地形图的绘制原理、五种山地地形的判读。等高线的概念、等高线地形图的绘制原理，需要很强的空间想象能力，可通过模型、教具、动画的应用来帮助学生建立空间概念。

例如，郝晓萍老师在自制山体模型上，画出几个点，并标注其海拔，让学生指出海拔为100米和200米的点，然后把海拔相同的点连接成线，帮助学生理解什么是等高线；并把铁丝套在模型上形成等高线，再把套着铁丝的模型面向学生转90°展示，再播放“等高线地形图绘制动画”帮助学生理解什么是垂直投影；让学生利用山体模型（山峰、山脊、山谷、陡崖）亲自绘制“等高线地形图”，从而掌握这些“山体部位”的特征，学会在等高线地形图上判读出它们。

又如，韩若冰老师执教的“等高线地形图的判读”一课中“在等高线地形图上识别山峰、山脊、山谷、鞍部、陡崖”环节，老师把全班分为若干组，然后给每组发一个沿等高线切断的不同的山体模型，让学生自学课本中“山地不同部位的等高线示意”图，小组合作探究，完成所发模型等高线地形图的绘制、找出所绘制的等高线地形图的山地部位以及总结所找山地部位的等高线形态特征。在此期间，教师巡回指导，然后各组推荐一个发言人上台展示小组成果。

教师通过搭建支架，让学生通过自学和动手实践，把原本抽象的内容形象化，引导并帮助学生突破难点，加深对等高线和五个山地部位的理解。

3. 组织动手动脑、合作探究活动，发展学生的地理实践能力

实践能力只有在动手活动中才能很好地体现出来，初中地理教材中有很多这样的机会，比如让学生制作地球仪，利用等高线原理制作山地模型等。当学生面对凝聚着自己的辛勤劳动和智慧且实实在在的劳动成果时，必定会激发其学习地理的浓厚兴趣和强烈的创造欲望。同时，他们对地理知识的理解和运用能力得到较大提高。

例如，在等高线地形图的判读这节课中，两位教师在五种山地部位的识别上，都是通过亲自制作山地模型，让学生动手绘图、动脑总结来完成，这样不仅让学生深刻认识了五种山地部位的等高线形态特征，而且学生还能在实景图上准确指出五种山地部位的位置。又如，韩若冰老师布置的课后小制作，让学生制作山地模型，并以小组比赛的形式展示交流，充分激发了学生学习地理的兴趣，学生的突发奇想和创造能力也给教师带来很多惊喜。

总之，与课堂教学等其他学习方法相比，学生动手实践能力更多的是强调过程，强调的是学生对所学知识技能的理解掌握和实际应用，强调学生通过亲身体验加深对学习价值的认识，从而使学生在思想意识、情感意志、精神境界等方面得到升华。在中学阶段，始终要把握一个宗旨：要多一点学生的亲身体验，少一点教师的知识传授；多一点实地调查，少一点资料整理；多一点动手活动，少一点理论研究。对学生进行研究方法的指导，要结合具体问题和情境，深入浅出，注重实用；要重视学习过程，而不偏重结果。

4. 注重知识迁移，学以致用，教会学生识别地形的方法

学生不仅要能在等高线地形图上判读出各个山体部位特征，还要能把这项能力落实到实际应用中，让新知识得到迁移应用。为此，教师应组织学生活动，让学生阅读有关区域的地形图，在地形图上识别主要地形并找出五种地形之间的差异。通过这种读图训练，帮助学生掌握识别地形的方法。例如，教师给出某区域分层设色地形图，要求学生找出平原、高原、山地、丘陵、盆地五种基本地形，并比较五种地形在等高线地形图上的分布特点，比较五种地形之间的差异。通过这一环节的学习，不仅帮助学生巩固了所学知识，还帮助学生掌握识别地形的方法，发展他们灵活运用所学知识分析具体问题的能力，真正实现学生所学的是对生活有用的地理，是对他们终身发展有用的地理。

案例示范

案例1

地形图的判读

郝晓萍　河南省洛阳市第二十三中学

教学环节	教师活动	学生活动	设计意图
导入新课	同学们，随着人们生活水平的提高，“登山”这种时尚又健康的运动，吸引了越来越多的人去挑战极限，让我们也来一同感受。（播放登山视频）登山者的背包中除了有这些华丽的装备外，通常还会有专业的地图。什么样的地图可以帮助他们登山探险呢？对，就是“地形图”。	观察思考。	引导学生发现社会现象，激发学生探求新知的欲望。
一、绘制	展示图片，创设越野比赛的情境，引出登山的“好帮手”——地形图（图1-3-1）。 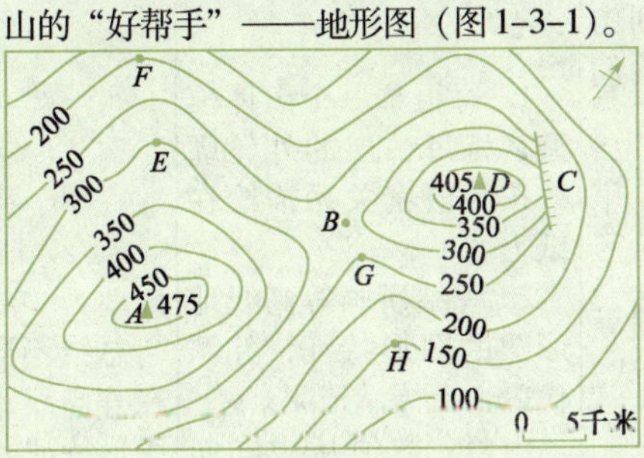 图1-3-1 设问：这类图是如何绘制出来的呢？	配合教师思考、回答，进入情境。	让学生在感兴趣的情境中，展开学习竞赛，提高学习效率，增加趣味性。 引出等高线地形图。
	展示山体模型，模型上已点出若干点，并标注其海拔。 指导学生活动：指点江山 1. 指出海拔为100米的点。 2. 指出海拔为200米的点。 讲解：我们把海拔相同的点连接成线，这些线就叫等高线。 教师将多个铁丝圈套在模型上形成等高线，并指示多条等高线。 设问：怎么把这些模型上的线表示到平面上来呢？ 演示教具：把套着铁丝的模型面向学生转90°来帮助理解“垂直投影”。 展示多媒体动画，帮助学生理解。 讲解：这幅图（展示等高线地形图）就是等高线地形图。这些线就是等高线，这些数字代表这些等高线的海拔。每相邻两条等高线间的高度差叫做等高距，在同一幅地图上，等高距是相等的。这幅图的等高距是多少？我们也可以根据实际情况，在其他地图中把等高距放大或缩小。	认真观察山体模型，指出海拔为100米的点。再指出海拔为200米的点。 在教师的引导下观察思考：等高线地形图是如何绘制出来的？	直观教学，降低难度，便于理解。通过让学生指出不同海拔的点来。 引出“等高线”的概念。 通过演示等高线地形图的绘制原理，使学生从阅读山体模型上各点的海拔，过渡到在地形图上判读地形、地势，形成空间概念。

续表

教学环节	教师活动	学生活动	设计意图
一、绘制	承转：通过阅读这幅图，你能看出山上某点的高度吗？ 提问：让我们来算一算：这次比赛，登多高才能到达山顶呢？	阅读等高线地形图，读出：越野比赛起点的海拔为 1 200 米，山顶的海拔为 1 500 多米。计算：登 300 多米才能到达山顶。	在等高线地形图上判读各点的海拔。并进行简单的计算，达到可以在平面图上看出山的起伏状况的目的。
	总结：同学们，通过了解“等高线地形图”的绘制方法，大家知道了，如何在地形图上识读各点的高度。也能够在这幅图上看出山的起伏状况了。	检测自己是否达到教学目的。	知识点总结。
二、判读	承转：让我们带着这幅图继续前进，前方出现了四条不同方向的小路：到山顶，哪条路更适合你呢？这就需要我们更深一步了解“等高线地形图”了。 讲解：我们知道，一座山上，有山峰、鞍部、山脊、山谷、陡崖。它们被称为山体部位。 承转：不同的山体部位，画出来的等高线有什么不一样呢？让我们来试一试。 指导学生活动：牛刀小试 1. 每组拿一个山体模型（山峰、山脊、山谷、陡崖），教师已将模型沿等高线切断，请你将每一层的外轮廓线按其嵌套关系描绘在纸上。 2. 总结所画等高线地形图的图形特征，并派代表上台展示成果。 教师说明学生绘图技巧和规则。并分发“智慧小锦囊”（各山体部位等高线地形图的例图）来帮助学生总结出这些图的图形特征。 帮助学生将所画的图贴到黑板上。 教师点评、鼓励、纠错、突破重难点、总结。 让学生把不同山体特征的名称贴到相应的图下方。 教师引导总结鞍部图形特征。	1. 每组拿一个山体模型，将每一层的外轮廓线按其嵌套关系描绘在纸上。 2. 总结所画等高线地形图的图形特征，并派代表上台展示成果。 山峰：数值从中间向四周逐渐降低。山的最高点，用▲来表示山峰。陡坡等高线密集，缓坡等高线稀疏。 山脊：等高线的最弯处指向低处。 山谷：等高线的最弯处指向高处。 陡崖：等高线重叠。 鞍部：两个山峰之间的连接部位。 把不同山体部位的名称贴在相应的图下方。	延续情境，设疑激趣。 总结不同山体部位在等高线地形图中的图形特征。 突破重点：等高线的疏密程度与坡度陡缓之间的关系。 突破重难点：山脊、山谷的辨析。 让学生自主探究，合作学习，发挥学生的主观能动性，培养学生分析能力。培养安全意识。
	检测：课本习题，在 30 秒内填“某地等高线地形图”。	练习，并检测自己是否达到教学目标。	巩固新知，为实践应用做铺垫。

续表

教学环节	教师活动	学生活动	设计意图
三、应用	承转：通过亲自绘制“等高线地形图”，大家都掌握了这些“山体部位”的特征。我们登的这座山也有不同的山体部位，那么，哪条路更适合你呢？让我们来亲自走一走： 指导学生活动：实战演练 （课件展示：等高线地形图） 请各位组长抽取登山路线，通过小组讨论，分析沿这条路上山，你有什么体会。 教师补充： 1. 攀岩，我们很欣赏这些攀岩者勇攀高峰、不畏艰险的精神，但对于我们中学生来说，这是种危险运动，并不适合我们。 2. 读珠穆朗玛峰登山路线。问：登山队员是沿着山的什么部位向上攀登的，为什么？ 3. 攀登陡坡山谷，虽十分艰辛，但很有乐趣。同学们长大后，可以带上这些安全装备去体验一下。 总结活动（板书：判读，应用）	甲：陡崖，危险，辛苦。 乙：陡坡，十分辛苦。对于体力好的人来说可以节省时间。 丙：缓坡山脊，漫步山林，放松自我。 丁：缓坡山谷，看山花烂漫，听泉水叮咚。 读珠穆朗玛峰登山路线。答：登山队员是沿着山的缓坡山脊向上攀登的，这条路不仅坡缓，而且可以减少遇到雪崩、冰裂缝等山间危险。	培养合作探究意识和分析问题能力。理论联系实际，学习对生活有用的地理，学以致用，解决实际问题。拓宽知识面，增强自我保护意识。
总结 知识扩展	评判比赛结果，请冠军队组长来谈一谈这次登山的收获。（知识点回顾） “等高线地形图”被广泛应用于军事、建筑、城市规划等领域，请同学们下课后，收集有关资料，下节课我们来一起分享。 同学们，我们每天的学习就像在攀登知识高峰。虽然每个人与山顶的相对高度不尽相同，但只要你选对路线，不畏艰险，就一定能赢得属于自己的成功！	冠军队组长总结本节课知识点，全体学生总结重点。展开思路，学以致用。	巩固和升华课堂知识。使学生把课堂知识与生产、生活联系起来。学以致用，扩展知识面。培养学生积极向上的人生观、价值观。

案例2

等高线地形图的判读

韩若冰　河南省开封市第二十七中学

教学环节	教师活动	学生活动	设计意图
创设情境 导入新课	户外登山现已成为越来越多人休闲度假的一种方式，老师也喜欢登山，可这次在登山探险前我遇到了一些小小的疑惑，想请大家帮我解惑释疑。 一位朋友在我出发前送给我一张奇怪的图，他告诉我我登的山就在图上，那么人们是如何把立体的高低起伏的山绘制成平面图的呢？下面我们就进入本节课的第一个教学板块——登山探险之初发现。	看等高线地形图，学生思考并回答问题。	利用这种快速、直接的问题导入形式，在轻松的氛围中把学生引入新课，从而进入本节课的第一个教学板块——登山探险之初发现。

续表

教学环节	教 师 活 动	学 生 活 动	设 计 意 图
自主学习	教学板块一：登山探险之初发现 1. 环节一：看一看知原理：看课本等高线示意图和多媒体播放等高线绘制的动态图，观察并总结等高线地形图的绘制原理。 2. 环节二：试一试明概念：出示自制山体模型，请大家完成以下任务：（1）请在模型上找到并指出海拔 100 米、200 米、300 米的点；（2）请在黑板上画出自制山体模型的等高线地形图（教师协助学生完成）；（3）请总结等高线和等高距的概念。 3. 环节三：想一想得特征：请大家对照黑板上所画的等高线地形图，想一想，总结等高线的特征都有哪些？	简单总结等高线地形图的绘制原理。 完成相应任务总结等高线的特征。	这一板块充分体现了以学生为主体，学生能看懂的、能动手的、能总结的，都让学生来完成，教师起引导的作用。
承转	现在老师知道了这张山的平面图是怎么来的，也知道了这张图是等高线地形图，但老师还有个问题，想请大家指点迷津。朋友告诉我，这张图上标有三条到达最高峰的路线，这三条路线分别代表了山地的不同部位，那么怎样才能在等高线地形图上看出山地的不同部位呢？（自然过渡到本节课的第二个教学板块——登山探险之再发现。）		明确下一个学习内容。
小组合作	教学板块二：登山探险之再发现 活动一： 请大家自学课本“山地不同部位的等高线示意”图，小组合作探究，完成以下任务： 1. 绘制本组所发模型的等高线地形图； 2. 找出本组所绘制的等高线地形图的山地部位； 3. 总结本组所找山地部位的等高线形态特征。最后各组推荐一个中心发言人上台展示小组成果。 教师点拨、总结。 活动二：拳头上的秘密 教师形象演示：请大家握紧拳头，拳心向下，放于胸前，假如我们的拳头是一座山，结合我们刚学的各个山地部位的特征，看看你们发现了什么？	完成相应的活动任务。	相信学生，大胆放手，通过自学和小组合作，真正实现把课堂还给学生。教师适当引导、点拨、鼓励即可。用拳头示意立体的山地模型，让学生充分发挥想象力，在拳头上指出山顶、山脊、山谷、鞍部、陡崖，这一环节是对五种山地部位的进一步巩固，同时也是对本节课内容的课堂评价。
承转	通过大家的努力，三条路线所经过的山地部位我都清楚了，但究竟选哪一条路线上山，我还有些犹豫，请大家继续努力，帮老师出谋划策。从而过渡到本节课的第三个教学板块——登山探险之实战演习。		承上启下，自然过渡。

续表

教学环节	教师活动	学生活动	设计意图
合作探究	教学板块三：登山探险之实战演习 大家请看，这就是我要登的山（出示自制山体模型），请各小组继续合作，3分钟完成以下任务： 任务一：对照等高线地形图，在山体模型上找出并指出三条路线。 任务二：分析选择不同路线登山的理由。	完成相应的活动任务	通过这一板块的学习，不仅巩固了所学知识，还训练了学生灵活的运用所学知识分析具体问题，真正实现了我们所学的是对生活有用的地理，是对终身发展有用的地理。
检测反馈	读某地等高线地形图（图 1–3–2），回答下列问题。 （1）在图中标注山顶、山脊、山谷、鞍部、陡崖。 （2）A 点海拔是多少米？你估计山顶 C 的海拔大约是多少米？ （3）从 A 点和 B 点出发，分别沿图中虚线爬到山顶 C，哪条登山线路较陡？请说出你的判断理由。 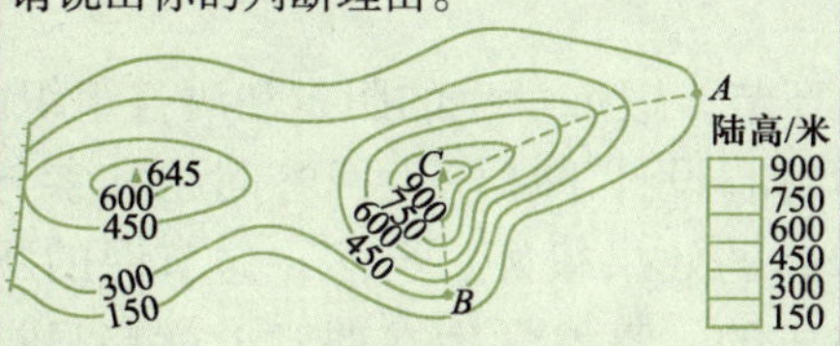 图 1–3–2	针对本节课的学习目标，学生自我评价和反馈。	检测本节课的课堂效果。
课后作业	要求：小组合作，利用沙土、萝卜、橡皮泥等材料制作一座山地模型，要求做出山峰、山脊、山谷、鞍部和陡崖等地形部位，要求等高线要表示出来。	各组比一比，看谁做的山体模型好。	一方面提高学生的动手动脑能力，另一方面巩固了本节课内容的学习。
结束语	同学们，学习如登山，在登的过程中，我们难免会疲惫、会痛苦，也许还会摔跤。但我们要记住，困难和挫折只是暂时的。只要我们努力攀登了，每个人都会登上不同的高度，看到不同的美景。让我们一起努力，不断攀登知识的高峰吧！		课堂升华。

评述与建议

案例 1 的设计亮点主要有以下几点：

（1）本节课利用三个活动的开展，学生完成了有关“等高线地形图”的绘制原理、判读方法、实践应用三方面的学习。

（2）教师大量运用自制教具帮助学生理解、实践，达到了化繁为简、步步深入的作用。

（3）教师注重让学生将原有的经验应用到新知识的学习中，如用学生熟知的“海拔和相对高度”的知识，来引出等高线的概念。

（4）教师通过创设情境来解决实际问题，很好地体现了“理论联系实际”的原则。

（5）小组“合作探究—展示—点评—总结”的学习方式，充分体现了学生的主体性。

本教学方案合理、紧凑、过渡自然；教学目标明确，思路清晰；教学手段灵活、多样、有效，能很好地突破重难点，学生的三维目标可以很好的实现。但制造教具可操作性不强，在原料的选择和成本的控制上要进一步的探索。另外，在情境创设上，可以更自然、更贴近于生活。

案例2 的设计以登山为线索，各个知识点贯穿其中。本节课的几个亮点如下：

（1）为了降低学生的学习难度，教师自制了很多适用于教学需要的不同的山体模型。

（2）本节课教学思路清晰，教学环节环环相扣。教学过程分别以登山探险之初发现、再发现、实战演习为线索展开对本节课的学习。

（3）教师全面放手，通过让学生看图、绘图、讨论、总结、合作，让学生真正做课堂的主人。

（4）每个活动都设计有学生展示汇报环节，锻炼学生的胆量和语言组织能力。

总之，整节课知识虽难，但在教师的精心设计下，学生回答问题和参与活动的积极性很高，课上得很轻松、愉快，学生掌握的效果很好。当然，这节课的顺利完成是需要学生根据教师设计的学案提前预习完成的，不然学生在课堂上就略显被动，课堂进度也很紧张。另外，教师除了要自制教具，还要为各组准备白纸、彩笔，费用也是教师面临的一个问题。

本节课符合课标要求，注重以学生为本，让学生“学习对生活有用的地理”，“对终身发展有用的地理”，“改变地理学习方式”，“构建开放式地理课程”，“构建基于现代信息技术的地理课程”。再者，本节课的设计紧紧抓住地理课标要求，围绕课标确定本节课的学习目标，围绕学习目标设计本节课的教学过程和课堂练习。“等高线地形图的判读”这节课为以后识别各种地形奠定了基础，本节课也是学生第一次接触到等值线，为以后学习其他等值线打下基础。

教学建议：

要做到看图识地形，“图在眼里，胸中有形”，对初一学生来说的确很难。但知识来源于实践，在实践中得到的感性认识，再经过反复实践才能上升到理性认识，并回到实践中去。这就要求教师根据学生的认知规律来恰当处理教材，寻找一个化难为易、化繁为简的方法来引导学生学习。在这部分内容的教学中应注意以下几点：

（1）让学生清楚明白、深入理解等高线概念及绘制原理，这样学生才能理解等高线的特点。等高线的学习是今后学习其他等值线的基础。

（2）要让学生理解将立体的山转化为平面等高线地形图的过程，这样才能帮助学生建立空间概念。

（3）注重学生思维训练，让学生通过动手、动脑、动口，深入理解山地不同部位等高线的特点。

（4）注重读图训练，让学生阅读不同区域的等高线地形图，识别五种基本地形，帮助学生掌握识别地形的方法。

【校本研修建议】

以教研组为单位进行校本研修，参考流程如下：

（1）教师自己备教材，备学生，提出自己的教学设想。

（2）观摩微课程案例，对比两个方案的优劣，进行深入分析和整理。

（3）制订优化后的方案并实施，在实施过程中进行调整。

（4）讨论：怎样在达成这一教学关键问题的过程中充分发挥学生潜能，组织学生学习地形图知识。

（5）把自己实施中比较满意的方案制作成微课程或文字呈现，上传到资源平台。

第二部分 世界地理

世界地理属于区域地理内容，是人们科学认识世界的一个重要方面。世界地理这部分内容的教学从自然地理、人文地理或两者相结合的角度，运用分析综合、归纳概括、区域对比等方法，展示大洲、大洋、国家（地区）的概貌及其内部差异，并阐明世界各种自然地理和人文地理事物的特点。

世界地理的教学帮助学生通过认识世界区域的自然地理和人文地理的主要特征，初步掌握学习区域地理的一般方法。教学应强调重点知识、基础知识、基本能力的学习，强调教给学生通过搜集资料、利用各种文字、音像等资料学习区域地理的基本方法。

在地理课标中，世界地理部分的内容标准有两部分：一部分是世界地理总论，包括世界自然环境与自然资源、世界社会经济与文化的基础知识；另一部分是认识世界区域部分，要求分别认识大洲、地区、国家这三个不同类型的区域并掌握认识世界区域的学习方法。

通过对学生的调查问卷和对教师的访谈发现，在世界地理这部分内容教学中，下列九个方面的教学内容是学生知识学习和能力培养的重点和难点，对于教师采用何种教学方法进行教学也是个难点。因此，本研究项目将这九个教学关键问题作为研究对象。

2-1　如何指导学生阅读天气图，并培养学生获取和运用地理信息的能力？天气作为人类生活环境的要素，与我们的生产、生活密切相关，是地理学科教学中最贴近学生实际生活的教学内容，具有很强的实践意义。在阅读简单天气图的过程中，学生能够获取有价值的天气信息，能够利用文字、符号等正确描述、传达天气状况的信息，发展自己收集和处理信息、交流与合作学习的能力，这也是现代公民应具备的一项基本地理技能。

2-2　如何指导学生阅读等温线图，并培养学生总结地理规律的能力？要求指导学生认识等温线，描述某个区域某段时间的气温分布规律，分析区域气温特征，进而培养学生总结地理规律的能力。解决这一关键问题的关键在于如何指导学生阅读等温线图，归纳气温的分布规律。

2-3　如何指导学生阅读世界气候类型分布图，并培养学生总结地理分布规律的能力？气候作为重要的自然地理要素是学生学习的重点内容，掌握气候知识的学习方法是地理学习的基础。“世界主要气候类型的分布”是分析世界各区域自然和人文环境特征的基础，也是初中地理教学的重点和难点，在地理教学中具有非常重要的地位。它是对“世界气温的分布”和“世界降水的分布”两部分内容的系统性延伸和总结归纳，有利于学生理解身边自然景观差异的成因，分析世界农业类型、动植物资源的分布规律。

2-4　如何指导学生分析气候资料，并掌握描述气候特征的方法？在地理课程标准的总体设计中，气候类型的特征是贯穿初中地理教学始终的知识要求。气候资料是地理信息的载体，是地理学习的重要工具。气温曲线图和降水柱状图能直观反映气温和降水等要素的变化规律，便于学生形成地理表象。教师利用气温曲线图和降水柱状图归纳气候类型的特征，对于指导学生掌握获取地理信息的方法，并能够利用文字、图像等形式表达地理信息显得尤为重要。解决这一问题关键在于对学生读图方法的指导以及不同气候类型的差异比较。

2-5　如何指导学生运用地图资料归纳区域自然环境特征？归纳区域的自然环境特点并简要分析各自然要素之间相互联系，是落实地理课程总体目标的重要途径。引导学生通过案例学习形成区域自然环境认识的一般方法，熟练掌握分析区域自然环境的一般思路是教学的难点。该问题要求运用图表和其他资料分析不同区域地形、气候、水文、植被特点及其相互联系，需要教师帮助学生学会查阅和阅读相关地图，如地形图、气候图、植被分布图、景观图等，掌握这些图的读图方法和技能。

2-6　如何指导学生分析某地区的资源开发、经济发展与环境保护之间的关系？地理课程要让学生感受到不同区域的自然地理和人文地理特征，了解世界和中国主要资源的分布、在资源开发中存在的主要问题以及区域发展的策略，从而培养学生应对资源、环境和发展问题的基本能力，做一个有环境意识、可持续发展观念和社会责任感的优秀公民。教学中要以某一地区（或者国家）的某一种资源为例，指导学生了解资源分布和开发现状，分析资源开发对环境的影响，举出切实可行的环境保护的措施，最后提出有利于经济发展的途径。

2-7　如何指导学生运用地形图分析地形、河流与当地人类活动的关系？指导学生运用地形图，获取地理信息，做出因地制宜的判断，更好地安排人类活动。该关键问题体现地理学科区域性，要指导学生学会从地图中获取一个区域更深入的信息，即能够读懂地图上地理事物之间的空间关系和因果关系。

2-8　如何指导学生运用图表分析某区域的气候特点？分析区域的气候特点，可以充分认识一个区域中地理位置等要素对气候因素的影响。学会阅读和分析气候图表资料是获取区域气候特点的重要技能和方法，有利于学生了解各区域的气候特点。

2-9　如何指导学生说明人口数量过多对环境及社会、经济的影响，树立正确的人口观？树立正确的人口观、资源观和环境观是21世纪建设人才必须具备的基本素质。人口、资源、环境问题揭示人类活动与自然环境、自然资源间的复杂关系，是阐明科学人口观、资源观、环境观和可持续发展观念的恰当载体。教学中通过具体的情境，组织学生从资料和事实中分析归纳，初步认识人口、经济和文化发展的区域差异，了解人类所面临的人口、资源、环境和发展等重大问题，从而形成尊重自然，与自然和谐相处、因地制宜的意识及可持续发展观念。

教学关键问题2-1 如何指导学生阅读天气图，并培养学生获取和运用地理信息的能力

教学关键问题分析

（一）问题的提出

地理信息是指与空间地理分布相关的信息，它是表示地表物体和环境固有的数量、质量、分布特征、联系和规律的数字、文字、图形、图像的总称。地理信息包括文字信息和图像信息。地理课程标准把培养和发展学生收集和处理信息的能力、分析和解决问题的能力放在首位。在知识内容迅速更新、知识结构不断整合的时代，培养学生获取和运用地理信息的能力尤为重要。获取和运用地理信息的能力是“调动和运用知识”“描述和阐释事物”“运用和解决问题”三项能力的基础。地理信息的获取和运用直接影响着问题解决的质量和速度。

简单的天气图就是指媒体天气预报中经常出现的天气图，它承载着丰富的天气信息，能够反映一定区域内的天气状况。简单天气图类型主要有卫星云图、城市天气预报图、城市空气质量日报等。通过阅读简单的天气图，学生能够获取有价值的天气信息。

（二）问题的价值

本教学关键问题的研究价值主要是培养学生获取和运用地理信息能力的培养。

地理课程标准强调“学习对生活有用的地理”“学习对学生终身发展有用的地理”。天气作为人类生活环境的要素，与我们的生产、生活密切相关。人们的日常生活、工农业生产、军事国防等都受到天气的影响。天气的教学是地理学科教学中最贴近学生实际生活的教学内容，具有很强的实践意义。看懂简单的天气图，对我们的生产、生活意义重大。通过卫星云图，可以辨别出不同区域可能出现的天气变化，从而掌握简单预测未来天气的技能；识别常用的天气符号，阅读城市天气预报图，可以正确地描述、传达某城市的天气状况，为生活服务；通过阅读城市天气质量日报，准确掌握空气质量状况，可以增强人们对环境的关注，提高生活质量。

通过阅读天气图，学生能够在生活中正确描述、传达天气状况的信息，可以培养和发展收集和处理信息、交流与合作学习的能力。阅读天气图也是现代公民应具备的一项基本地理技能。

（三）问题的分析

本教学关键问题的核心内容是识别常用的天气符号、看懂简单的天气图。核心技能是阅读简单的天气图。核心素养是获取和运用地理信息的能力。

在媒体天气预报中，城市天气预报图是最直观、最常见的一种呈现形式。在城市天气预报图中，如何全面有效地获取和运用地理信息，识别常用的天气符号是关键。一些比较抽象的天气符号（如风向标）的判读，学生较难理解、掌握，是学习的难点。此外，七年级学生仍以形象思维为主，对天气图的认识大多停留在感性认识上，停留

在对一些符号的含义的理解上，尚不能从中获取更全面、有效的信息。知识的获取需要感性经验的积累，教师可以通过教具、动画演示帮助他们理解抽象知识，积累感性经验。技能的形成需要反复的模拟训练，教师可以通过设计“识记常用的天气符号”等趣味实践活动，使学生产生兴趣，从而准确有效地获取和运用地理信息。教师还可以通过组织学生非常熟悉的天气播报活动，帮助学生理解气温和降水的概念，理解天气和人类活动的关系。

教学关键问题解决

1. 引导学生利用类比，识别常用的天气符号，掌握准确获取地理信息的方法

常用的天气符号是指电视、网络等媒体在天气预报中经常出现的天气符号，它不一定与教材中的符号一样，而且会有变化。这一问题的解决并不是在一节课内达成的，需要学生在日常生活应用中逐渐掌握。因此，掌握区分、识记天气符号的方法很重要。虽然学生对部分天气符号比较熟悉，但天气符号较多，有些符号容易混淆，将天气符号分类、比较，使学生独立思考、分析异同，能够从中发现规律，找到记忆的诀窍。这样不仅锻炼了学生的思维能力、分析归纳问题的能力，还提高了课堂教学的效率。例如，小雨到暴雨，小雪到大雪，通过一个符号的变化，进而记住一类符号，使课堂更高效。

2. 引导学生利用教具、动画等，化抽象为直观，培养理解地理信息的能力

在地理教学中，许多知识都比较抽象，学生难以理解。如果教师只是凭口讲，学生头脑中无法想象，接受效果较差。通过设计一些简易教具或者动画模拟、过程演示等，使抽象内容、复杂过程、空间结构更加直观形象，从而激发学生的想象力，培养学生的观察、分析、想象等思维能力，提高教学效率和质量。

例如，风向标的判读比较抽象，是教学难点。教师可自制立体教具——风向盘，让学生近距离观察体验；也可利用 PPT 动画分别展示风杆、风尾，向学生解读风向和风力大小的判读，使学生理解更充分，记忆更深刻。再如，可利用 PPT 动画分组展示符号的变化，展示符号间的联系，便于学生记忆。

3. 引导学生利用媒体、软件等创设情境，培养运用地理信息的能力，服务生活

新课程改革的具体目标之一是加强课程内容与学生生活及现代社会科技发展的联系，关注学生的学习兴趣和经验，精选终身学习必备的基础知识和技能。现代社会科技发展迅速，互联网、手机等被广泛应用于人们的生活，学生尤其热衷使用智能手机的应用软件。从学生感兴趣的 APP 体验入手，引导、启发学生去思考、探究生活中的实际问题，运用地理信息解决生活中的实际问题，不仅能使学生感受到地理知识的魅力，认识到生活离不开地理，而且能增强学生的生存能力，提高对未来生活的适应能力。

例如，可以以用户最多的天气信息查询软件——墨迹天气为线索，介绍、认识墨迹，正确区分、识记天气符号，进而能够看懂天气预报图，了解最近一周的天气变化趋势，并联系生活使用墨迹天气，为生活服务。还可以让学生模拟播报城市天气，熟练掌握常用的天气符号，看懂城市天气预报图，学会正确描述天气信息。

案例示范

下面以马竟老师的“看符号知天气”和“墨迹天气”两则课例为例，分析她在指

导学生识别常用的天气符号时，如何创设情境、组织学生活动。

案例 1

看符号知天气

马竞　河南省洛阳市第二十三中学

教学环节	教师活动	学生活动	设计意图
第一环节 导入新课	展示：城市天气预报图。 设问：全世界收视率最高的电视节目就是天气预报。同学们，你能看懂天气预报吗？这幅图中都有哪些重要的信息？	学生认识天气预报的重要性，并认真观察图中信息，产生浓厚的探究兴趣。	联系生活，直接引出话题，既明确了学习目标，有的放矢，又让学生认识到学习对生活有用的地理的重要性，激发学习热情。
第二环节 识别符号	活动一：猜猜我是谁 教师自制天气符号卡片，说明游戏规则，按步骤组织学生活动	活动步骤： 第一步：看课本，用 1 分钟识记常用的天气符号。 第二步：学生任意抽取卡片，向大家展示，说出它代表什么天气状况，选择合理的分类，粘贴在对应的位置上。 第三步：调整卡片的顺序，显示规律。	学生识记、展示天气符号，通过寻找规律、记忆诀窍，加深学生印象。这样开放性活动的设计，从学生的认知出发，利用了学生自身的资源，分享了记忆诀窍，调动了学生的积极性，活跃了课堂气氛。
	过渡：在天气符号中，像“F”这类符号表示风向和风力的大小，我们一起认识它。		
	自学解疑： A. 什么是风向？风有几个基本方向，分别是什么？ B. 什么是风力？风力共分为几级？ 教师解读：我们用风杆表示风向，风向是指风的来向。风尾表示风力。识读的时候，既要读出它的风向，又要读出风力的大小。	阅读课文，快速找出这两个问题的答案，进行抢答。	风向、风力大小的识读比较抽象，学生较难掌握。从简单问题入手，通过自学、抢答，掌握风向、风力的基础知识，初步感受收获知识的喜悦，增强学习信心。再分别展示风杆、风尾，解读风向和风力大小的判读，就易于学生理解、掌握。
	活动二：风向转转转 展示自制教具——风向盘，转动风向标，使其停在八个基本方位中的某处，检测学生对风向、风力大小的掌握情况。	根据随机图示说出其所表示的风向、风力。	自制立体教具——风向盘。通过训练，使学生理解更充分，记忆更深刻，成功突破了教学难点。
	活动三：天气接龙 （1）幻灯片展示教室座位表，通过两个模拟测试确定学生已经找到自己的位置。 （2）播放幻灯片，显示座位表上的天气符号，组织学生说出其天气状况。	活动步骤： 第一步：自我定位。 第二步：根据显示逐个说出对应的天气符号。	采用了随机提问的形式，设置了由易识记符号到难识记符号、由单一符号到组合符号，难度梯度逐渐加大。既吸引学生的注意力，锻炼学生的反应能力，又实现了多媒体教学与学生活动的巧妙结合。

续表

教学环节	教 师 活 动	学 生 活 动	设 计 意 图
第三环节 学以致用	活动四：挑战自我 教师以北京天气为例作示范，学生模拟播报城市天气。	学生模拟播报城市天气预报。	通过以上知识的铺垫，向学生提出更高的要求，教师示范，学生独立完成播报城市天气预报。学生展示了才能，锻炼了胆识，获得成就感。
第四环节 课堂小结	教师总结。	学生谈这节课的收获。	既锻炼学生的语言组织能力，又考查学生对知识的掌握，同时，使学生认识到“学习对生活用的地理”。

案例 2

墨迹天气

马竞　河南省洛阳市第二十三中学

教学环节	教 师 活 动	学 生 活 动	设 计 意 图
第一环节 介绍墨迹	展示：墨迹天气软件。 设问：大家都是通过哪些途径获取天气预报呢？	思考回答，并简单了解天气信息查询软件“墨迹天气”。	以生活体验引出“用户量世界第一的天气信息查询软件——墨迹天气”，既导入新课，又对生活有帮助，开阔了学生的眼界。
第二环节 认识墨迹	1. 展示墨迹界面	学生说出它的主要内容。	以墨迹天气为线索，学生结合已有的知识、生活经验，说出天气预报的主要内容，引出天气状况、风力、风向等。
	2. PPT 动画分组展示常用的天气符号 （1）晴、多云、阴； （2）小雨、中雨、大雨、暴雨； （3）小雪、中雪、大雪、雨夹雪； （4）雾、霜冻、沙尘暴、冰雹、雷阵雨。	学生观察符号间的异同，尝试寻找最佳的记忆方法。各小组派代表介绍记忆诀窍。	利用动画展示各组符号之间的变化，更加直观形象，有利于学生发现异同、总结规律。小组分工协作，培养了学生的团体意识和表达能力，同时活跃了课堂气氛，提高了学生的学习热情。
	承转：这些符号基本上是固定不变的，有一类符号是变化的，那就是风向、风力的符号。		
	3. 展示风向标 教师讲解：风向、风力，以及画法。	学生理解掌握风向和风力大小的识读。	风向、风力的符号比较抽象，重在教师讲解。
	过渡：认识了这么多天气符号，你也能够播报天气了。现在，就给你一个展示自己的机会。		
	4. 师生合作 预报洛阳近一周的天气状况，由教师报时间。	学生报出当天的天气状况、最低和最高气温以及风力风向等。	师生合作播报天气，既使学生感受地理知识的实用性，培养了学生的实践能力，又拉近了师生之间的距离，增进了感情。

续表

教学环节	教师活动	学生活动	设计意图
第三环节 使用墨迹	5. 生活小贴士 教师展示墨迹生活指数。	学生根据当天的天气状况给出温馨提示。	能看懂天气预报，并结合实际、服务生活才是学习的目的。在这一活动中，学生学以致用，体现了“学习对生活有用的地理”这一新课程理念。同时，以墨迹生活指数来验证，做到了首尾呼应，使墨迹天气的线索更完整。
	6. 时景分享 拍摄室外图片随机上传网络分享，查看当地、不同地区的时景图。	学生参与活动。	为了使课堂知识延伸到生活中，向学生介绍墨迹天气的实景分享功能，学生可以参与互动，同时拓展了学生收集信息的渠道，活跃了学生的思维。使学生逐步养成关心天气，关注身边地理的习惯。

评述与建议

案例1 用到了类比的方法。教师以多云、中雨、小雪、雾设置四类，学生选择恰当的分类，进行展示，并说明分类理由。这样从学生的认知出发，充分利用学生自身的资源，分享记忆的诀窍，调动了学生的积极性，活跃了课堂气氛。风向标的判读比较抽象，是教学难点。教师自制立体教具——风向盘，让学生近距离观察体验；又利用PPT动画分别展示风杆、风尾，向学生解读风向和风力大小的判读，使学生理解更充分，记忆更深刻。学生模拟播报城市天气，熟练掌握常用的天气符号，看懂城市天气预报图，学会正确描述天气信息。

案例2 利用PPT动画分组展示符号的变化，展示符号间的联系，便于学生记忆。以用户量世界第一的天气信息查询软件——墨迹天气为线索，介绍、认识墨迹天气，正确区分、识记天气符号，进而能够看懂天气预报图，了解最近一周的天气变化趋势，并联系生活使用墨迹天气，为生活服务。

以上两个案例，对于简单的知识，都充分发挥了学生的主体性；对于较难理解的知识，体现了教师的主导作用。教师从学生的认知规律和兴趣特点出发，将生活带入课堂，创设情境，组织形式活泼、富有趣味的学生活动，充分调动学生动眼识图、动脑思考、动口表达，让学生在动中学、动中思、动中记，从而轻松达成教学目标。

教学建议：

（1）从学生的生活实际出发，可以选择适当的图片、视频、软件等，使新知识与学生已有的生活经验相联系，引导学生关注身边的地理现象，激发学习兴趣。

（2）教学中要充分体现学生为主体，教师为主导的教学原则，采用灵活多样的教学方法，例如指导分析法、探究讨论法、游戏教学法等，甚至几种方法可以相辅相成，贯穿整个教学过程始终。

（3）可利用教具、多媒体等教学手段，科学演示抽象知识，对学生学习指导到位，巧妙突破教学难点。

（4）关注学生的课堂生成，及时给予学生恰当的评价和激励，充分利用学生自身的资源，达成教学目标。

【校本研修建议】

以教研组为单位进行校本研修，参考流程如下：

（1）教师自己备教材，备学生，提出自己的教学设想。

（2）观摩微课程案例，对比两个方案的优劣，进行深入分析和整理。

（3）制订优化后的方案并实施，在实施过程中进行调整。

（4）讨论：怎样通过其他教学方式培养学生获取和运用地理信息的能力。

（5）把自己实施中比较满意的方案制作成微课程或文字呈现，上传到资源平台。

教学关键问题 2-2 如何指导学生阅读等温线图，并培养学生总结地理规律的能力

教学关键问题分析

（一）问题的提出

地理课程标准总目标中提出：“初步学会根据收集到的地理信息，通过比较、分析、归纳等思维过程，形成地理概念，归纳地理特征，理解地理规律。”这是初中学生要达到的学科能力。在整个初中地理学习过程中，等温线属于相对抽象和难以理解的地理概念，认识等温线并掌握其判读方法，并运用此方法来描述某个区域某段时间的气温分布规律是分析区域气温特征的重要途径。例如，地理课程标准的“内容目标”中，就有“阅读世界年平均和1月、7月平均气温分布图，归纳世界气温分布特点”这一要求；又如，在人教版地理教材八年级上册第二章“气候”一节中和八年级下册“东北三省”区域中都有涉及读区域等温线分布图并归纳本区域的气温分布特征的相关内容。若地理教师之前已经教给学生如何判读等温线，画龙点睛地总结规范的读图方法和步骤，学生在学习任何区域的气温分布特点时都会游刃有余，不被“等温线”这样的拦路虎吓倒。所以，指导学生有效阅读等温线图，归纳气温分布规律，培养学生总结地理规律的能力成为初中地理教学中一个迫切需要解决的关键问题。

（二）问题的价值

气温是气候的重要因素之一，而气候是自然环境要素的重要组成部分，是学生了解世界自然环境的必备知识。

等温线是等值线的一种，我们通常利用等温线图来表示气温的水平分布。对于初中学生而言，这种较为抽象的地理概念，如果利用地图的形式呈现出来，会更有助于初中学生的理解。

等温线图从直观上看起来，表现错综复杂，但也是有规律可循的。比如利用等温线图上的数值，读出某点的气温，从等温线的延伸方向、疏密程度和闭合情况来总结判读等温线的一般步骤，可以化难为易，化抽象为具体。判读等温线同时也是初中学生必备的一项地理技能。

运用已经获得的等温线图判读方法，可以分析世界、中国或者某个区域的气温分布规律，进而达到培养学生总结地理规律的能力。这一学习过程既能够帮助学生掌握阅读、观察地理图像的基本方法，又能够发展学生从地理图像中获取地理信息的能力以及利用图像说明地理问题的能力。

综上所述，“如何指导学生阅读等温线图，并培养学生总结地理规律的能力”这一核心问题的研究过程既能够体现地理概念的学习过程，又能够体现运用地理概念和地理技能分析、描述和总结地理规律的学习过程，其研究价值在整个中学地理的学习阶

段，都具有相当宝贵的指导和借鉴意义。

（三）问题的分析

本教学关键问题的核心内容是等温线和等温线图的概念、等温线图的判读、气温的分布规律；核心技能是阅读等温线图；核心素养是总结地理规律的能力。

本教学关键问题可以分解为两个认知步骤，一是如何阅读等温线图，归纳气温的分布规律；二是把第一个步骤的认知过程高度概括，用来总结其他的地理规律。这一教学关键问题对初中学生而言属于比较抽象且难以理解的地理问题，在教学时应尽量遵循以下两个原则：一是避繁就简，把复杂问题简单化；二是多与生活实际相结合，把简单问题生活化。比如在读具体某地区等温线分布图时，仅需达成以下目标即可：

（1）根据等温线的延伸方向，读出该地气温递变规律；

（2）根据图例和等温线数值，读出图上任意地点的气温范围或气温值；

（3）能够找到图中的高温或低温中心；

（4）能够根据图中等温线的疏密程度，比较两个区域的气温差异；

（5）能够比较同纬度海洋和陆地上两地的气温高低。

教学关键问题解决

本教学关键问题的解决，主要从以下五个方面进行：形成地理概念——等温线；掌握地理技能——等温线图的读图步骤；描述和归纳地理规律——气温的分布规律；结合生活情境，验证规律——学习对生活有用的地理；迁移延伸，利用获取气温分布规律的学习过程形成学科素养——培养学生总结地理规律的能力。

1. 引导学生利用类比分析、动手绘制等方法，形成地理概念——等温线和等温线图

地理课程标准中对地理概念的要求已经不再是记忆和背诵，而是要引导学生根据收集到的地理信息，通过比较、分析等思维过程，形成地理概念，其最终目的是要运用已经获得的地理基本概念和原理，归纳地理特征，并对地理事物和现象进行分析，做出判断。为此，在学习等温线和等温线图这些地理概念及其绘制过程时，教师若利用学生已有的前备知识——等高线，通过类比来表达等温线的概念，学生理解起来会更轻松易懂。

例如，徐黎姗和刘晓俊两位老师在指导学生进行等温线的学习时，就充分利用了类比“等高线”相关信息来建构“等温线”相关知识。徐黎姗在授课时，首先播放等高线动画，温习等高线的绘制过程，形成“在地图上，把海拔相同的各点连接成线，就是等高线”这一地理概念。其次，教师利用电子白板，在平面图上点出一些标注气温数值的点，提示学生把气温相同的点连接起来，这样使学生在亲自动手绘制的过程中形成等温线和等温线图的概念，即把同一水平面上气温相同的各点连接起来，就是等温线；表示同一时间等温线水平分布状况的地图，称为等温线图。最后，利用“同一条等温线上气温相同”这一等温线特征，读出等温线图上某点的气温数值，或者利用相邻两条等温线的温差读出某点的气温范围。可想而知，通过这样的类比分析和动手操作方式，等温线的概念在初中学生的脑海中便栩栩如生地建构起来了。

2. 指导学生阅读等温线图，熟练掌握基本地理技能——等温线图的一般判读方法和步骤

地理课程标准“知识与技能”目标中，明确提出学生要掌握阅读和使用地图的基本技能。除此之外，在课程标准的教材编写建议中，也强调教材编写者要注重对学生地理学习能力的培养，这就要求地理教师首先要自身具备较高的地理素养，能够高屋建瓴地总结一些基本地图的读图方法和步骤，并准确传授给学生，指导学生利用此方法阅读同类地图。等温线模式图作为众多基本地图大家庭中的一员，其读图方法也是有章可循的。

刘晓俊老师在等温线模式图的判读教学中，首先给出一幅局部等温线模式图，并设计了一系列相关问题，如填出气温递变的方向，并判断其与等温线的延伸方向的相互关系；读出图中 A、B、C 三点气温最高的是哪一点，气温最低的是哪一点，判断哪一个是高温中心，哪一个低温中心；找到图中相同面积的甲、乙两区域，比较等温线的疏密程度和温差状况。学生根据已经形成的等温线概念，自主完成这些问题应该不难，并在教师的引导下，最终形成等温线的一般判读步骤：一是根据等温线的延伸方向，判读气温递变方向；二是根据等温线的疏密程度，分析气温差异的大小；三是根据等温线的闭合情况，判读高、低温中心的分布。这种地理技能的建构过程从特殊到一般，还可以再从一般到特殊，即运用等温线图判读方法，分析世界或某个区域气温分布的规律。

3. 运用阅读等温线图的读图技能，描述和归纳地理规律——即某区域气温的分布规律

对于初中学生而言，“运用能力层次”在从地图上获取地理信息的基础上，又上升了一个层次，它既包括运用地理概念或原理对地理事物做出准确判断或者简单分析，又包括运用已有读图技能，归纳地理规律。

徐黎姗老师在进行世界气温的分布规律教学时，就是分别对比世界 1 月和 7 月气温分布图，指导学生总结世界气温的一般分布规律：第一，等温线沿着东西方向延伸，气温存在南北递变，即从低纬度到高纬度气温逐渐降低。第二，对比世界 1 月和 7 月北半球的等温线疏密状况，可以看出，1 月的等温线较为密集，表明温差大；7 月的等温线相对稀疏，表明温差较小。第三，7 月，高温中心主要分布在北回归线附近，如北非撒哈拉沙漠地区、阿拉伯半岛地区等；1 月，低温中心主要在南北极圈以内地区。第四，北半球同纬度地区，1 月，海洋气温较高，陆地气温较低；7 月，陆地气温较高，海洋气温较低。

4. 学以致用，结合生活情境，发现气温分布规律对生活的影响——学习对生活有用的地理

地理课程标准在课程性质和课程基本理念方面都提到地理课程内容要紧密联系生活实际，即学习对生活有用的地理。引导学生在生活中发现地理问题，理解其形成的地理背景，提升学生的生活品位，增强学生的生存能力。

例如，徐黎姗老师在进行“世界气温的分布”一课的教学时设计了“游园揭秘岛”环节。徐老师设计了三个生活情境，鼓励学生选择恰当的气温分布图，从图中所能够获取的地理信息来解释这些生活情境。

情境一：冬季的时候，生活在俄罗斯的居民身穿皮衣皮袄，而在普吉岛度假的老师们却都身穿夏装，运用相关地图解释原因，并说出其验证了哪条气温分布规律。

情境二：暑假时，很多家庭喜欢带孩子去海边避暑，这是为什么呢？运用相关地图解释原因，并说出其验证了哪条气温分布规律。

情境三：去年的夏季，我们全家从郑州出发，分别去了哈尔滨和广州，发现当地人们穿着和我们一样，都是夏装，指图解释原因，并说出其验证了哪条气温分布规律。

这些生活情境使学生们兴致盎然，真真切切地体验到生活与地理知识紧密相关。

5. 迁移延伸，利用获取气温分布规律的学习过程，培养学生能力，形成地理素养——总结地理规律的能力

在地理课程标准中，地理课程理念和课程目标都体现了对学生地理素养培养的要求。本教学关键问题的解决过程分别经历了以下步骤，即了解地理概念—学习分析资料（数据）—归纳地理规律—解释地理现象。迁移延伸一下，我们便可以利用这四个步骤的学习策略来总结其他的地理规律，最终培养学生总结地理规律的能力，形成可以促使学生终身发展的地理素养。

案例示范

下面以“阅读世界1月、7月平均气温分布图，分析世界气温的分布规律”为例，看看徐黎姗老师和刘晓俊老师是如何解决这一教学关键问题的。

案例1

世界气温的分布

徐黎姗　河南省郑州中学

教学环节	教师活动	学生活动	设计意图
创设情境 导入新课	同学们，大家喜欢游园吗？今天老师要带领大家去“世界气温主题公园”参加游园活动？请看游园规则： 每进入一座城堡，都将面临相关挑战，只有答对挑战题目，方可进入下一城堡并获得“笑脸”奖励。	准备参加挑战活动。	情境设置使学生面对“等温线”这一抽象的知识时去除了心理上的排斥和戒备，且符合初中学生喜欢游戏、竞赛的心理。“游园规则”使得小组评价更具有可操作性。
环节一：温故知新，闯关温馨园			
类比动手 形成概念	观看等高线动画，温习等高线的绘制过程，完成下列问题： （1）在地图上，把海拔相同的各点连接成线，就是等高线。那么，把同一水平面上气温相同的各点连接起来就是________。 （2）给出一些点，并附上气温值，尝试动手把气温相同的点连接起来。	观看动画，回答问题。 动手绘制。	

续表

<table>
<tr><th>教学环节</th><th>教 师 活 动</th><th>学 生 活 动</th><th>设 计 意 图</th></tr>
<tr><td>类比动手形成概念</td><td>

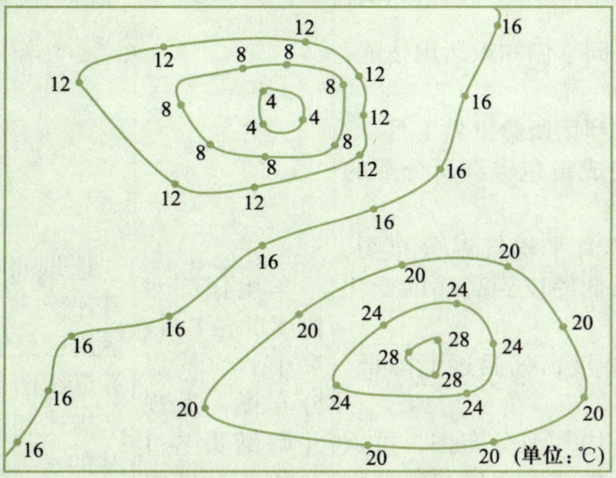

图 2-2-1

得出结论：从图 2-2-1 中可以看出，同一条等温线上，气温________。

（3）读出图 2-2-2 中 *A*、*B* 两点的温度值或者温度范围。

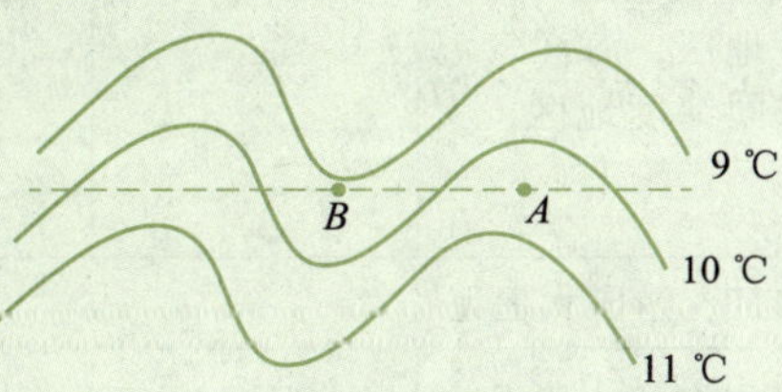

图 2-2-2
</td><td>读图作答。</td><td>一是利用学生已有的“等高线”知识，通过类比来表达等温线的概念，学生理解起来会更为轻松；二是学生亲自动手绘制等温线，不仅体现了获取地理概念途径的多样化，且绘制的过程中会加深对等温线和等温线图这一概念的理解。</td></tr>
<tr><td colspan="4">环节二：技能加油站</td></tr>
<tr><td>读图析图掌握技能</td><td>读世界年平均气温分布图，独立填写并总结读等温线图的三个关键步骤。
由世界年平均气温分布图得出：
（1）根据等温线的延伸方向，判读气温递变的方向（南北递变）。
（2）根据等温线的疏密程度，分析气温分布差异；（等温线密集，温差大；等温线稀疏，温差小）。
（3）根据等温线的闭合中心，判断高、低温中心的分布（等温线呈封闭形状时，中心气温低，表示这里是低温中心，反之，是高温中心）。</td><td>独立读图，根据图中的提示，自主总结阅读等温线图的关键步骤。</td><td>从不同角度有侧重点地选取三幅等温线分布图，分别总结读等温线图的一般方法和步骤，即从等温线的延伸方向，判读气温递变的方向；根据等温线的疏密程度，分析气温分布差异；根据等温线的闭合中心，判断高、低温中心的分布。这一地理技能的掌握，为学生将来阅读不同等温线图提供了读图方向，也体现了课程标准中要注重对学生地理学习能力的培养这一目标。</td></tr>
</table>

续表

教学环节	教师活动	学生活动	设计意图
环节三：闯关火眼金睛园			
活用技能探寻规律	进入火眼金睛园，将考查同学们知识活用技能，观察地图，总结规律的能力。 请每组同学打开任务袋，利用所给世界1月、7月平均气温分布图，分别完成黄色卡纸所分配的任务。 任务一：读世界1月、7月平均气温分布图，概括世界1月、7月气温从低纬度到高纬度变化的共同规律。 规律一：从低纬度到高纬度，气温逐渐降低。（纬度因素） 任务二：读1月、7月平均气温分布图，重点观察两幅图在北半球等温线的疏密程度与温差大小的关系。 规律二：1月，北半球等温线较密集，温差大；7月，北半球等温线较稀疏，温差小。 任务三：观察地图，北半球同纬度的大陆和海洋相比，1月哪里气温高？7月哪里气温高？ 规律三：1月，北半球同纬度地区，海洋气温高，大陆气温低；7月，北半球同纬度地区，大陆气温高，海洋气温低。	学生仔细对比读世界1月、7月平均气温分布图，发现并归纳世界1月和7月世界气温分布的异同。	选取世界1月、7月平均气温分布图，运用已经获得的阅读等温线图的读图技能来描述和归纳世界气温的一般分布规律，符合课程标准中运用已有读图技能，归纳地理规律这一总目标。
环节四：游园大揭秘			
联系生活学以致用	过渡：同学们已经掌握了世界气温的水平分布规律，利用这些规律，大家能够揭秘一些生活现象吗？请进入揭秘岛。 走进揭秘岛，三位岛主热情相迎，他们都是“上知天文，下晓地理”的生活通。打开任务袋中的红色卡纸，根据岛主所提示的生活情境或者现象，运用1月、7月平均气温分布图，解释这些现象，并说出其验证了哪一条气温分布规律。 情境一：冬季的时候，生活在俄罗斯的居民身穿皮衣皮袄，而在普吉岛度假的老师们却都身穿夏装，运用地图解释原因，并说出其验证了哪条气温分布规律。（验证规律一） 情境二：暑假时，很多家庭喜欢带孩子去海边避暑，这是为什么呢？运用地图解释原因，并说出其验证了哪条气温分布规律。（验证规律三） 情境三：去年的夏季，我们全家从郑州出发，分别去了哈尔滨和广州，发现当地人们穿着和我们一样，都是夏装，指图解释原因，并说出其验证了哪条气温分布规律。（验证规律二） 可见，很多生活现象都有其背后的地理意义，希望同学们能更多地关注身边的地理现象和规律，应用它们为我们的多彩生活服务。	学生选取相关地图，利用地图来解释产生这些生活现象的地理原因和地理背景。	把生活情境和地理规律相结合，既提高了学生的学习兴趣，又能够引导学生养成在生活中发现地理问题，并养成利用已学地理知识解决生活问题的良好品质。

案例2

世界气温的分布

刘晓俊　河南省郑州外国语中学

教学环节	教 师 活 动	学 生 活 动	设 计 意 图
创设情境 导入新课	提问：亲爱的同学们，你觉得郑州今天的天气怎么样？（6月份，很热） 承转：可是大家知道吗，地球上有些地方人们还穿着皮毛服装（播放幻灯片），这是为什么呢？ 导入：今天就让我们一起走进世界之旅之气温篇“气温的分布”。我们先来做一个小游戏——知识接龙。	思考问题，观察图片得出不同地方气温不同。	展示图片，直观感受，贴近生活，紧扣主题，激发兴趣。
环节一：复习阅读等高线图的方法			
知识接龙 温故知新	（幻灯片播放等高线地形图，如图2-2-3所示，各学习小组轮流回答。） 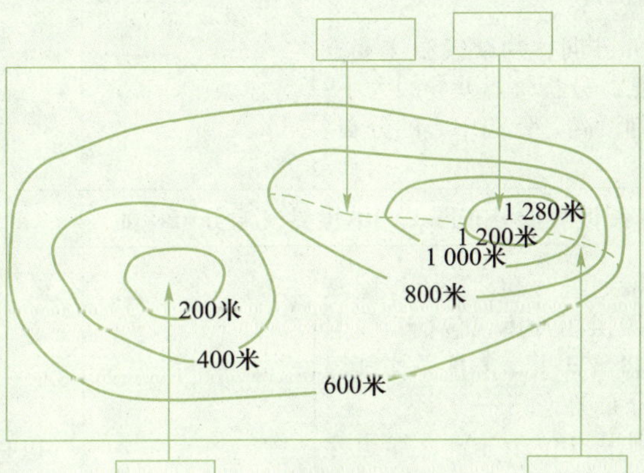 等高线地形图 图2-2-3 提问： 1. 在地图上把________相等的点连接成线叫做等高线； 2. 这幅图的等高距是________米； 3. 闭合曲线外低内高为________； 4. 闭合曲线外高内低为________； 5. 等高线稀疏对应的坡度是________坡； 6. 等高线密集对应的坡度是________坡。 承转：等温线图是否也具有类似的判读方法呢？	学生看图回答。	复习旧知，联系新知。
环节二：自学教材、总结阅读等温线图的方法			
自学释疑 书中探宝	结合教材内容，完成导学案自学释疑。试着总结阅读等温线图的方法。 1. 如图2-2-4是等温线模式图，*B*点的气温是________；*A*地的气温是________至________，这是一个________中心；*C*地的气温是________至________，这是一个________中心。		

续表

<table>
<tr><th>教学环节</th><th>教师活动</th><th>学生活动</th><th>设计意图</th></tr>
<tr><td>自学释疑
书中探宝</td><td>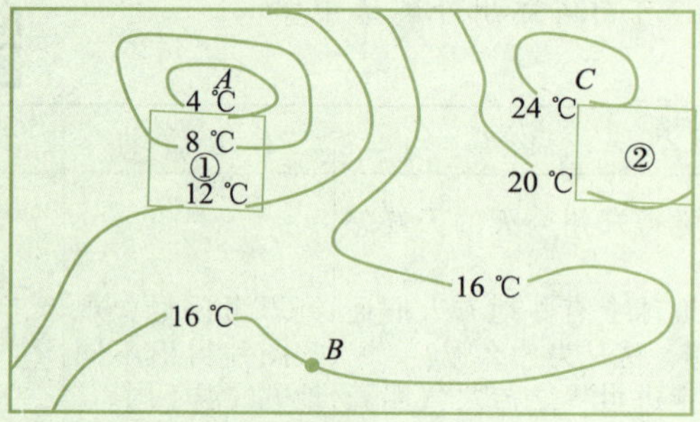

图 2-2-4
2. ①区域等温线比较密集，温差约________；
②区域等温线稀疏，温差约________。
3. 如果等温线沿东西方向延伸，说明________方向存在气温差异。如果等温线大致沿南北方向延伸，说明________方向存在气温差异。
总结：根据等温线的延伸方向，判读气温递变方向；根据等温线的疏密程度，分析气温差异的大小；根据等温线的闭合情况，判读高、低温中心的分布。</td><td>学生完成自学释疑部分，并指图展示，说出阅读等温线图的方法。</td><td>利用等温线模式图总结等温线图读图的一般步骤，为下面读世界1月、7月平均气温分布图打下基础。</td></tr>
<tr><td colspan="4">环节三：小组合作阅读气温分布图，归纳世界气温分布特征</td></tr>
<tr><td>你出行
我策划</td><td>幻灯片出示“极地考察策划组”和“海上探险策划组”的任务，并给学生提供图片库，包括：气温与海拔高低关系示意图，世界1月、7月平均气温分布图，世界年平均气温分布图等。
任务一：1月，生活在刚果（位于非洲，赤道穿过的一个国家）的小朋友凯文梦想去南极地区考察，却不知道沿途要穿什么衣服，请你帮他出谋划策，并说明理由。如果是7月去北极地区呢？
<table>
<tr><th>1月</th><th>7月</th></tr>
<tr><td>你选择的地图是：
____________；
你从图中获取的等温线分布信息是：
____________；
你给凯文的建议是：
____________；
你的结论是：
气温由低纬向高纬递________。</td><td>你选择的地图是：
____________；
你从图中获取的等温线分布信息是：
____________；
你给凯文的建议是：
____________；
你的结论是：
气温由低纬向高纬递________。</td></tr>
</table>
由此可推断：世界年平均气温由低纬向高纬递________。
验证推断：你选择的地图是________________。</td><td>两组同学从世界年平均气温分布图，世界1月、7月平均气温分布图中选出合适的地图，获取等温线分布信息，得出结论，分别完成任务一和任务二。</td><td>以任务驱动的方式选取两组地理场景，引导学生利用已有的等温线图判读方法阅读世界年平均气温分布图，世界1月、7月平均气温图，总结世界气温分布规律，并通过情境设置来验证这些规律。其整个过程围绕“选图—读图—析图”进行，充分体现了地图在地理教学中的中心地位。</td></tr>
</table>

续表

教学环节	教师活动	学生活动	设计意图
你出行我策划	任务二：7月，生活在郑州的小明给正在海上探险的爸爸打电话说：“今天郑州特别热。”可爸爸却说：“我这里还很凉爽。”你觉得有这种可能吗？如果是1月，他们所在地的气温是否有差异呢？ 细心的你有没有发现1月和7月的等温线分布更密集的是______，这说明______________。 南、北半球中，中纬度地区等温线分布更密集的是________，这说明______________。		
归纳总结	引导学生完成下面的知识框架。 世界气温的分布（水平） 由低纬向高纬递________；（纬度位置） 同纬度 冬：陆________，海________； （海陆位置） 同纬度 夏：陆________，海________。	根据刚才的任务，归纳世界气温的水平分布特征。	这一关设计意图在于“由分到总”的提升，系统地呈现知识结构。
环节四：联系生活，迁移应用			
联系生活	提问：你认为本节课的学习对你的生活有什么帮助？	思考、展示、分享。	学习对生活有用的地理。
学以致用	1. 图2-2-5中A、B两处气温差异大的是（　　） 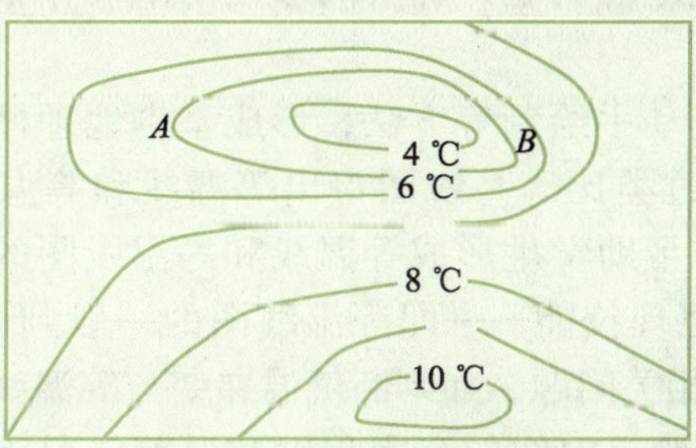 图2-2-5　某地等温线图 2. 黑龙江省位于中国最北部，是冬季滑雪好去处。请解释原因。 3. 如图2-2-6是北半球冬季部分地区等温线分布图，图中A地气温是________，B地气温是______，由此推断A、B两地的海陆分布：A是________，B是________。 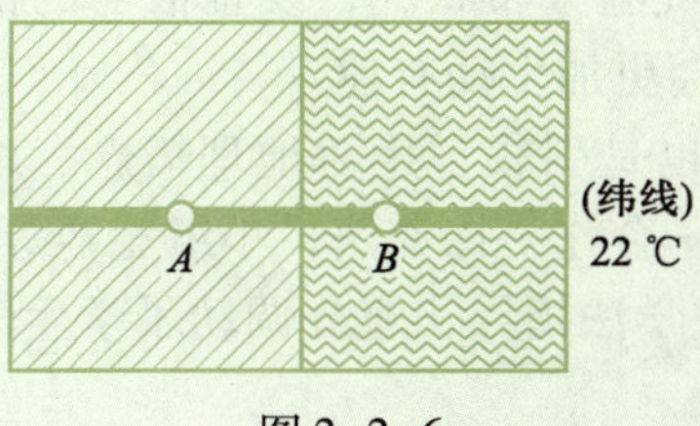 图2-2-6	读图回答。	依据学习目标，设计有针对性的典型练习题，以巩固所学知识，检测目标达成情况。做到“教—学—评”的一致性。

续表

教学环节	教师活动	学生活动	设计意图
总结提升	总结：正是因为气温的差异，才让我们有了五彩缤纷的世界，才让我们产生对极地的向往，对海洋的憧憬，才让我们欣赏到了“一山有四季，十里不同天”的奇景。可是，在我们享受世界之美之时，却让我们赖以生存的星球不断升温、苦不堪言！(出示“出汗的地球”漫画图) 呼吁：同学们！让我们从此刻开始，发挥我们的智慧，用我们所学的知识，携手共创更美好的家园吧！	观看图片，聆听、思考。	帮助学生初步学会运用地理知识解决实际问题

评述与建议

案例 1 运用阅读等温线图的读图技能，描述和归纳地理规律——即某区域气温的分布规律。在进行世界气温的分布规律教学时，对比世界 1 月和 7 月平均气温分布图，总结世界气温的一般分布规律。学以致用，结合生活情境，验证气温分布规律——学习对生活有用的地理，设计了“游园揭秘岛”环节。创造三个生活情境，鼓励学生选择恰当的气温分布图，从图中所能够获取的地理信息来解释这些生活情境。这些生活情境的设置，使学生们兴致盎然，真切地体验到生活中的地理。学生选取相关地图，利用地图来解释产生这些生活现象的地理原因和地理背景，通过生活情境验证气温分布规律。教师引导学生在生活中发现地理问题，理解其形成的地理背景，提升学生的生活品位，增强学生的生存能力。

案例 2 引导学生利用类比分析、动手绘制等方法，形成基本地理概念。利用学生已有的前备知识——“等高线”，通过类比等高线图得出等温线和等温线图的地理概念；组织学生亲自动手绘制等温线，帮助学生形成等温线和等温线图的概念等。指导学生阅读等温线图，熟练掌握基本地理技能——即等温线图的一般判读方法和步骤。运用“等温线模式图”，设计一系列相关问题，如判断气温递变与等温线的延伸方向的相互关系，判断高温、低温中心，比较等温线的疏密程度和温差状况等。在教师的引导下，学生掌握了等温线图的一般判读方法和步骤。

教学建议：

本教学关键问题的解决过程其实涵盖了从地理概念—地理技能—地理运用与规律总结三个层面的教学策略，这一过程中既有对“知识与技能”的评价，又有对“过程与方法”的评价，比较全面。除此之外，教学建议如下：

第一，在教学中，针对实际区域的气温分布状况，设置恰当的情境归纳其气温分布规律，如果能和生活现象紧密结合，会更加生动有趣。

第二，此关键问题的解决过程其实也是引领学生对地理概念、地理技能和地理规律的建构过程，授课时，尽量运用自主—合作—探究法，小组竞赛等方法，“构建开放的地理课程”，体现以学生为中心，注重学法指导，充分调动了学生学习和思考的积极性，顺利达成学习目标。

第三，充分利用地图来解决这一教学关键问题，读图、用图、析图贯穿整个教学设计，体现地理学习“地图指引，用图说话”的核心理念。

第四，可以尝试利用此关键问题的解决过程和学生形成的认知结构来解决其他相关的关键问题，如“如何阅读等降水量线图，归纳降水的分布特点”。

【校本研修建议】

以教研组为单位进行校本研修，参考流程如下：

（1）教师自己备教材，备学生，提出自己的教学设想。

（2）观摩微课程案例，对比两个方案的优劣，进行深入分析和整理。

（3）制订优化后的方案并实施，在实施过程中进行调整。

（4）讨论：怎样培养学生总结地理规律的能力。

（5）把自己实施中比较满意的方案制作成微课程或文字呈现，上传到资源平台。

教学关键问题 2-3 如何指导学生阅读世界气候类型分布图，并培养学生总结地理分布规律的能力

教学关键问题分析

（一）问题的提出

地理课程标准的内容标准基本结构如图 2-3-1 所示。

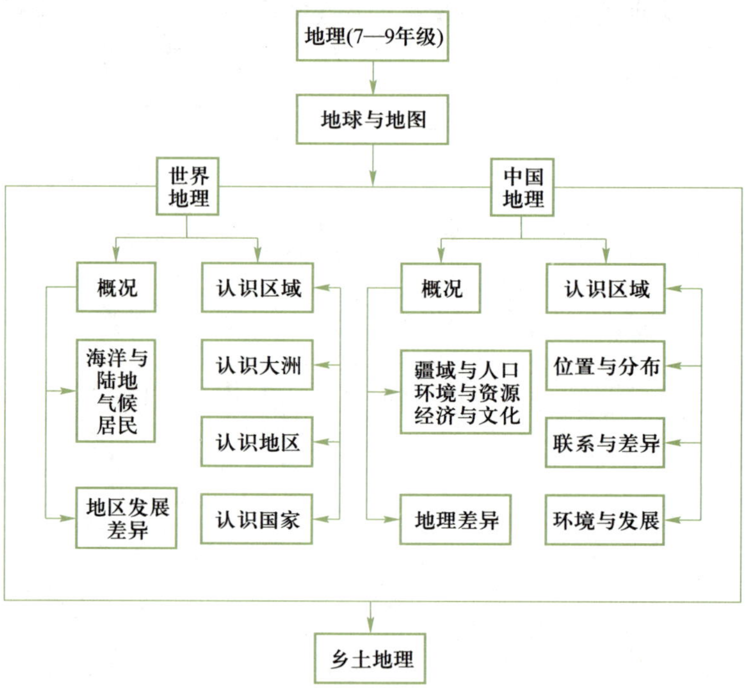

图 2-3-1

可以看出，地理课程给学生提供了与其生活和周围世界密切相关的基础性的地理知识和地理技能，气候是学习区域地理必须掌握的基础知识与基本技能之一。

通过地理课程学习，学生应能从地理素材中获取有价值的地理信息，具备正确和完整的表达地理信息的能力。在完成了“地图的阅读”教学之后，“运用世界气候类型分布图”“说出主要气候类型的分布”的过程是对世界气候信息的分析、整理和表达的过程，是对“能运用地图”这一基本地理素养的培养。

地理课程改革，让我们以“学习对生活有用的地理”为出发点，帮助学生从生活中的现象出发，了解他们生活的地理环境。因此，“阅读世界气候类型分布图，并培养学生总结地理分布规律的能力”这个问题就成为教学的关键问题。

（二）问题的价值

气候环境是地理环境中最主要的环境之一，气候与人类生活生产的关系是最重要

的地理关系之一。不同的气候区内，农业、工业、交通、建筑等生产方式和人们的衣着、饮食、习俗等生活方式等都有很大差异。

“世界主要气候类型的分布”是初中地理教学的重点和难点，它是对“世界气温的分布”和“世界降水的分布”两部分内容的系统性延伸和总结归纳，为进一步探讨气候对人类活动的影响做好了知识准备。本教学关键问题相关的知识难度较大，但对生活和生产有重要的指导意义，是今后学习“居民与聚落”中人种和人口分布、聚落形成及其特征的基础，也是分析世界区域地理中各区域自然和人文环境特征的基础，在地理教学中具有非常重要的地位。认识世界主要气候类型的分布，有利于理解身边自然景观差异的成因，有利于分析世界农业类型、动植物资源的分布规律，有利于认识世界主要国家农业的特点。

（三）问题的分析

本关键问题的核心内容是在世界气候分布图上说出主要气候类型的分布地区；核心技能是阅读世界气候分布图；核心素养是总结地理分布规律的能力。

世界主要气候类型的名称多且容易混淆，七年级学生的空间概念还没有完全建立起来，对于掌握世界气候类型的分布有较大困难。教学过程中，教师难以把握学生记忆的程度和理解的深度，有时候会照本宣科，一股脑儿告诉学生，气候类型有哪些，分布在哪儿；有时候也会针对气候的形成原理进行分析，来帮助学生理解，但是讲解的方法和分析的深度比较难把握。此外，学习本部分知识时，学生尚未学习分区地理，气候类型的分布位置对学生来说比较难。教师在描述气候分布区域时，不必使用东南亚、南亚、西欧等地名，用热带、温带、寒带地区和大陆东岸、西岸、内部等表述即可。

这一部分内容的教学可以从三方面把握：第一，对气候类型的分类不必太细，可适当概括和综合，只要能反映世界气候地区差异即可。第二，对气候类型名称中涉及的概念，如季风、海洋性、大陆性等，如果学生没有要求，可以不做解释。第三，对于每种气候类型，学生能在世界气候分布图上说出其分布地区即可，此时不必讲述其特征、分布地区及景观特点。

教学关键问题解决

要解决本教学关键问题，认识地理要素之间的必要联系，寻求气候的分布规律十分重要。

1. 引导学生比较气候类型的名称和分布的差异，培养学生梳理和归纳地理分布规律的能力

比较法是地理教学中常用的方法。将同类的知识列表对比，可以使学生更好地了解和掌握事物的共同属性和个别特征。“世界主要气候类型的分布”中，气候类型的名称相似，易混淆；气候类型的分布有差异，也有联系。列表比较把课本图文变得更有条理，更能突出重点，使学生更容易接受。但在列表时，如果将 11 种气候类型的分布整盘托出，会给学生的学习带来负担。本部分使用表格，分类整理呈现规律，需要认真考虑化繁为简，变难为易。设置恰当的问题，使抽象的文字有规律，教学生在应用中学会梳理和归纳。

例如，案例 1 中，教师安排亚洲的东部、温带亚欧大陆、高原山地的主要气候类

型三个表格，让学生归纳总结气候的纬度分布规律、经度分布规律、垂直分布规律；案例 2 中，表格分为热带、温带和其他三类，两种方法都把问题归类，并给出看图及完成任务的步骤提示，举例示范，所以学生很快就能得出正确的结论。

2. 指导学生采用分类法认识气候类型分布，帮助学生形成有序的认知和地理思维

地图是地理教学的依托。教师通过帮助学生对地图进行观察和分析，把各种地理事物和现象联系起来，找出其间的相互关系，查明其地理规律，使学生理解地理空间概念、形成地理思维。世界主要气候类型的分布内容多、名称杂，对七年级的学生来说是个难点，教师应对这些内容进行梳理，并使用恰当的方法，帮助学生形成有序的认知和地理思维。

例如，在案例 1 中，教师安排三个小组进行活动。第一考察队任务：在“世界气候类型的分布图”中描出南、北回归线和南北极圈；找出位于亚洲东部的气候类型，填写考察报告；总结世界气候类型的纬度分布规律。第二考察队任务：在“世界气候类型的分布图”中描出北回归线和北极圈；找出位于温带地区亚欧大陆东岸、内部、西岸的气候类型，填写考察报告；总结世界气候类型的经度分布规律。第三考察队任务：在“世界地形图”上找出青藏高原、埃塞俄比亚高原、科迪勒拉山系；在“世界气候类型的分布图”中找出以上地形区的气候类型，填写考察报告；总结高山高原地区的气候类型。在找到主要气候类型的基础上，通过拼图比赛进行分布地区的归纳总结。每一个任务都从简单到复杂，从直观到抽象，帮助学生养成良好的用图习惯。引导学生发现世界主要气候类型的分布不仅有其规律性，而且也有其地域性，形成具体问题具体分析的探究意识，从而认识地理现象之间的联系。

3. 创设情境让学生感受气候与生活的联系，提高学生应用地图、解决实际问题的能力

情境化教学是新课程改革倡导的教学方法之一，它使课堂生动活泼，能激发学生自主参与和自主学习的热情。“气候”与我们的生活息息相关，但“气候类型的分布”就略显枯燥，只有想办法让学生主动参与地理课堂才能够真正完成教学目标，帮助学生提高应用地图的能力和解决实际问题的能力。创设合适的情境，能使学生在乐学中获得新知和能力。

例如，案例 1 中的“考察天地”，教师指导学生认识“气候类型的名称和分布规律”。在对气候类型有整体认知的情况下，用“智慧拼图”活动帮助学生给“主要气候类型的分布”定位。案例 2 中的“聊天话气候”使学生以闲谈的方式先对气候名称有大概的了解。“游戏记位置”更是学生喜欢的形式，在电脑动画拖动的过程中，学生能品尝到胜利的喜悦。这些活动形式便于教师操作，能够联系相关知识，还能锻炼技能，学生都乐于参与。

4. 帮助学生梳理认识气候类型的分布，形成地理事物分布的关系图景

有许多地理事物在空间上宏大而复杂，学生在认识气候类型的分布时，只有借助直观、形象的方式，才能构建起气候类型分布的关系图景。在教学中，教师要遵循学生的认知规律，注意通过图像直观、实物直观、模拟直观、情境设计，联系学生生活和已有的知识，帮助其建立丰富的地理表象，形成对气候类型分布的感知和记忆，理解气候类型的分布及其规律。这样才能促进学生的认知过程，为进一步学习和掌握地理概念、地理规律、地理原理等地理理论知识打下基础。

案例示范

案例 1

世界主要气候类型的分布

刘应丽　河南省洛阳市第二外国语学校

<table>
<tr><th>教学环节</th><th>教师活动</th><th>学生活动</th><th>设计意图</th></tr>
<tr><td>导入</td><td>气温和降水是组成气候的两个重要因素。由于各地气温和降水情况不同，世界的气候也就复杂多样。那么，世界上有哪些主要的气候类型？</td><td></td><td>衔接旧知，直截了当。</td></tr>
<tr><td>自主学习
慧眼识图
——
“看一看”
“说一说”</td><td>提示学生看图例、观察学生看图的方法是否得当。</td><td>阅读“世界气候分布图”，说出世界上有哪些主要气候类型。</td><td>在学生已经具备了一定的读图能力的情况下，根据图例，学生完全能够指图说出气候类型的名称。让学生先形成整体的认识，对下一步总结气候类型的分布规律有铺垫作用。</td></tr>
<tr><td>小结</td><td colspan="3">世界主要的气候类型有热带雨林气候、热带季风气候、热带草原气候、热带沙漠气候、亚热带季风和湿润气候、地中海气候、温带海洋性气候、温带季风气候、温带大陆性气候、高原山地气候和寒带气候。（课件同步显示世界主要气候类型的名称及分布）</td></tr>
<tr><td>过渡</td><td colspan="3">气候与我们的生产、生活关系密切，了解世界气候的分布对于合理安排生活和指导生产活动都有很重要的意义。现在就请同学们以考察队员的身份，对世界气候类型的分布进行考察，并写出考察报告。</td></tr>
<tr><td>合作学习
考察天地
——
“描一描”
“填一填”</td><td>布置任务：
1. 分组——派代表领取任务卡；
2. 根据任务卡的要求，结合“世界气候类型图”，找出各个地区的主要气候类型；
3. 总结世界气候类型的分布规律。</td><td>第一考察队任务：
（1）在“世界气候类型的分布”图中描出：南、北回归线和南、北极圈。
（2）找出位于亚洲东部的气候类型，填写考察报告 1。
（3）总结世界气候类型分布的纬度分布规律。
报告 1：亚洲东部的主要气候类型<table><tr><th></th><th>方位</th><th>气候类型</th></tr><tr><td rowspan="4">亚洲东部</td><td rowspan="2">北</td><td></td></tr><tr><td></td></tr><tr><td rowspan="2">南</td><td></td></tr><tr><td></td></tr></table></td><td></td></tr>
</table>

续表

<table>
<tr><th>教学环节</th><th>教师活动</th><th>学生活动</th><th>设计意图</th></tr>
<tr><td>合作学习
考察天地
——
“描一描”
“填一填”</td><td></td><td>第二考察队任务：
（1）在“世界气候类型的分布图”中描出：北回归线和北极圈。
（2）找出位于温带地区亚欧大陆东岸、内部、西岸的气候类型，填写考察报告2。
（3）总结世界气候类型分布的经度分布规律。
报告2：主要分布在温带的气候类型
<table><tr><th>分布地区</th><th>气候类型</th></tr><tr><td>大陆东岸</td><td></td></tr><tr><td>大陆内部</td><td></td></tr><tr><td>大陆西岸</td><td></td></tr></table>
第三考察队任务：
（1）结合“世界地形图”，找出青藏高原、埃塞俄比亚高原、科迪勒拉山系。
（2）在“世界气候类型的分布图”中找出以上地形区的气候类型，填写考察报告3。
（3）总结高山高原地区的气候类型。
报告3：主要分布高山高原地区的气候类型
<table><tr><th>地区</th><th>气候类型</th></tr><tr><td>高山
高原</td><td></td></tr></table>
学生活动：汇报考察的结果。</td><td>处理好“授之以渔”与“授之以鱼”的关系是教师首先要具备的教学理念，教师不是告知学生规律，而是教学生使用正确的方法总结出地理事物的分布规律。学生在“描—识—填”的过程中，可以形成地理空间概念，总结地理规律，巩固气候类型的名称，为进一步学习奠定基础。</td></tr>
<tr><td>小结</td><td colspan="3">世界主要气候类型的水平分布呈现两种规律：
（1）主要因气温差异形成世界气候分布的纬度地带性规律：由赤道到两极有规律的分布着热带的气候、亚热带的气候、温带的气候和寒带的气候。
（2）主要因降水差异形成世界气候分布的经度地带性规律：温带地区由沿海到内陆，从大陆东岸、内部到西岸有规律地分布着温带季风气候、温带大陆性气候和温带海洋性气候。
由于气温和降水的垂直差异，世界气候类型的垂直分布表现在：高山高原地区分布有高原山地气候。</td></tr>
<tr><td>过渡</td><td colspan="3">根据考察的结果，同学们还可以把世界气候类型的分布规律用另外一种形式展示出来。现在请各队仔细观察亚、非、欧三大洲的气候类型分布情况，之后，大家来完成一个拼图比赛，看哪个队完成得最快、最好。</td></tr>
</table>

<table>
<tr><th>教学环节</th><th>教 师 活 动</th><th>学 生 活 动</th><th>设 计 意 图</th></tr>
<tr>
<td>合作学习
智慧拼图
——
“拼一拼”
“比一比”</td>
<td>1. 教师说明规则
（1）将拼图袋内的图块倒出，在纸上对应的方框内完成拼图。
（2）结合拼出的图形和示例，总结出拼图下方表格内气候类型的分布地区，填写在表内。
（3）将拼图袋内的景观图贴在拼图上对应的气候区内，并说明理由。
2. 根据学生的完成情况进行小结</td>
<td>按照完成顺序进行展示说明。
第一组：
<table>
<tr><th>主要气候类型</th><th>分布</th><th>植被</th></tr>
<tr><td>热带草原气候</td><td>热带雨林气候两侧，大致在南、北纬 10°—南、北回归线间</td><td>热带稀树高草</td></tr>
<tr><td>热带雨林气候</td><td></td><td></td></tr>
</table>
第二组：
<table>
<tr><th>主要气候类型</th><th>分布</th><th>植被</th></tr>
<tr><td>温带海洋性气候</td><td>南、北纬 40°～60°的大陆西岸</td><td>温带落叶阔叶林</td></tr>
<tr><td>温带季风气候</td><td></td><td></td></tr>
</table>
第三组：
<table>
<tr><th>主要气候类型</th><th>分布</th><th>植被</th></tr>
<tr><td>高原山地气候</td><td>高原、山地地区</td><td>由山麓到山顶垂直分布</td></tr>
<tr><td>寒带气候</td><td></td><td></td></tr>
</table>
</td>
<td>气候类型的分布位置是本节课的重点和难点，学生不仅要在图形中能找到气候类型的位置，还要在头脑中形成气候类型分布的地图。为此，动手拼图是对气候类型分布规律的再认识和巩固。给予提示是教师引导学生的教学方式之一，对于初中学生来说，使用专业语言来描述地理规律还有一定的难度，列表中的示例能帮助学生锻炼总结规律的能力。分组比赛可以让学生具有时间观念和竞争意识。</td>
</tr>
<tr>
<td>小结</td>
<td colspan="3">
<table>
<tr><th>主要气候类型</th><th>分布</th><th>植被</th></tr>
<tr><td>热带雨林气候</td><td>赤道附近，大致在南、北纬 10°之间</td><td>热带雨林</td></tr>
<tr><td>热带草原气候</td><td>非洲和南美洲的热带雨林气候两侧，大致在南、北纬 10°—南、北回归线</td><td>热带稀树高草</td></tr>
<tr><td>温带季风气候</td><td>温带地区的亚欧大陆大陆东部</td><td>温带落叶阔叶林</td></tr>
<tr><td>寒带气候</td><td>分布在极圈以内的高纬度地区</td><td>冰雪覆盖</td></tr>
</table>
</td>
</tr>
<tr><td>课堂练习</td><td>展示世界主要气候类型分布空白图。</td><td>指图说出世界主要气候类型的分布。</td><td></td></tr>
</table>

续表

教学环节	教师活动	学生活动	设计意图
课堂总结	按照柯本气候分类法并考虑适当的成因，世界主要气候有 11 种类型。由于气温和降水是气候的两大要素，所以，它们的分布规律决定了世界主要气候类型的分布，由于纬度因素呈现出由赤道到两极分布着热带气候、亚热带气候、温带气候和寒带气候的纬度地带性规律；由于降水差异而形成温带地区由沿海到内陆、从大陆东岸、内部到西岸分布着温带季风气候、温带大陆性气候和温带海洋性气候的经度地带性规律；由于气温和降水的垂直差异，在高山高原地区分布有高原山地气候的垂直分布规律。在不同的气候区内，分布着适合该气候的植被。		

案例 2

世界主要气候类型的分布

刘应丽　河南省洛阳市第二外国语学校

教学环节	教师活动	学生活动	设计意图
导入	（展示一组照片分别有热带雨林景观、热带沙漠景观、温带落叶阔叶林景观、寒带景观）一位酷爱摄影的朋友给我发过来一些照片，大家看一看，照片中主人公的衣着有什么不同？为什么在同一个季节，当地居民的衣着有如此大的差异呢？	学生自由回答问题： 各地的气温高低不同、降水多少有差异、气候类型不同。	以生活中的照片导入，初步感知气候与人类生活之间的关系，也使比较枯燥的内容显得容易接近。
小结	气候是影响人们的生活生产最主要的因素之一。衣着的差异最主要是因为几个地方的气候差异。世界各地气温高低和降水的多少不同，气温和降水的变化差异也很大，世界各地的气候就有很大不同。那么，世界上的气候类型有哪些？		
自主学习 聊天 话气候	根据学生发言的情况： （1）对表述名称的正误进行评价、纠正。 （2）说明：因学科观点、研究对象或用途不同，目前见到的气候类型有很多种方案，存在类型界线画法的不一致、名称术语使用上的不一致。我们所学习的气候类型，是以柯本气候分类法为基础，并考虑适当成因划分出来的。柯本气候分类法划分的气候类型有哪些？	学生自由发言，说出自己知道的气候类型的名称。	关于气候的名称，学生们的基础状况有一定的差异。课前轻松的气氛中，学生的自我交流能够让一些知识丰富的学生有充分的展示空间，在交流中学生也可以相互学习，还可以实现教师的二次备课，验证课前教师的学情分析，及时调整教学方案，提高教学效率。

续表

<table>
<tr><th>教学环节</th><th>教 师 活 动</th><th>学 生 活 动</th><th>设 计 意 图</th></tr>
<tr><td>自主学习
识图
知名称</td><td>小结：世界主要的气候类型有热带雨林气候、热带季风气候、热带草原气候、热带沙漠气候、亚热带季风和湿润气候、地中海气候、温带海洋性气候、温带季风气候、温带大陆性气候、高原山地气候和寒带气候。（课件同步显示世界主要气候类型的名称及分布地区）</td><td>阅读“世界气候分布图”，说出世界主要气候类型的名称。</td><td>在聊天的基础上，读图印证的过程是学生巩固知识、纠正问题的过程，通过读图，学生可以查缺补漏，实现高效课堂的目标。</td></tr>
<tr><td>承转</td><td colspan="3">世界的气候类型多种多样，这些气候类型具体的分布地区在哪里呢？现在就让我们运用资料，开动脑筋，确定它们的分布地区。</td></tr>
<tr><td>合作学习
探秘
找分布</td><td>教师准备11种气候类型分布图，按照热带、温带、寒带和高山高原分成三份，提醒学生利用书本、地图册相应的“世界主要气候类型图”等地图材料，完成表格。
宣布活动规则：
1. 分组后，由组长抽取本组需要辨认的照片和材料。
2. 组长明确辨认活动要完成的项目。
3. 小组辨认、整理、展示。</td><td>根据“世界主要气候类型分布图”，学生指图说出结论。
第一组：
<table>
<tr><th>气候</th><th>分布</th></tr>
<tr><td>热带雨林气候</td><td></td></tr>
<tr><td>热带草原气候</td><td>非洲和南美洲的热带雨林气候两侧，大致在南、北纬10°—南、北回归线</td></tr>
<tr><td>热带季风气候</td><td>亚洲中南半岛和印度半岛，大致在南、北纬10°—南北回归线的大陆东岸</td></tr>
<tr><td>热带沙漠气候</td><td></td></tr>
</table>
第二组：
<table>
<tr><th>气候</th><th>分布</th></tr>
<tr><td>温带季风气候</td><td></td></tr>
<tr><td>温带大陆性气候</td><td>中纬度内陆地区</td></tr>
<tr><td>温带海洋性气候</td><td></td></tr>
</table></td><td>世界气候类型的名称较多，在学生的空间概念还没有完全建立的情况下，直接、正确、完整地描述所有气候类型的分布规律和具体位置，是一件比较困难的事情。教师在处理这类问题时，变大为小，将气候类型按照分布的三种规律分类、分组，列表中的示例，也便于学生举一反三，能够提高学生的认知速度与效果，快速得出正确的结论。</td></tr>
</table>

续表

<table>
<tr><th>教学环节</th><th>教师活动</th><th>学生活动</th><th>设计意图</th></tr>
<tr><td>合作学习
探秘
找分布</td><td></td><td>第三组：<table><tr><th>气候</th><th>分布</th></tr><tr><td>地中海气候</td><td>南、北纬 30°～40°的大陆西岸，地中海沿岸地区最广</td></tr><tr><td>亚热带季风和季风性湿润气候</td><td></td></tr><tr><td>寒带气候</td><td></td></tr><tr><td>垂直变化明显的植被（图）</td><td>分布在中、低纬度的高大山地和高原</td></tr></table></td><td></td></tr>
<tr><td>练习检测
游戏
记位置</td><td>出示拖动 Flash，演示拖动方法。</td><td>学生用 2 分钟复习巩固，随机抽取学生进行练习。</td><td>学生的学习兴奋点有一定的阶段性，学习目标需要不断强化。上一个活动的内容较多，学生的学习存在一定的困难。设计一个与知识相关而且轻松的活动，不仅可以调动学生的积极性，还可以达到当堂训练的效果。</td></tr>
<tr><td>小结</td><td colspan="3"><table><tr><th>气候</th><th>植被</th><th>分布</th></tr><tr><td>热带雨林气候</td><td>热带雨林（图）</td><td>南美洲、非洲和亚洲东南部的赤道两侧（大致在南、北纬 10°之间）</td></tr><tr><td>热带草原气候</td><td>热带草原（图）</td><td>非洲和南美洲的热带雨林气候两侧，大致在南、北纬 10°—南、北回归线</td></tr><tr><td>热带季风气候</td><td>热带季雨林（图）</td><td>亚洲中南半岛和印度半岛，大致在南、北纬 10°—南北回归线的大陆东岸</td></tr><tr><td>热带沙漠气候</td><td>热带沙漠（图）</td><td>非洲北部、亚洲西部和澳大利亚中部等，南、北回归线附近的大陆内部和西岸</td></tr></table></td></tr>
</table>

续表

<table>
<tr><th>教学环节</th><th>教师活动</th><th>学生活动</th><th>设计意图</th></tr>
<tr><td>小结</td><td colspan="3">
续表
<table>
<tr><th>气候</th><th>植被</th><th>分布</th></tr>
<tr><td>亚热带季风和湿润气候</td><td>亚热带常绿阔叶林（图）</td><td>亚洲大陆东部，北回归线—北纬 32° 的大陆东岸</td></tr>
<tr><td>地中海气候</td><td>亚热带常绿硬叶林（图）</td><td>南、北纬 30°—40° 的大陆西岸，地中海沿岸地区最广</td></tr>
<tr><td>温带季风气候</td><td>温带落叶阔叶林（图）</td><td>温带地区的亚欧大陆东部</td></tr>
<tr><td>温带大陆性气候</td><td>温带草原、荒漠（图）</td><td>中纬度内陆地区</td></tr>
<tr><td>温带海洋性气候</td><td>温带海洋性落叶阔叶林（图）</td><td>南、北纬 40°—60° 大陆西岸，以欧洲西部最广</td></tr>
<tr><td>寒带气候</td><td>冰原苔原（图）</td><td>分布在极圈以内的高纬度地区</td></tr>
<tr><td>高原山地气候</td><td>垂直变化明显的植被（图）</td><td>分布中、低纬度的高大山地和高原</td></tr>
</table>
</td></tr>
<tr><td>课堂总结</td><td colspan="3">世界主要气候类型的分布呈现大致的规律，但受综合因素的影响，又有明显的地域性。由于各地气温和降水的差异，不同的气候区内，地表植被存在很大的差异。</td></tr>
</table>

评述与建议

两个教学案例都是以学生为主体，教师为主导，从学生实际出发，结合生活实例，或创造情境让学生模拟体验。教师在其中起穿针引线的作用，及时梳理点评，让学生看到知识之间的内在联系，实现了生生互动和师生互动。从活动方式上，紧密与生活实际相联系。利用学生现有的生活经验，既有利于学生对知识的理解，又体现了学习生活有用的地理这一新课程理念，让学生充分感受地理与生活的联系，增加学生的兴趣。例如，“考察天地”“智慧拼图”“聊天话气候”“游戏记位置”，这些活动让较为枯燥的知识变得活泼，易于接受。两个案例都使用表格让抽象的内容条理化、规律化。

案例 1 的导入部分直奔主题，让学生自主学习“慧眼识图”。案例 2 是在提供了照片后，让学生两次自由发言。对气候类型的名称的处理上，案例 1 让学生在自我读图的情况下认读，案例 2 则在学生自由发言的前提下，读图认读。比起案例 1，案例 2 给了学生更多的表达机会，同时也实现了课堂上的第二次备课，现场了解落实了学情，为下节课的教学做了较好的铺垫，有利于更高效地完成教学任务。

教学建议：

第一，在处理气候类型分布时，首先，要让学生说出地理事物的名称，通过学生自主学习的方式完成。其次，在地图上指出该地理事物的位置，让同桌或者师徒之间进行互助学习。最后，通过分析，总结出地理事物的分布规律，以小组合作的方式为好。

第二，解决此类问题时，教材素材可能满足不了实际教学的需要，教师在补充素材时，选取的素材需有代表性，典型性。

第三，小组合作完成任务的形式有很多，创设情境要考虑到操作的可行性。活动前一定要讲明注意事项，提醒完成的任务和最终呈现的形式，避免出现为活动而活动，导致表面热闹却无果而终。

第四，实际操作中，教师需因人而异选取或者创新活动方式，避免照搬。多媒体设施较好的学校可以采用更加现代化的方式；条件较差的学校，教师的基本功，尤其是“三板”教学，会比较适用。

第五，版本不同的教材，有关地理事物分布的呈现方式不同，描述的语言也有差异。教学过程中，教师要引导学生关注图形、注重方法和地理思维方式。

【校本研修建议】

以教研组为单位进行校本研修，参考流程如下：

（1）教师自己备教材，备学生，提出自己的教学设想。

（2）观摩微课程案例，对比两个方案的优劣，进行深入分析和整理。

（3）制订优化后的方案并实施，在实施过程中进行调整。

（4）讨论：怎样培养学生总结地理分布规律的能力。

（5）把自己实施中比较满意的方案制作成微课程或文字呈现，上传到资源平台。

教学关键问题2-4 如何指导学生分析气候资料，并掌握描述气候特征的方法

教学关键问题分析

（一）问题的提出

初中地理的学习中，气候作为重要的自然地理要素是学生学习的重点内容：在世界地理、中国地理以及乡土地理中，都会涉及气候的学习和应用。可见，气候是初中地理的主干知识和核心知识，掌握气候知识的学习方法也是学生地理学习的基础。

作为气候的两个重要因素，气温和降水的学习是学生首要接触的问题，气候类型则是这两个要素的综合。气候类型历来是初中阶段地理课程中比较难又比较多的内容，涉及主要气候类型的名称、分布、特征以及景观特点等。

当这些气候要素集中在一起时，不仅在知识量上学生难以一下掌握，而且还需要有较强的空间思维能力和比较、辨别能力。但是，初中学生年龄较小，分析气候分布图和气候资料统计图需要的逻辑分析能力、空间思维能力、比较和归纳的能力都不足，教师在教学中往往缺乏读图方法的指导，或指导方法不够科学，或忽视对运用图表分析气候特点的教学，因而对学生能力的提高造成很大的影响。

本教学关键问题联系气温曲线图和降水量柱状图学习的要求和区域学习的要求，安排学生读某种气候直方统计图，让学生通过读图归纳出气候类型特征，即培养学生通过阅读气候直方统计图归纳出气候特征的能力。利用图表归纳气候特征在初中地理课程中贯穿始终，是学习地理的重要能力。

综合课程内容和目标要求，“如何指导学生分析气候资料，并掌握描述气候特征的方法”成为初中地理教学中一个迫切需要解决的关键问题。

（二）问题的价值

地理课程标准中对“知识与能力”的要求是：掌握基础的地理知识，获得基本的地理技能和方法。其中，“掌握获取地理信息并利用文字、图像等形式表达地理信息的基本技能”是初中学生必备的一项地理技能，因为“学会阅读和使用地理图表”是课程标准中重要的教学要求。

众所周知，地理图表是地理信息的载体，是地理学习的重要工具。气候类型的特征需要通过对相关图表的分析归纳得出。气温曲线图和降水柱状图能直观反映气温和降水等要素的变化规律，便于学生形成地理表象。“通过分析气候资料掌握描述气候特征的方法”是地理学习的一项基本技能。

从知识体系上来看，气候类型的特征这部分知识非常重要。从能力培养上来看，利用气温曲线图和降水柱状图归纳气候类型的特征，对于指导学生掌握获取地理信息的方法并能够利用文字、图像等形式表达地理信息显得尤为重要和必要。

可以说，本教学关键问题的解决既可以建立学生地理学习的知识储备，又可以达到读图、识图，进一步实现归纳地理特征的能力培养目标，还可以培养学生用科学准确的语言表述地理事物特征的语言表达能力。

（三）问题的分析

本教学关键问题的核心内容是分析气候资料、归纳气候特征、描述气候特征。核心技能是分析图表等气候资料。

本教学关键问题的解决，需要学生在老师的指导下，掌握气温曲线图和降水柱状图的阅读方法，能从图中梳理出有用的信息，根据这些信息来判断所属的气候类型并描述这种气候的主要特征。

虽然在此之前，学生接触过气温、降水的相关知识和规律，有一定的知识基础，但是初中学生的逻辑分析能力、空间思维能力、比较和归纳的能力和方法都存在不足，造成学习上的困难。

解决这一关键问题，需要学生掌握读图的方法，这属于方法指导的范畴。利用相关图表分析归纳气候特征，属于能力培养的要求。要解决这一问题，关键在于教师对学生读图方法的指导，需要分三步来进行：第一步，要根据气温变化判断出所属的温度带；第二步，根据降水的规律判断出气候的类型；第三步，综合气温和降水的特点，描述该气候类型的特征。

这个分析和归纳的过程，难点是对学生读图方法的指导以及不同气候类型的差异比较。

教学关键问题解决

解决本教学关键问题，有效指导学生阅读气温曲线图和降水柱状图，并归纳气候特征是关键，指导学生用科学的语言来表述是辅助。此外，还需要明确，“归纳气候特征”包含了对气候类型的判断。归纳特征是为了更好地判断气候类型，而判断气候类型就是对特征归纳的一种应用。

1. 指导学生联系自然景观，建立气候类型的直观特征表象

气候类型特征的分析不能脱离相对应的气候景观图。这样做可以使学生把形象认识和概念理解有机结合起来，介绍不同气候类型时，以各种气候景观图展现，便于学生清晰地识别气候类型，并能明确不同气候特征下形成的自然景观的差异，达到最佳的“识图”效果。同时，在引导学生提升读图、析图能力的基础上，从另一个侧面感悟气候在自然环境形成中所起的作用，便于理解气候在一定程度上影响人类的生产、生活的内容。对应自然景观，更方便学生对气候特征的描述和把握。

学习气候类型，可以先从直观的景观图入手，了解自然环境的差异，再通过对气温、降水的分析描述不同气候类型的气候特征，认识自然景观差异的原因。

2. 指导学生阅读气温曲线图和降水柱状图，培养学生准确获取气候信息的能力

气温曲线图和降水柱状图也称为气候直方图。图 2-4-1（a）和（b）中左侧坐标表示气温，右侧坐标表示降水量（月均）。图中曲线表示年内各月平均气温变化，柱状图表示年内降水月均变化。能否准确判断并读出气候直方图中的气温、降水信息，对判断气候类型、归纳气候特征至关重要。

（1）最高气温出现在 7 月左右是北半球，出现在 1 月左右是南半球，气温最高的那几个月是夏季，反之是冬季。如果只根据降水情况无法判断出半球和季节。

（2）注意气温最冷月和最热月的数值和差异。一方面可以判断该地的气温年较差，另一方面也可以判断该地所属的温度带。一般说来，最冷月平均气温大于 15℃的位于热带，最冷月平均气温为 0 ~ 15℃的位于亚热带，最冷月平均气温小于 0℃的位于温带，最热月平均气温小于 10℃为亚寒带，最热月平均气温小于 5℃为寒带。

（3）降水量要关注到全年降水的总量多少以及年内降水的月份差异。

（4）要注意气温和降水的组合规律。

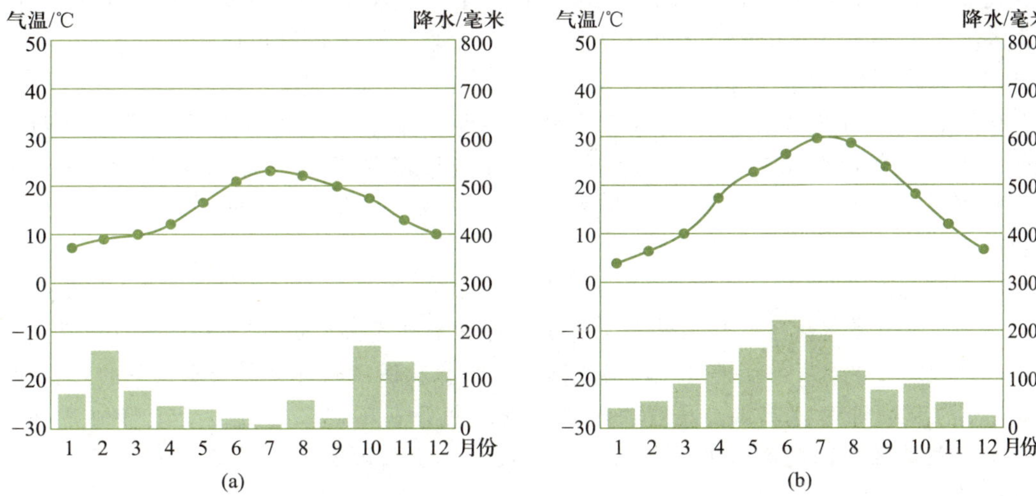

图 2-4-1

例如，在指导学生进行气候类型的相关学习之前，教师需要对气温曲线图和降水柱状图的信息获取进行必要的指导，可以采用学案教学的方式进行。

a. 由图 2-4-1 可以判断，两地所在的半球均为________半球，判断的依据是两地的气温最高值均出现在________月左右。

b. 从气温的变化可以看出，两地的最低月气温均大于________℃，小于______℃，因此两地均处在________带。

c. 两地的年内降水总量相当，但图（a）所表示的地区________季降水，雨热不同期；图（b）所表示的地区________季降水，雨热同期。

3. 通过示范指导学生掌握分析方法，掌握归纳气候特征的方法

中学地理课程讲到的气候类型一般有 11 种。在教学过程中，如果一一列举出来讲述，学生会感觉到枯燥乏味，建议将教师讲述与学生活动结合起来。合理选择具有代表性的气候类型展开教学活动，通过教师的示范，引导学生了解学习气候类型的方法。教学的重心在于紧扣气候类型的分布，运用气温曲线图和降水柱状图归纳气候特征，并发展学生的相关能力。

由于气候类型划分的依据是各地气温和降水的组合特征。因此，可以根据气候要素的统计资料（气温和降水指标），归纳出气候类型的特征。对于气候类型的命名采用的是气候带的方式，先按温度判别大类，再按降水判别小类，称为“以温定带，以水定型”。

4. 巧用比较方法启发学生分析异同，把握气候的核心特征

在地理教学中，比较法的应用十分广泛。适当的采用对比、类比的方法，可以有效地帮助学生掌握事物之间的异同，把握地理特征的实质，解决教学中的难点。这种比较的方法在气候类型的特征分析上尤为必要。根据教学所需达到的目的，教师可以围绕教学目标筛选合适的气候图表进行分析、比较，以突出某些明显的差异，让学生明确气候类型之间的相同点和不同点。这样的比较教学能让学生很快地把握核心问题，明确地理事物之间的异同。

对于气候类型的比较，要基于气温和降水的异同，适当选择进行比较的方式和内容，便于学生准确把握气候类型之间的突出差异。可根据教学需要，在降水量差异、气温差异、气温和降水的组合差异三方面选择一个作为切入口进行比较。

（1）降水量的差异

例如，在热带气候类型中，热带草原气候和热带季风气候就是难以区分的两种气候类型。要解决学生对两者气候特征的掌握，就需要将两者的气候图表对比，突出它们在气温上的共同之处以及在降水上的显著差异，把握两种气候类型最突出的差异。

（2）气温的差异

例如，亚热带季风气候和温带季风气候，同属季风气候，但两种气候类型的温度区间不同，教师需要启发学生通过气温曲线图和降水柱状图比较其差异。在差异的比较中，同属季风气候的这两种气候，具有共同的特征，也存在不同之处。为了更好地掌握异同，把握关键区别，建议采用表格呈现的方式，让学生读图比较后填写表 2–4–1，以达到教学目的。

表 2–4–1　亚热带季风气候与温带季风气候特征的异同

	亚热带季风气候	温带季风气候
共同特征		
不同特征		

（3）气温和降水组合的差异

气候类型的差异，不是简单地表现在气温或者降水上的差异，因为气候类型是根据气温和降水的组合特征来进行划分的，因此，对气候特征的归纳需要注意气温和降水这两种气候要素的组合，气温和降水的组合差异才是气候类型的本质差异。在对气候特征进行分析归纳的过程中，需要对气温和降水的组合特征进行详细的分析和比较。

例如，亚热带气候类型是位于热带与温带之间的过渡带，在前期学习的基础上，学生基本上对气候类型的学习方法有了较好的把握。同属亚热带气候的亚热带季风气候和地中海气候，在降水和气温的组合方面的差异明显。因此，对这部分内容的学习可以出示相关气候图表，让学生自主探究学习完成。

5. 通过指导学生使用科学语言，培养学生准确、专业的语言归纳能力

这种要求在“利用气温曲线图和降水柱状图归纳主要气候的特征”方面尤为重要。

在分析和比较了各种气候类型的差异和特点之后，学生需要对气候特征进行描述。因此，在对气候特征的归纳、表述方面，教师在课堂教学中要指导学生锤炼语言，让语言更科学、更准确。

一般描述气候特征的语言由三部分组成，它涵盖了时间段、气温和降水三个方面的表述。根据初中地理课程标准对知识的要求，教师需要指导学生明确这三个方面的语言表述，规范表述用语。气候方面常用的表述语言有：

（1）时间段表述语言：全年……；夏季……；冬季……

（2）气温特点表述语言：高温、炎热、温和、凉爽、寒冷、严寒。

（3）降水特点表述语言：多雨、湿润、少雨、干旱。

在此基础上，教师要通过自己的示范，让学生明确，对于气候类型特征的归纳在语言表述时，要遵循“时间段＋气温特征＋降水特征”的概述原则，如表2-4-2所示。

表2-4-2

	时间段＋气温特征＋降水特征
热带雨林气候	终年　高温　多雨
地中海气候	夏季　炎热　干燥 冬季　温暖　湿润

案例示范

案例1

热带气候

商红伟　河南省安阳市第65中学

教学环节	教师活动	学生活动	设计意图
创设情境 导入新课	播放一段景观录像，包括热带雨林、热带沙漠、温带森林、亚寒带针叶林、寒带等景观。 导入： 广袤的地球，气候千差万别。在之前的学习中，我们学习了地球上的五带。在气候分类中，我们会见到不同的热量带，如热带、亚热带、温带、亚寒带、寒带。这些热量带与地球五带之间存在联系，同时也增加了两个过渡的热量带——亚热带和亚寒带。今天我们先来了解热带地区的气候类型。	学生观察、思考并进入新课。	联系景观引入，激发兴趣，建立直观感知。

续表

教学环节	教师活动	学生活动	设计意图
第一环节 看景观 比差异	展示热带地区的不同景观（热带雨林景观——新加坡，热带季雨林景观——孟买，热带草原景观——巴马科，热带荒漠景观——喀土穆）。 设问：你能说出这些图分别代表着什么景观？这些地方的景观有什么差异？ （每小组内部讨论交流一下，比一比哪个组的同学最善于思考。） 小结： （1）热带雨林景观：树木高大茂密，树林阴暗潮湿，叶尖经常滴雨，所以称为“雨林”。这里有善于攀缘的猩猩、猿猴。在河湖附近还有河马、大象。 （2）热带季雨林景观：树木高大茂密。 （3）热带草原景观：树木高大稀疏，地面有高草，动物有斑马、长颈鹿、狮子等肉食动物。 （4）热带沙漠景观：地面以沙漠为主，动物、植被都很稀少。	学生观察景观差异。 学生分组讨论，由组长整理总结，小组代表发言。 学生回答，相互交流。	建立直观的景观差异。 通过交流和讨论，小组之间的分享，明确各种景观的明显差异。
第二环节 建联系 找对应	我们发现，同样在热带区域，景观却有如此大的差异。自然景观的形成要受到气候的影响，而气候最重要的两个要素就是气温和降水。 请大家来看： （出示新加坡等四地的气温、降水资料图） 设问： 1. 四地的最高、最低气温各出现在几月份？各是多少摄氏度？ 2. 计算四地的年气温差各是多少。 3. 在图上查出各地各月降水量的数值，观察各月降水量的特点。 （教师适时进行点拨和引导） 设问：根据我们对气候要素的分析，你能找出这些气候统计图表对应的自然景观图吗？	学生读图思考并依次回答。 根据新加坡等四地的气温、降水资料图，将景观图与四地的气温曲线图和降水柱状图对照。	强调气候的两个要素。 通过读图和比较，让学生明白各种气候在主要气候数据上的差异。 建立气候资料数据与自然特征的对应关系。
第三环节 析区别 抓特征	设问：你能说说自己的判断理由吗？ （教师对判断理由成立的学生高度评价，并强调掌握判断的方法才是学习气候的关键。针对学生提出的问题，教师要适时分别给予分类和肯定。根据需要和教材进度、安排，有选择地解释一些，其他的给学生留下悬念，留待学生以后去思索解决） 活动：以小组为单位，对比热带草原气候和热带季风气候在气温和降水方面的异同。	学生交流自己的判断依据。	引导学生尝试比较热带各种气候类型在气温和降水上的异同。

教学环节	教 师 活 动	学 生 活 动	设 计 意 图
第三环节 析区别 抓特征	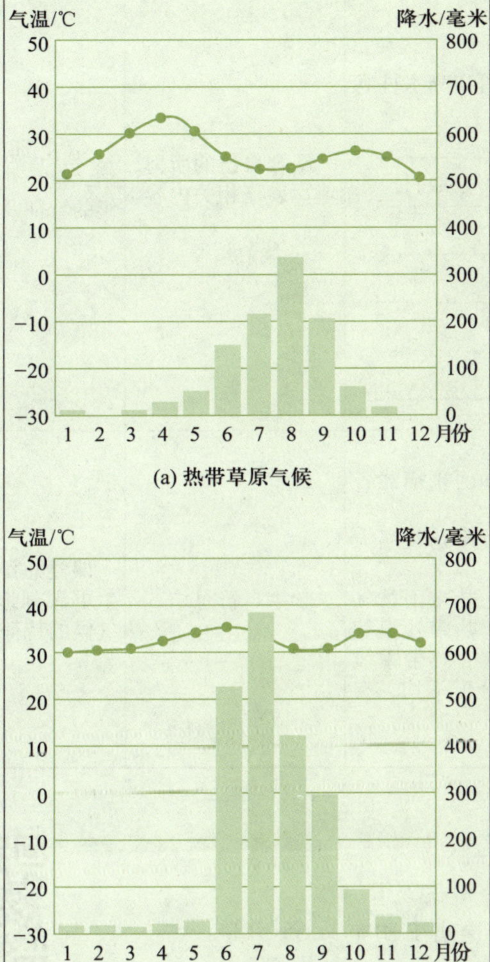 (a) 热带草原气候 (b) 热带季风气候 图 2-4-2 小结： （1）两种气候的共同点是： 气温——终年高温；降水——一年内分两季。 （2）两种气候的不同点在于： 季风气候——旱、雨两季更明显，降水总量大；草原气候——有干、湿两季，降水总量相对较小。	学生分组观察图2-4-2（a）和（b）气温和降水的差异，总结发言。	通过举例说明，教给学生如何利用气候资料分析、比较各种气候类型在气温和降水上的差异。

续表

<table>
<tr><th>教学环节</th><th>教 师 活 动</th><th>学 生 活 动</th><th>设 计 意 图</th></tr>
<tr><td>第四环节
填表格
述特征</td><td>结合我们的探究学习，共同总结一下热带气候的特征。
布置任务：
请结合热带气候的气温曲线图和降水柱状图完成下面的表格。<table><tr><th>气候类型</th><th>对应景观</th><th>气候特征</th></tr><tr><td>热带雨林气候</td><td></td><td></td></tr><tr><td>热带季风气候</td><td></td><td></td></tr><tr><td>热带沙漠气候</td><td></td><td></td></tr><tr><td>热带草原气候</td><td></td><td></td></tr></table></td><td>结合自己的所得，填写表格相关内容。</td><td>学生通过自行总结，全面把握热带气候的特征及相互区别。</td></tr>
<tr><td>课堂总结</td><td>设问：依据这些分析，我们如何来描述各种热带气候的特征异同呢？
热带气候的共同特征：各月平均气温大于15℃。
不同点主要表现在降水方面：热带雨林气候各月降水都较多，总量很大；热带沙漠气候各月降水都很少，总量也较少；热带季风气候和热带草原气候降水年内分配不均，有明显的旱、雨两季。</td><td>学生自行总结。</td><td>课堂总结可以使学生更深刻地理解热带气候的特征。</td></tr>
</table>

案例2

温带和亚热带气候

商红伟　河南省安阳市第65中学

“温带气候和亚热带气候”同属温带的范畴，因学生已学习了热带气候类型的分析和归纳，基本上对气候类型的学习方法有一个比较好的把握。因此这一部分内容的学习可以交给学生自主探究学习完成。教师只需要在关键时候指导一下即可。同时为避免重复的教师引导而导致的枯燥乏味，建议教师设计“学案”，指导学生自主完成学习。

教学环节	教 师 活 动	学 生 活 动	设 计 意 图
环节一 出示学案	1. 温带的气候类型有________、________、________等三种。 （教师引导学生把握气候类型名称的差异，并预留问题，让学生带着问题来学习它们的差异） 引导学生小结温带的气候类型。	阅读教材中世界气候类型图，找出温带的气候类型。	总体把握温带气候的类型。

续表

<table>
<tr><th>教学环节</th><th>教师活动</th><th>学生活动</th><th>设计意图</th></tr>
<tr><td>环节二
出示表格
分组探究</td><td>2. 根据教材内容和图表等信息资料，完成下表内容：
<table><tr><th>气候类型</th><th>典型植被</th><th>气候特征</th></tr><tr><td>温带季风气候</td><td></td><td></td></tr><tr><td>温带海洋性气候</td><td></td><td></td></tr><tr><td>温带大陆性气候</td><td></td><td></td></tr></table>将学生分成3个合作小组，利用世界气候分布图和相关图表，分别完成一种气候类型的相关知识。</td><td>学生以小组为单位，分别侧重一种气候类型的相关分析和归纳。小组内部合作探究，小组之间相互交流。</td><td>通过对相关图表资料的分析，让学生掌握分析气候特征的方法和途径。在探究的过程中培养合作的意识。</td></tr>
<tr><td>环节三
分析图表
找出差异</td><td>3. 比较热带季风气候与温带季风气候特征的异同。
<table><tr><th></th><th>热带季风气候</th><th>温带季风气候</th></tr><tr><td>共同特征</td><td colspan="2"></td></tr><tr><td>不同特征</td><td></td><td></td></tr></table>同属季风气候，但两种气候类型的温度区间不同，教师需要启发学生通过气温曲线图和降水柱状图比较其差异。在差异的比较中，同属季风气候的这两种气候，具有其共同的特征，也存在不同之处。</td><td>通过气温曲线图和降水柱状图，小组内部合作，找出相近气候类型的异同点。</td><td>采用表格呈现的方式，让学生读图、比较后填写表格，以达到教学目的。</td></tr>
<tr><td>环节四
明确分布
找出规律</td><td>讨论：以亚欧大陆为例，温带的三种气候类型在分布上有什么规律？出现这一分布规律的主要影响因素是什么？
（气候类型的特征和其分布地区密不可分，分布的地区决定了其气候的类型。）</td><td>读世界气候类型分布图，找出温带三种气候的分布地区，尝试概括分布规律。</td><td>明确温带气候的分布规律。</td></tr>
<tr><td>环节五
联系农业
分析影响</td><td>探究：温带季风气候对农业生产的影响（有利和不利两方面思考）。
利：
1. 季风气候的“夏季炎热多雨，冬季寒冷干燥，雨热同期”的特点对农业生产极为有利。
2. 季风区降雨量较为充足，对农作物、树木、牧草的生长和成熟有利；夏季高温，扩大了喜温作物生长的北界。
弊：
1. 季风气候带来的降水差异大是对农业生产的主要打击。降水量季节分配很不均匀，降水量集中在五月到十月。这个时期的降水量一般要占全年的80%。
2. 由于每年夏季风的势力强弱变化大，所以常常出现“北旱南涝”或相反的灾害。还极易产生水旱灾害；寒潮、霜冻和台风引起的灾害性天气，危害农作物的收成。
但总体而言，季风气候对农业是利大于弊。</td><td>联系气候特征，设想气候对农业生产的有利和不利的影响。</td><td>贴近生活，让学生明白自然条件对生产生活的影响。</td></tr>
</table>

附：“亚热带的气候类型”学案

“亚热带的气候类型”是位于热带与温带之间的过渡带，仍属于温带的范围。亚热带的气候类型在降水的季节分配上差异明显，这一部分内容的学习可以出示相关气候图表，让学生自主探究学习完成。

<table>
<tr><th>教学环节</th><th>教 师 活 动</th><th>学 生 活 动</th><th>设 计 意 图</th></tr>
<tr><td>环节一
出示表格
引导分析</td><td>1. 看图 2-4-3，比较亚热带季风气候和地中海气候的差异（特点、分布）
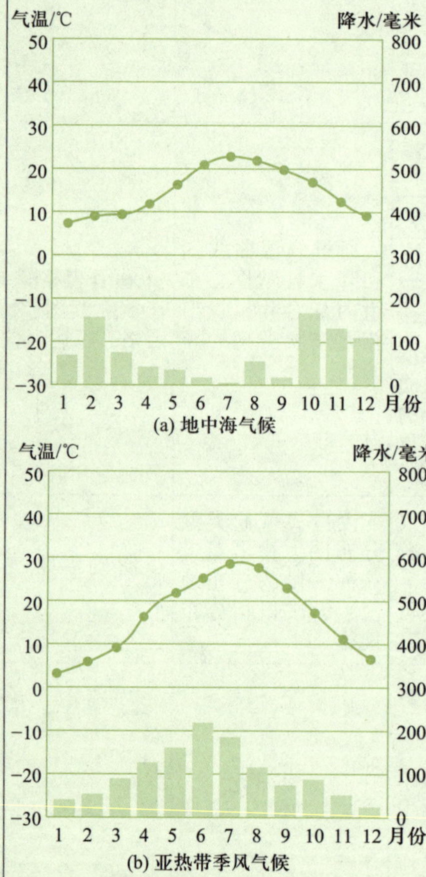

图 2-4-3
2. 读亚热带季风气候和地中海气候的图表，分析两者异同
<table>
<tr><th>气候类型</th><th>共同特征</th><th>不同特征</th></tr>
<tr><td>亚热带季风气候和季风性湿润气候</td><td rowspan="2"></td><td></td></tr>
<tr><td>地中海气候</td><td></td></tr>
</table></td><td>利用气温曲线图和降水柱状图，分析亚热带季风气候和地中海气候的异同点。</td><td>培养学生利用资料分析问题的能力。</td></tr>
</table>

续表

<table>
<tr><th>教学环节</th><th>教师活动</th><th>学生活动</th><th>设计意图</th></tr>
<tr><td>环节二
教学小结
明确差异</td><td>教师对亚热带季风气候和季风性湿润气候异同点的说明。
共同点：气温特征相似。都是夏季高温多雨，冬季低温少雨。
不同点：由于海陆差异程度的不同，造成季风的强度的差异，只是亚热带季风气候比季风性湿润气候在气温和降水的变化程度上略有不同。</td><td>交流分析结果，掌握气候特征。</td><td>明确两种气候的特征差异。</td></tr>
<tr><td>环节三
联系景观
理解影响</td><td>出示地中海气候的景观图
设问：为什么树木的叶子变小了，表面形成了蜡质层？
小结：叶片为适应夏季高温少雨的气候而发生了变化。</td><td>学生思考并回答问题。</td><td>感性理解气候对植物的生长及形态产生了一定的影响。</td></tr>
<tr><td>环节四
知识迁移
描述景观</td><td>活动：
请结合之前所了解的气候类型对应的景观特点，尝试着自己描绘亚热带季风气候的景观——亚热带常绿落叶林。</td><td>思考并描述亚热带季风气候的景观特点。</td><td>让学生运用已有的知识延伸至未知的知识，提高学生综合分析问题的能力，起到较好的教学效果。</td></tr>
<tr><td>环节五
拓展探究
提升能力</td><td>活动：
填写表格：比较温带季风气候和亚热带季风气候的异同点。
<table><tr><th></th><th>亚热带季风气候</th><th>温带季风气候</th></tr><tr><td>共同特征</td><td></td><td></td></tr><tr><td>不同特征</td><td></td><td></td></tr></table></td><td>利用相关资料，小组合作，分析温带季风和亚热带季风的特征异同。</td><td>运用掌握的学习方法，迁移提升学习能力。</td></tr>
</table>

评述与建议

案例 1 为探究式教学设计。主要是通过分析热带气候的景观差异入手，通过引导学生简要描述各种热带景观的差异，建立直观的印象。在此基础上引导学生通过阅读相关气候图表资料，建立气候要素与景观特点的相互关系，最后指导学生根据气候资料描述和归纳气候的特征。在看景观、比差异—建联系、找对应—析区别、抓特征—填表格、述特征四个环节中学习知识、发展能力、掌握方法。该案例具有较强的探究和思维深度，帮助学生概括规律、形成方法、理解相关特征，提高“学以致用”能力。

案例 2 为研究性学习教学设计。在学生已学习了热带气候类型的分析和归纳，较好地把握了气候类型的学习方法的基础上，以学案的形式指引学生自主探究完成学习。教师只需要在关键时候指导一下，教师大致通过出示学案—分组探究—小组交流—展示成果四个环节培养学生提出问题、合作探究、解决问题、知识迁移能力，巩固和熟练使用原有的知识与技能，促进知识与技能的进一步的深化和提高。

这两个案例都是在深度理解课标的基础上，结合学生学习经验和认知规律进行的教学设计，对于提升学生读图分析、合作探究、概括表达等基本地理能力很有意义。

教学建议：

本关键问题主要是让学生了解主要气候类型的特征和差异。在教学过程中最好能采用比较法、图解法帮助学生更好地掌握所学知识。也可以适当补充气候类型的判别法，加深学生对气候类型特征差异的认识。教学中应关注以下几点：

第一，加强对学生利用图表获取信息能力的培养。本关键问题最重要的任务就是如何指导学生利用好气温曲线图和降水量柱状图，如何引导学生从相关图表中获取有用的信息，并利用这些信息对气候类型的特征做出表述。读图方法的指导尤为重要，这也是学生能力提高的必经之路。

第二，运用比较法。地理比较法是地理学习中最常用的方法，也是要求学生重点掌握的地理学习方法，如本节中对气候类型的学习，可以通过比较不同气候类型气温、降水特点，让学生更好地掌握不同气候类型的特征。

第三，突出学生的主体探究地位。对于难以掌握的知识点或者能力提升要求，单靠教师的传授不能很好地解决，主要还是要靠学生对学习的参与度以及在参与过程中自身的体会和领悟。因此，在本关键问题的处理上，教师在教学设计中要充分考虑到如何发挥学生的主观能动性，如何让学生真正参与课堂学习，让学生在探究中获得新知，提升能力。

第四，注重让学生掌握气候类型判别方法。气候类型划分的根据是各地气温和降水组合的特征。因此，我们可以根据气候要素的统计资料（气温和降水指标），归纳出不同气候类型的特征，先按温度判别大类，再按降水判别小类。

【校本研修建议】

以教研组为单位进行校本研修，参考流程如下：

（1）教师自己备教材，备学生，提出自己的教学设想。

（2）观摩微课程案例，对比两个方案的优劣，进行深入分析和整理。

（3）制订优化后的方案并实施，在实施过程中进行调整。

（4）讨论：怎样指导学生掌握描述气候特征的方法。

（5）把自己实施中比较满意的方案制作成微课程或文字呈现，上传到资源平台。

教学关键问题2-5　如何指导学生运用地图资料归纳区域自然环境特征

教学关键问题分析

（一）问题的提出

地理课程标准前言部分指出：义务教育阶段地理课程是帮助学生感受不同区域自然地理；从地理的视角认识和欣赏我们生存的世界；提升学生生活品位与精神体验层次，增进学生对地理环境理解力和适应能力；帮助学生形成正确的情感态度与价值观和良好的行为习惯；培养活跃的、有责任感的公民。

如何让学生从地理视角认识和欣赏我们生存的世界，提升生活品位和精神层次体验？如何增进学生对地理环境理解力和适应能力？如何帮助学生形成正确的态度和价值观，成为有责任感、活跃的公民？帮助学生学会用地理学独有的方法和手段去认识我们生活的世界，归纳区域的自然环境特点，并简要分析各自然要素之间相互联系，是落实地理课程总体目标的重要途径。

（二）问题的价值

指导学生运用地图资料，归纳自然环境特征，简单分析各自然要素之间的相互关系的重要价值有以下三个方面：

1. 落实课程理念的重要抓手

本教学关键问题要求运用图表和其他资料分析不同区域（大洲、地区、国家）地形、气候、水文、植被特点及其相互联系，需要帮助学生学会查阅和阅读相关地图，如地形图、气候图、植被分布图、景观图等，掌握这些图的读图方法和技能。这不仅对现在学习有用，而且对今后生活、学习更有用。本教学关键问题是落实了学习对生活有用的地理、学习对终身发展有用的新课程理念。

在新课程背景下，本关键教学问题是在学生完成了对地形、气候等基础知识学习之后的区域学习。学生可以在自主搜集关键材料（相关的地图和其他资料）、同伴相互交流、积极开展问题解决式的方案设计和探究活动。这也是落实构建自主学习、合作学习、探究学习的新课改学习方式的重要途径。

2. 培育地理学科思想的重要阵地

该问题集中体现初中地理课程的性质，有利于地理学科素养和学科思想的培养。该问题中的简要分析区域地形、气候、水文、植被之间的相互关系体现了区域性和综合性的课程特点。分析各自然要素相互作用能够帮助学生养成正确的资源观、环境观、树立可持续发展观念，从而激发学生爱家乡、爱祖国、关注全球的可持续发展的情感，体现其思想性特点。对不同区域自然环境要素的分析中需要结合学生生活体验和生活经验，体现生活性特点。学生在阅读地图、探究实验、分析归纳的基础上概括自然环境特征，体现其实践性的特点。

3. 高中阶段的继续学习的需要

在高中阶段，地理课程模块“地理必修 1”侧重于自然地理，重点阐释了自然环境是人类赖以生存的基础，及其对人类活动的影响。在这部分中的“自然地理环境整体性和差异性”中要求是“举例说明自然环境要素的相互作用，理解地理环境的整体性”。对于自然地理环境整体性可以从两个方面来理解：一是地理环境各要素并不是彼此孤立的，而是作为一个整体存在的，各要素在特征上保持协调一致，并与总体特征相统一；二是某一要素的变化会导致其他要素以至整体环境状态的变化，即具有“牵一发而动全身”的效应。

初中阶段所选取的区域学习中涉及的地图阅读、资料分析及原因简单概括，如地形图（等高线地形图、分层设色地形图、地形剖面图）、气候图（气候分布图、气温和降水资料统计图）、植被分布图、河流分布图等地图基本读图步骤和方法的训练。又如，简要分析各气候与河流、地形与河流、气候与植被、地形与气候等自然要素之间的相互关系。这些学习是高中阶段的自然地理中自然环境整体性和差异性，特别是整体性的重要学习经验。学生如果在初中阶段缺少对基本自然环境认识方法、认识步骤的学习经验的积累，到高中阶段学习这部分内容就会感到困难。

（三）问题的分析

本教学关键问题核心内容包括：第一，运用资料和地图，归纳某区域（大洲）的地形、气候、水系的特点。第二，根据大洲的地形、气候、水系特点，简要分析其相互关系。第三，形成认识大洲自然环境的一般思路，掌握认识区域自然环境的一般方法。核心技能是运用资料和地图归纳区域自然环境特点。核心素养是认识区域自然环境的方法。教学中无论是采取怎样的形式，如设置情境探究、设计实验探究等都可以通过引导学生观察、分析、归纳出区域（大洲）地形、气候、水系的特点。难点在于如何引导学生理解自然要素之间的相互联系、相互影响，如何引导学生通过案例学习形成区域（大洲）自然环境认识的一般方法，熟练掌握区域分析自然环境的一般思路，深刻理解自然环境一致性特征。

地理课程标准的“课程内容”明确提出，从世界范围内选取部分大洲、地区、国家，旨在使学生学习和掌握区域地理的基本方法和技能。世界上有 200 多个国家和地区，学生时间和精力有限，不可能一一学习。由此，课程标准明确提出“以案说理”的思路，其目的在于通过案例学习，让学生学会归纳自然环境特征，简单分析各自然要素之间的相互联系。

目前，初中教学中存在的主要问题是教学只关注案例本身，未能引导学生进行基本地理知识体系的构建。区域自然地理环境不像区域人文地理和生活、生产联系那样直接和紧密，初中学生抽象逻辑思维相对较弱，造成学生对这部分内容的学习感到单调、枯燥。许多教师在设计和准备这部分内容时，往往受限于一定的模式和程序。部分教师独具匠心设计教学情境，增强学习的趣味性，但教学时也没有走出案例，没有以案说理，也没有揭示区域地理的学习方法，更没有让学生“举一反三”，而认识方法的形成也是课标的基本要求。因此，该问题是义务阶段地理教学的关键问题。

受传统应试教育的影响，许多教师在这部分内容教学时常使用两种方法：第一，运用综合法全面认识区域自然环境。综合法一般是从分析区域的地理位置入手，逐项分析其地形、气候、河流、资源、土壤、植被等自然地理要素，并将它们综合在一起，概括出该区域的自然地理特征。这样做的好处是区域分析比较全面、完整；弊端是教学容量大，而且教学内容机械重复，学生被动接受、兴趣不高，教学效率低下。第二，运用单要素分析方法，只完成教材内容，单一分析地形、河流、气候特征中的一种。其优势在于教学容量较小，结论容易得出，学生学习起来比较简单，教学目标容易达成。其弊端在于没有构建学生认识区域的一般方法。

教学关键问题解决

地理课标提出“以案说理”的整体设计思路，美国教育心理学家布鲁纳曾主张，教学的最终目标在于“促进对教材结构的一般理解”，使儿童“对教材能有直觉的理解”并达到“学会如何学习”和“促进智力发展”。他所说的结构，就是这门学科的基本理论。就地理学习而言，包括地理概念、地理规律、地理原理，这些构成了地理学科的知识体系。因此，“如何指导学生运用地图资料，归纳区域自然环境特征”就要根据七年学生心理认识结构的特点，使用案例学习和其他学生喜闻乐见的课堂策略，帮助学生学习归纳区域自然环境特征的一般方法。

1. 帮助学生从位置入手形成地理学的空间观念

区域自然环境的学习应围绕“它在哪里？它是什么样子的？”等空间观点，从位置入手分析各自然要素之间的关系，认识区域自然环境特征。例如，认识亚洲首先需要利用地图描述它的半球位置、海陆位置、经纬度。在此基础上通过地图和资料，引导学生分析位置对大洲的气候、河流等自然环境特征的影响，归纳亚洲的自然环境，如地形、河流、气候特点等，并简单分析各自然要素之间的相互关系。

2. 指导学生运用典型地图归纳区域地形、气候、河流等自然要素特点的一般方法

区域自然环境学习中最常用的地图是分层设色地形图和气候类型分布图。地图阅读采取“一读图名，二读图例，三取信息”的步骤来读图。通过读图，获取地形、地势和气候分布特点的信息。例如，地形特点的归纳一般是选取分层设色地形图，利用分层设色地形图，从地势特点和地形特点两方面进行归纳。通过颜色分布区域、范围，概括大洲的地势特点，通过寻找地形类型、位置，概括地形类型和分布特点，归纳大洲地形和地势特点。河流特点的归纳一般也是在观察分层设色地形图上河流的数量、发源地、流向、长度、注入海洋等来概括河流的特点。气候特点的归纳通过气候类型图和气候分布图来概括气候类型和气候分布特点。

3. 指导学生运用综合法理解自然环境整体性特点

自然环境的要素并不是孤立存在和发展的，而是相互影响、相互制约的一个整体。对于自然地理环境整体性可以从两个方面来理解：一是地理环境各要素并不是彼此孤立的，而是作为一个整体存在的，各要素在特征上保持协调一致，并与总体特征相统一；二是某一要素的变化会导致其他要素乃至整体环境状态的变化，即具有“牵一发而动全身”的效应。

在教学设计中，应大胆尝试让学生寻找位置与气候、地形与气候、地形与河流、气候与河流等自然要素的相互关系、相互影响，培养学生认识自然环境时能够自觉从位置、地形、气候、河流的角度分析，并主动寻找其相互关系的思维习惯。

案例示范

案例 1

亚洲的自然环境

王喜峰　河南省实验中学

探究式地理教学是指在教师的启发引导下，以学生自主探究为核心进行教学过程实施的一种教学模式。探究式地理教学模式的基本操作程序为：创设情境—引导探究—发现规律—迁移巩固①。下面以人教版第六章第二节“亚洲的自然环境”为主题阐述其教学设计过程。

主要环节	过程说明和设计意图	教师行为	学生行为
观察图片初次自探（5 分钟）	教师通过播放“亚洲不同地区居民生活差异”图片，引发学生思考。	介绍：上一节课，我们认识亚洲的位置和范围。亚洲地域辽阔，各地居民生活环境存在着明显的差异。 请大家思考： 图片中的阿拉伯的贝都因人、西伯利亚雅库特人、南亚孟加拉人、东南亚达雅克人的特色服饰、传统民居、主要生产活动和传统交通工具有什么差异？ 为什么会出现这样的差异？	阅读相关教材、相关地图和资料，思考教师提出的问题。 学生讨论后发言。
自主学习师生共探（10 分钟）	通过设计自学探究问题，培养学生地理问题意识，逐步掌握地理学习方法。环境认识应该首先从位置描述开始，从阅读分层设色地形图和地形剖面图归纳地形、地势特点。通过阅读气候分布图了解气候构成和分布特点。	老师提出以下问题让学生思考和讨论。 （1）他们分别生活在亚洲的哪个区域？ （2）他们生活区域环境有什么样特点？（地形、气候、河流） （3）当地人是如何适应自然环境的？ 教师教室巡回，解决学生遇到的问题。	限时完成自学探究的三个问题。用个人发言，生生、师生互评的方式完成学习。

① 夏志芳. 地理课程与教学论［M］. 杭州：浙江教育出版社，2003：340－342.

续表

主要环节	过程说明和设计意图	教师行为	学生行为
师生合作发现规律（10分钟）	让学生在自主学习基础上，继续探究，总结规律，建构区域自然地理学习的基本方法： 1. 利用经纬网图归纳、描述区域地理位置。（半球位置、海陆位置、纬度位置） 2. 利用分层设色地形图，通过寻找主要地形区，观察颜色变化来概括区域地形构成和分布特点、地势变化。 3. 在分层设色地形图上寻找主要河流，概括河流的分布和流向特征。 4. 总结认识区域自然环境的一般思路：通过读图概括位置、分析地形地势分布和构成特点、概括河流与气候的构成和分布特点。	承转：通过刚才的分析我们发现认识区域自然环境的方法是什么样的？请同学们回答：一个区域自然环境特点需要从哪几个方面去认识？怎样认识？ 学生发言后，进行总结、点评，帮助学生建立认识自然环境的一般方法。	根据自主学习环节的内容，积极思考教师提出的三个问题。小组合作，代表发言。生生互评，教师点评相结合。 引导学生绘制认识区域自然环境的思维导图。
举一反三自主再探（15分钟）	让学生在总结方法的基础上，合作学习亚洲自然环境中的地形、气候、河流，进一步寻找自然环境中地形、气候、河流等要素的相互关系。	亚洲的河流与地形气候、河流与气候有什么样的关系呢？请同学们小组合作，完成下面的问题。 （1）亚洲的河流分布有何特点？与地势有何关系？ （2）亚洲的河流在流入海洋或者内陆的过程中，水量会有怎样的变化呢？以长江和阿穆尔河为例进行说明。 组织学生在规定时间内合作学习；组织学生相互评价、相互纠错，教师进行简单点评。	在教师引导下，同学分小组运用分层设色地形图寻找河流与地形、河流与气候有什么样的关系。 最后将总结出的地形地势、河流和气候特点书写在课本相关地图的周围。利用思维导图绘制气候与河流、地形与河流、地形与气候之间的相互联系。
课堂练习	让学生完成教材中的两个活动，进一步掌握认识区域地形、气候河流的方法。	提醒学生利用分层设色地形图，完成下面两个活动： （1）找出北美洲主要地形区、主要河流。 （2）说出地形对河流的影响。	自学后，由学生发言，师生共同点评，检验学习成果。

案例2

亚洲的地形、气候与河流

王喜峰　河南省实验中学

地理研究性学习作为一种改善中学地理教学质量的一种有效的教学模式或学习方式。常用的地理研究性学习主要有两种方式：以问题为中心和以专题为中心的研究性学习。大洲自然环境的学习适合选择问题式的研究性学习。问题为中心的研究性学习包括四个环节：提出问题—讨论问题—解决问题—评价总结①。

下面以人教版第六章第二节第二课时“亚洲的地形、气候与河流”为例来简单介绍问题式地理研究性学习的具体操作。

主要环节	过程说明和设计意图	教师行为	学生行为
课前准备	培养学生自觉阅读教材，阅读地图习惯，引导学生注意力回归，提高课堂学习效果。	搜集亚洲相关的位置图、地形图、气候图，制作课件。	在教师引导下，大声朗读教材第6—11页。读书结合第7页“亚洲的地形”和第10页“亚洲的气候类型”。
创设情境提出问题（10分钟）	根据探讨小水滴漫行游记填空活动，引导学生尝试自觉从感性上认识亚洲的自然环境特点。	教师介绍：上一节课，我们已经分析和学习亚洲的地形、气候、河流的特点。在亚洲中部地区，每年都有一群小水滴周而复始的朝着不同的方向开始自己美妙的旅行。让我们变身为可爱的小水滴，从亚洲的中部出发，分别向东、向南、向西、向北做一次旅行。我们会有怎样的经历呢？ 东行的水滴：我们从寒冷的____（地形）下来，一路上越来越多的兄弟姐妹加入，河面变得____（宽广/狭窄），我们最后进入了宽阔的____洋。（高原　广阔　太平） 南行的水滴：我们经过了雪山（冰川/荒漠），沿途时有旱涝灾害的发生，我们最后到了温暖的____洋。（冰川　印度） 西行的水滴：我们穿越了寒冷的____（地形），经过了____（冰川/荒漠），有些兄弟姐妹消失了，有些流进了内陆湖泊。（高原山地　荒漠） 北行的水滴：我们一路向北，感觉越来越____（寒冷/炎热），最后流进了____洋，许多兄弟姐妹结成了冰。（寒冷　北冰） 教师指导学生完成填空，并相互纠错。	在教师的指导下学生阅读教材，根据自己的理解，选择合适的词语描述不同方向小水滴漫行经历。 通过阅读教材中第7页“亚洲的地形”和第10页“亚洲的气候类型”，获取相应的信息，完成填空。
讨论问题合作学习（15分钟）	运用所学亚洲地形、河流、气候知识解释小水滴漫行的不同经历，学以致用，完成问题的探究。并尝试寻找亚洲地形、气候与河流之间的相互关系。	同样是在亚洲旅行，为什么最后的目的地和旅行经历会不同呢？因为旅途的自然环境不同。结合已经学习过的亚洲地形、河流、气候知识，分别解释我们的漫行经历，并完成探究问题： 1. 东行组 解释经历：东行的水滴所经过的地区________气候显著，冬季________风，夏季________风（东南/西北）。夏季风从________吹来，加上地形逐级抬升，降水充沛，河流水量________（大/小）。 探究：为什么东行的兄弟姐妹越来越多呢？	采取先阅读教材再小组讨论的方式，限时完成自学探究，小组代表发言。最后师生共同点评。

① 李家清．中学地理教学设计与案例研究［M］．北京：科学出版社，2012：251－252.

续表

主要环节	过程说明和设计意图	教师行为	学生行为
讨论问题合作学习（15分钟）		地势西____东____，上游流经______、______（地形），河流落差大，水流湍急，水能丰富。中下游流经________（地形），水流变缓，支流越来越____（多/少），河网密布，水面宽阔，兄弟姐妹就变得越来越多了。 2. 南行组 解释经历：南行的水滴所经过的地区大多位于热带，气温终年较________，同样季风气候显著，河流水量________。水滴们从高大的________、________（地形）出发，这里因地势高，形成________气候。经过雪山、冰川，水流湍急，中下游流经________（地形），水流变缓，注入温暖的印度洋。在这幅地形剖面图的南部地区看到有德干高原，同样有河流的发育，注入附近的海洋。 探究：为什么沿途时有旱涝灾害的发生呢？ 雨季来临时降水充沛。但因夏季风的强弱和持续时间的不同，如来得早，去得晚，风力强，降水____（多/少），因地形的抬升，降水会____（增加/减少），河流的流量也会变____（大/小），所以容易发生洪涝灾害。反之，就会发生________。 3. 西行组 解释经历：西行的水滴经过的地区位于亚洲中西部，上游经过______高原，中下游流经图兰平原，这里深居内陆，远离海洋，形成______气候，降水________，河流流量逐渐________。 探究：为什么兄弟姐妹变得越来越少呢？ 受____________气候的影响，降水少，加上________对海洋湿润气流的阻挡，形成荒漠、戈壁景观，蒸发量____（大/小）。有些水滴在荒漠中蒸发掉了，有些水滴在荒漠中不断下渗，且这里远离________，有些水滴只能流到内陆湖泊里。 4. 北行组 解释经历：北行的水滴经过的地区位于亚洲的中北部，这里以温带大陆性气候为主，降水________，加上纬度____（高/低），冬季严寒而漫长，夏季温暖而短促，形成亚寒带针叶林和寒带景观。这里的地形南部以________、________为主，北部平原面积广大，沼泽众多。 探究：为什么流到北边去就会结冰呢？ 地势南________北________，河流大多由________向________流，流速由____到____（快/慢），注入北冰洋。纬度越来越____，气温________，水滴自然就会结冰了。 学生合作完成学习。教师教室巡回，解决学生遇到的疑难问题。	

续表

主要环节	过程说明和设计意图	教 师 行 为	学 生 行 为
归纳小结形成方法（5分钟）	让学生通过解释小水滴漫行时不同经历，尝试寻找河流与地形、气候之间的相互关系。	请同学们运用思维导图的方法来绘制亚洲气候、地形、河流之间的相互关系图。 教师示范，指导学生分组绘制思维导图。	小组合作，一起完成自然环境各要素关系思维导图的绘制。 简要说明河流与地形和气候之间的相互关系。 小组合作，绘制思维导图，代表发言。师生补充、点评。
趁热打铁学以致用（10分钟）	让学生完成教材中的两个活动，进一步练习归纳区域地形、气候、河流特点的方法。	提醒学生读图步骤，提醒学生自主学习，自己探索发现，总结规律。 教师下节进行讲评，检验自主学习效果。	自主学习完成两个活动题，检验学习成果。

评述与建议

案例 1 主要是通过分析亚洲各地居民生活差异现象入手，引导学生简要分析各地居民特色服饰、传统民居、生产活动、交通工具差异，逐步归纳出区域自然环境认识的一般方法和步骤。在此基础上引导学生举一反三，通过阅读地图和相关资料，寻找亚洲地形、气候与河流之间的相互关系，最后通过自主探究完成北美洲地形和河流相关地图的阅读，概括地形对河流的影响。在创设情境—引导探究—发现规律—迁移巩固四个环节中学习知识、发展能力、归纳方法。这种学习不再单纯学习知识本身，具有较强的探究趣味和思维深度，可以帮助学生概括规律、形成方法，提高学生理解相关规律深度，通过举一反三提高了“学以致用”能力。

案例 2 是从模拟学生作为亚洲中部“小水滴”向四周海洋或内陆漫行的经历探究活动展开，激发学生探究意识，鼓励学生通过自学，完成游记描述，并解释原因。探究小水滴漫行过程中不同经历，分析出地形对河流、气候对河流的影响。在提出问题—分析问题—归纳方法—学以致用四个环节中培养学生提出问题、合作探究解决问题、知识迁移能力。最后，通过归纳小结环节使学生对整个学习过程进行回顾、概括，巩固和熟练使用原有的知识与技能，促进知识与技能的深化和提高。

这两个案例都是在深度理解地理课标的基础上，结合学生学习经验和认知规律进行的教学设计，对于提升学生读图分析、合作探究、概括表达等基本地理能力方面意义重大。两个案例不仅使学生体验到地理学习的乐趣，而且掌握地理学习的方法，为今后的学习奠定基础。

教学建议：

本教学关键问题的解决，需要教师深入理解课标的要求，结合自己学生的实际情况，针对不同地区、不同学生群体设计出有难易梯度的、有逻辑顺序的、符合教学目标和教学内容的教学设计，引导学生运用地图、资料归纳某区域地形、气候、河流特点，简要分析其相互关系，培养学生阅读地理图表的能力，形成正确的人地关系观念。

该教学关键问题解决的整体思路应该是确定位置、归纳特点、构建方法。针对不同地区、不同学校的具体特点，可以参考以下几点教学建议：

第一，突出“以案说理”的基本教学设计思路。无论是创设情境还是提出探究问题，都应该把握通过案例学习，帮助学生形成区域自然环境学习的一般方法，如读图的方法、材料分析方法、寻找自然要素之间相互联系的方法等。

第二，可以选择动手制作模型的方法。除了探究式教学、研究性学习等以外，还可以选择模拟实验法。通过制作模型，概括地形地势特点，概括模型中河流分布、流向、长度等特点让学生真正理解河流与地形、河流与气候等自然要素之间的相互联系。

第三，充分考虑地理学科区域性和综合性的特点。教学设计除了帮助学生认识自然环境特点的方法步骤以外，还应该从自然环境的整体性方面进行引导，让学生理解自然环境整体性的特点。可以采取绘制思维导图、头脑风暴图等关系图，凸显自然环境区域性和整体性特点，帮助学生完成学习方法的构建。

【校本研修建议】

以教研组为单位进行校本研修，参考流程如下：

(1) 教师自己备教材，备学生，提出自己的教学设想。

(2) 观摩微课程案例，对比两个方案的优劣，进行深入分析和整理。

(3) 制订优化后的方案并实施，在实施过程中进行调整。

(4) 讨论：怎样培养学生归纳区域自然环境特征的方法。

(5) 把自己实施中比较满意的方案制作成微课程或文字呈现，上传到资源平台。

教学关键问题2-6 如何指导学生分析某地区的资源开发、经济发展与环境保护之间的关系

教学关键问题分析

（一）问题的提出

地理课程标准提出，义务教育阶段地理课程要让学生感受到不同区域的自然地理和人文地理特征，了解世界和中国主要资源的分布、在资源开发中存在的主要问题以及区域发展的策略。通过对课本内容的学习和课外案例探究，培养学生应对资源、环境和发展问题的基本能力，做一个有环境意识、可持续发展观念和社会责任感的优秀公民。初中学生由于受知识和生活经验的限制，对资源、环境和发展问题认识不到位、理解不深刻，对区域可持续发展方向把握不准确。因此，把“如何分析某地区的资源开发、经济发展与环境保护之间的关系”确定为初中地理教学关键问题。

（二）问题的价值

地理课程标准中的课程性质部分指出，地理学科具有区域性特征，也就是初中地理学习以区域地理为主，课程展现各区域的自然与人文特点，阐明不同区域的地理概况、发展差异及区际联系。地理学科学习又具有思想性，也就是在初中地理课程中突出当今社会面临的人口、资源、环境和发展问题，阐明科学的人口观、资源观、环境观和可持续发展的观念，教给学生富含热爱家乡、热爱祖国、关注全球以及可持续发展思想的教育内容。

在课程理念部分，地理课标强调要学习对终身发展有用的地理。地理课程引导学生从地理的视角思考问题，关注自然与社会，使学生逐步形成人地协调与可持续发展的观念，为培养具有地理素养的公民打下基础。课程目标部分强调通过地理学科的学习让学生了解人类所面临的人口、资源、环境和发展等重大问题，初步认识环境与人类活动的相互关系。让学生初步形成尊重自然、与自然和谐相处、因地制宜的意识及可持续发展的观念，增强防范自然灾害、保护环境与资源和遵守相关法律法规的意识，养成关心和爱护地理环境的行为习惯。

地理课程标准在课程内容部分多次强调资源、环境和经济发展关系的学习。

1. 世界地理的“认识区域”部分要求

（1）运用地图和其他资料，指出某地区对当地或世界经济发展影响较大的几种自然资源，说出其分布、生产、出口等情况。

（2）运用地图和其他资料，联系某国家自然条件特点，简要分析该国因地制宜发展经济的实例。举例说出某国家在自然资源开发和环境保护方面的经验教训。

2. 中国地理的“认识区域”部分要求

根据资料，分析某区域内存在的自然灾害与环境问题，了解区域环境保护与资源开发利用的成功经验。

3. 乡土地理部分要求

举例分析自然资源、自然灾害对家乡社会、经济等方面的影响。

（三）问题的意义

义务教育阶段的地理教学侧重学习世界和中国的区域特征、区域差异以及区域经济发展。资源开发、环境保护和经济发展是任何一个地区都会面临的问题。它贯穿初中地理的始终，是七年级上下册和八年级上下册的纽带。同时，高中地理学习中也特别强调资源和环境问题以及解决措施等。因此，这部分内容在中学地理中具有非常重要的地位。

随着经济的发展，被开发利用的资源种类和数量越来越多，许多资源遭到破坏和濒临枯竭。在中学地理教学中，给学生渗透一种节约资源和合理利用资源的意识，使学生努力学习、充分发挥自己的聪明才智，寻找更多的替代资源。

从世界和中国不同范围来看，不同的地方分布着不同种类的资源。初中学生应该了解一些重要资源的分布和生产状况，如中东地区的石油资源、西欧的煤炭资源、南非的黄金和金刚石资源、摩洛哥的磷酸盐资源、澳大利亚的铁矿资源，山西的煤炭资源、四川的天然气资源、内蒙古的稀土资源、新疆的油气资源等。这些区域的资源生产现状如何，开发和环境保护情况怎样，经济发展远景怎样，都是需要学生了解的。但是对于学生来说，不可能短时间接受那么多种资源，在教学中要以其中某一地区（或者国家）某一种资源为例，指导学生了解资源分布和开发现状，分析资源开发对环境的影响，举出切实可行的环境保护的措施，并提出有利于经济发展的途径。

教学关键问题解决

本教学关键问题首先需要对资源开发、经济发展与环境保护之间存在的关系进行分析，其次对具体某一区域进行定位并分析其区位条件，最后再分析资源开发、经济发展和环境保护三者之间的关系。

对于某一地区某种资源的分布特征、生产状况、开发和保护经验以及因地制宜发展经济等方面的教学开展，针对不同教学内容和教学素材，可以采取不同的教学模式，让学生对所学内容有深刻的理解和认识。

1. 关联概念关系的解读

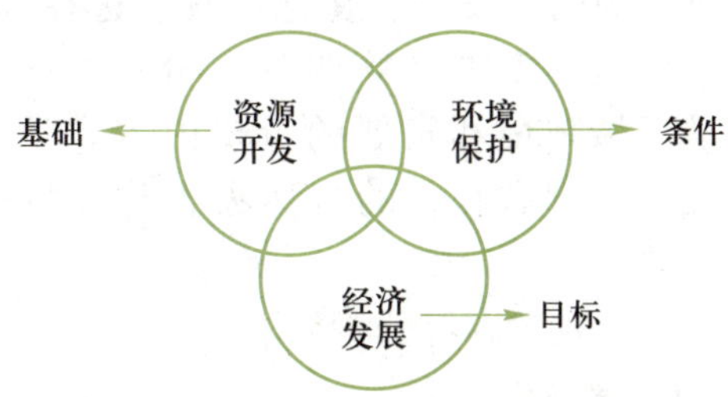

图 2–6–1

本教学关键问题中有资源开发、环境保护和经济发展三个方面。这三个方面相互影响、相互制约，是任一地区发展中都会面临的问题。这三个方面的关系如图 2–6–1 所示。资源为工业生产和人民生活提供保障，是区域发展的基础因素。经济发展是区域发展的目标，只有经济健康、持续和稳步发展，人们的生活水平才能有不断提升。环境保护是人们高质量生活的条件，好的环境才能让人身心愉悦，让人们在经济富庶的同时，也能享受大自然的美好。因此，三个方面没有哪个重要、哪个次要，哪个先考虑、哪个后考虑的问题，它们的地位相同，同等重要。

在教学实践中，教师应让学生充分地了解三者的内涵，正确地认识三者的地位和作用，辨证地看待三者之间的相互关系，这是解决“如何指导学生分析某地区的资源开发、经济发展与环境保护之间的关系”这一教学关键问题的前提。

2. 区域定位和区位条件的分析

学习区域资源、环境和发展时，教材中通常都会指定某一区域，这样在教学时比较容易一些。但是在做材料分析题时，有的题目只给出了部分信息，并未明确告知这是什么地方，因此在区域分析前需要首先进行区域定位。在定位的基础上再对区域的区位条件进行分析，不同区域区位条件不同，资源开发、经济发展和环境保护也会有所不同的。分析过程如图 2–6–2 所示。

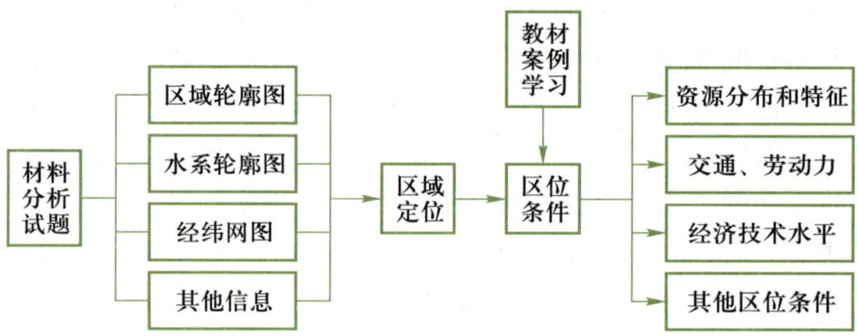

图 2–6–2

案例示范

在初中地理教学中解决“如何分析某地区的资源开发、经济发展与环境保护之间的关系”这一问题，可以选择的研究案例有很多。世界地理中可以选择的案例有鲁尔区煤炭资源的开发、存在问题及其综合整治，美国匹兹堡煤炭资源的开发及其发展阶段的变化，沙特阿拉伯的石油资源开发及其发展方向，摩洛哥磷酸盐的开发与环境保护，印度东北地区的资源开发与环境问题等。中国地理中可以选择的案例有山西省煤炭资源的开发与环境保护，新疆维吾尔自治区油气资源开发与经济发展，包头市稀土资源开发与环境问题，贵州省的资源开发与环境保护，南方低山丘陵区农业资源的开发等。在这里我们选择以湘教版初中地理八年级下册第八章“认识区域：环境与发展”第四节“贵州省的环境保护与资源利用”的内容为例。这一节课是区域环境和发展的重要内容。学生通过本节的学习，了解贵州省的自然地理特征，贵州省存在的自然灾害与环境问题，以及贵州省环境保护的有力措施和成功经验等。

本节教学内容分析如下：

1. 课标要求

（1）根据资料分析区域主要自然灾害与环境问题所造成的后果，了解区域环境保护与资源开发利用的成功经验。

（2）以某区域为例，说明我国西部开发的地理条件以及保护生态环境的重要性。

2. 学情分析

在八年级上册的学习中，学生们对中国不同区域的自然地理和人文地理的特征有了较全面的学习。学生们对贵州省的自然地理状况已有一定了解。但是对人文地理的学习，特别是区域的资源利用、经济发展和环境保护的情况并不了解。学生通过本课的学习，以西南地区的贵州省为例，了解资源、发展和环境的关系，进一步认识区域可持续发展的重要性。

3. 教学目标

（1）知识与技能：了解贵州省的自然地理特征；了解贵州省存在的自然灾害与环境问题。学习贵州省环境保护的有力措施；掌握贵州省资源开发利用的成功经验。

（2）过程与方法：通过对贵州省环境保护和资源利用的学习，培养学生读图、用图的能力，进一步学会认识与分析一个地区区域特征的方法。

（3）情感态度与价值观：通过对本节知识的学习，学生对贵州省有较全面的了解，认识到国家实施西部大开发战略的重要意义。

4. 教学重点、难点

（1）贵州省的位置、地形、气候等自然地理特征。

（2）贵州省主要的自然灾害与环境问题及其治理；资源利用的成功经验。

案例 1

贵州省环境保护与资源利用

郭艳琴　山西省太谷二中

一、教学准备

多媒体教学课件、贵州省资源分布挂图、学案等。

二、教学流程

本节课教学流程如图 2-6-3 所示。

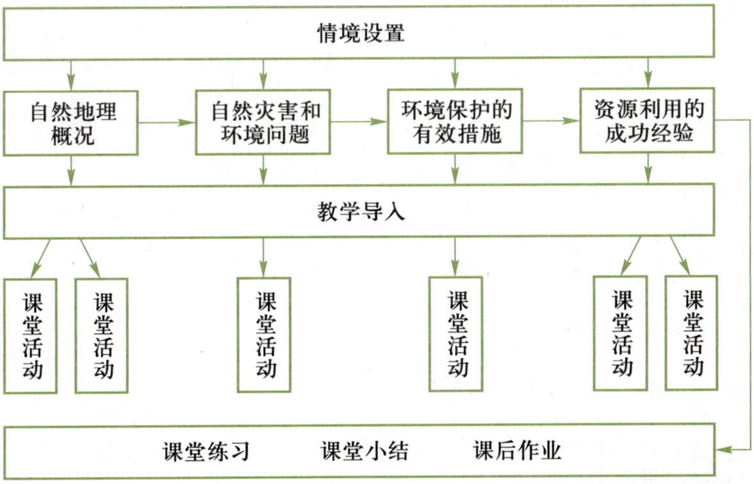

图 2-6-3

三、教学过程

<table>
<tr><th>教学环节</th><th>教师活动</th><th>学生活动</th><th>设计意图</th></tr>
<tr><td>情境设置</td><td>多媒体展示：
贵州省的著名景点（地质地貌景观、水文地理景观、生物景观、风土民情景观等）图片。
主要图片：梵净山、黄果树瀑布、荔波小七孔、赤水风景区、西江苗寨等。
教师提问：
根据以上这些景观图片以及自己所学知识，归纳出这里的气候特征。
承转过渡：
同学们，你们了解贵州省吗？今天我们一起走进贵州！</td><td>独立思考回答：
多雨，较湿润；冬暖夏凉。“爽爽的贵阳”。</td><td>通过多媒体展示图片，让学生对贵州省有粗浅的认识，激发学生的学习兴趣。</td></tr>
<tr><td colspan="4">第一版块　自然地理概况</td></tr>
<tr><td>教学导入</td><td>教师导入
我们要学习贵州省，首先就要对其位置、气候、地形、水文、自然资源等自然地理特征有所了解。</td><td>精力集中，全心投入，认真听讲。</td><td>本部分教学内容的导入。</td></tr>
<tr><td rowspan="3">课堂活动</td><td>教师引导学生读教材中关于“贵州省位置图”和“贵州省地形图”，回答“学案”中的第1组题：
（1）从左图中观察贵州省位于中国的什么位置？
（2）说出贵州省的半球位置和纬度位置。
（3）在右图中找出与贵州省相邻的省级行政区域。</td><td>独立思考回答：
（1）贵州省位于我国西南部。
（2）贵州省位于东半球和北半球的低纬度地带。
（3）贵州省与云、川、渝、湘、桂等省级行政区域相邻。</td><td>通过读图，让学生们独立思考，对贵州省的绝对位置和相对位置有所了解。</td></tr>
<tr><td>教师引导学生读“贵州省地形图”，回答“学案”中的第2组题：
（1）贵州省的主要地形是什么？所在地形区的名称是什么？
（2）根据主要河流的流向，判断贵州省的地势特征。
（3）贵州省石灰岩广布，形成了一种特殊的地貌，这种地貌的名称是什么？这种地貌对地表起伏状况和天气气候有何影响？</td><td>独立思考回答：
（1）地形以高原和山地为主；地处云贵高原东部。
（2）地势西高东低。
（3）喀斯特地貌；地表崎岖，地势差异大，山地气温的垂直差异大，往往出现“一山有四季，十里不同天”。</td><td>通过读图分析，让学生独立思考，对贵州省的自然地理特征有所了解。</td></tr>
<tr><td>教师引导学生读“活动”材料和“学案”的补充材料（贵阳市多年平均气候资料表），回答“学案”中的第3组题：
（1）说出贵阳市的气候特点。
（2）说出贵阳市夏季气温较低、冬季气温不低的主要原因。</td><td>独立思考回答：
（1）贵州省属于亚热带季风气候，冬暖夏凉，湿润多雨，降水主要集中在夏季。
（2）地势对贵州省平均气温和局部地区的气温影响很大。由于海拔较高，贵阳市夏季较凉爽；贵阳市纬度较低，使得贵阳市冬季平均气温不低。</td><td>通过教材和“学案”补充材料的学习，要求学生归纳贵州省的气候特征。</td></tr>
</table>

续表

教学环节	教师活动	学生活动	设计意图
课堂活动	教师引导学生读“贵州省地形图”，回答“学案”中的第4组题： （1）贵州省河流大多水能资源丰富，请解释其主要原因。 （2）贵州省河流常常出现“无头河”“无尾河”，这是什么原因造成的？ （3）贵州降水丰富，但是许多地方水资源非常短缺，这是为什么？	独立思考回答： （1）降水丰富，河流水量大；地势差异显著，落差大。 （2）喀斯特地貌广布，地下多溶洞，暗河众多。 （3）喀斯特地貌广布，多地下暗河，地表水容易渗漏，地表水资源较缺乏。地表起伏大，容易流失等。	通过读图分析贵州省的水文特征。
	教师引导学生读挂图“贵州省的矿产资源分布图”，回答“学案”中的第5组题：说出贵州省矿产资源的特点。	独立思考回答： 贵州矿产资源丰富，主要有煤、汞、重晶石、磷、铝土等。	通过读图，培养读图分析能力。
第二版块　自然灾害和环境问题			
教学导入	多媒体展示贵州省滑坡、泥石流、干旱和冰冻等自然灾害的图片以及水土流失、石漠化等生态破坏的图片。这些自然灾害和环境问题严重影响着当地居民的生产生活。	学生认真聆听。	通过多媒体展示典型图片，激发学生学习兴趣。
课堂活动	教师引导学生读“自然灾害与环境问题”，回答“学案”中的第6组题： （1）贵州省主要的生态环境问题（含石漠化）有哪些，原因是什么？ （2）贵州省主要的自然灾害有哪些？ （3）完成“活动”任务。	小组讨论回答： （1）水土流失、石漠化等；贵州境内石灰岩分布广泛，大部分地区土层较薄，由于不合理的垦殖活动，破坏了原有植被，造成严重的水土流失，导致基岩大面积裸露而出现石漠化现象。当地山高坡陡，地形起伏大，气候暖湿，加之降水集中，更加剧了石漠化过程。 （2）影响贵州的主要自然灾害有滑坡、泥石流等地质灾害和干旱、冰冻、冰雹等气象灾害。 （3）石漠化发生过程中的主要问题出在“毁林开荒”这一环节。不合理耕作、滥垦乱伐、过度放牧、不合理开矿和工程建设等人类活动加剧了石漠化过程。协调当地人地关系，既要采取措施减少人类不合理活动对环境的破坏，又要因地制宜地发展经济。	对于该部分内容应通过小组活动，讨论探究，并派代表展示。其他同学质疑或者补充，教师给予及时点评。
第三版块　环境保护的有效措施			
教学导入	多媒体展示“石漠化治理前”和“石漠化治理后”的图片，当地采取了哪些有效措施，导致环境发生了根本性变化？	学生认真聆听并思考。	通过展示典型图片引发思考。

教学环节	教师活动	学生活动	设计意图
课堂活动	教师引导学生读“环境保护的有效措施”，回答“学案”中的第7组题： 说一说贵州为治理水土流失和石漠化而采取的有效措施。	小组讨论回答： 贵州治理水土流失和石漠化的有效措施：(1) 封山育林、人工种草、草地改良、坡耕地改梯田等生态环境恢复措施；(2) 推进生态农业、生态工业、生态城市的建设；(3) 高效、合理利用石漠化地区有限的水土资源，重点发展生态经济型林(果、药)草业，发展适合石漠化地区的特色产业(如绿色食品、旅游观光等)。经过多年的艰苦努力，贵州初步构建了长江和珠江上游地区的生态屏障，石漠化治理成效显著	对于该部分内容应通过小组活动，讨论探究，并派代表展示。其他同学质疑或者补充，教师给予及时点评。
第四版块　资源利用的成功经验			
教学导入	多媒体展示黔中水利枢纽工程、乌江渡水电站、六盘水煤田开发、游览黄果树瀑布的相关图片，引导：贵州因地制宜地发展经济，充分利用资源优势、克服资源劣势发展特色产业，在资源利用方面取得了许多成功经验。	学生认真聆听，并独立思考。	通过多媒体，引入典型素材。
课堂活动	阅读教材相关内容和“学案”材料，回答“学案”中的第8组题： 材料1：黔中水利枢纽坝址位于长江流域乌江干流六枝三岔河平寨河段，工程分________。 材料2：贵州素有“江南煤海”之称，2002年末保有储量492.27亿吨，居全国第5位，超过________。 材料3：贵州水能资源蕴藏量为1 874.5万千瓦，居全国________。 材料4：2011年贵州能源生产量及其占全国的比重表。 (1) 结合材料，想一想，应如何缓解贵州的用水矛盾状况？ (2) 近年来，贵州能源开发的主要措施有哪些？	小组讨论回答： (1) 为了合理利用水资源，增强抵御自然灾害的能力，贵州建设了一大批水利基础设施，使当地人民的用水状况得到改善，还扩大了农田灌溉面积。 (2) 近年来，贵州加大煤炭基地建设力度，依托大型煤炭基地，建设一批大型煤电基地。与此同时，贵州充分发挥“水火互济”优势，优先发展火电，深度开发水电。	小组活动，讨论探究，并派代表展示。其他同学质疑或者补充，教师给予及时点评。
	阅读教材相关内容，回答“学案”中的第9组题： (1) 根据表格数据，分析目前贵州旅游业发展的特点。 (2) 想一想，大力发展贵州旅游业的主要措施有哪些？	小组讨论回答： (1) 贵州旅游资源丰富。 (2) 近年来，随着旅游资源的有序开发，旅游配套设施的逐步改善，贵州旅游业增长迅速。	师生互动，完成思考题。
课后作业	以你熟悉的地区(省市区、县市、乡镇等)为例，分析当地有哪些资源，资源开发过程中对环境造成怎样的影响，请为该地区长远发展出谋划策，提出你的宝贵建议。		

四、板书设计

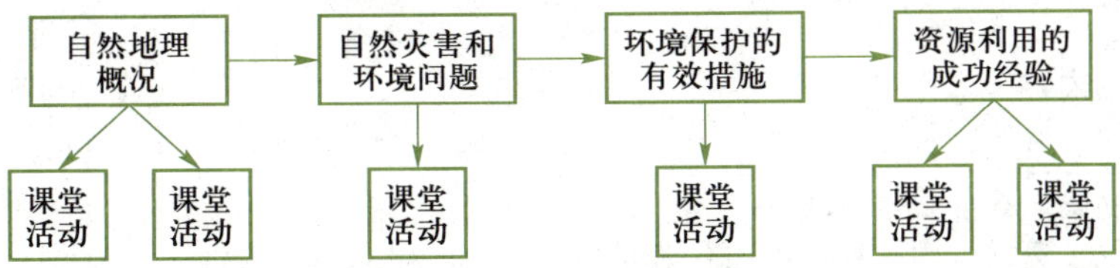

案例2

贵州省环境保护与资源利用

贾进珠　山西省太谷二中

一、教学准备

多媒体教学课件、小组活动道具、学案等。

二、教学流程

本节课教学流程如图2–6–4所示。

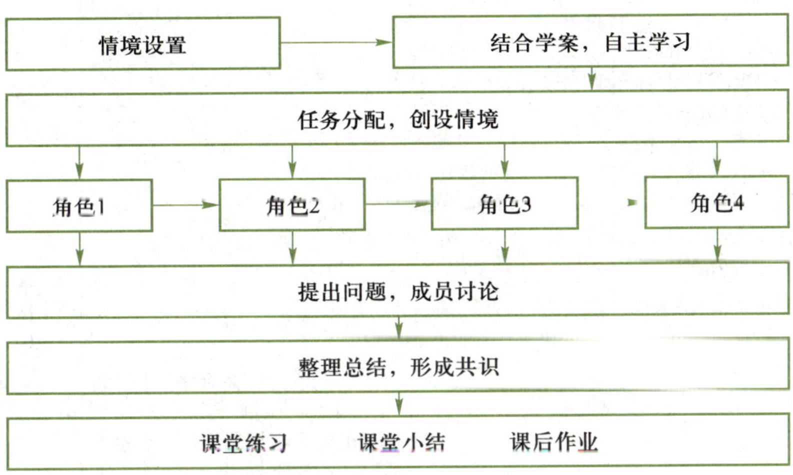

图2–6–4

三、教学过程

教学环节	教师活动	学生活动	设计意图
情境设置	多媒体展示： 贵州省旅游宣传片——《走遍大地神州，醉美多彩贵州》。 承转过渡： 同学们，你们以前了解贵州省吗？今天我们一起走进贵州。	认真观看视频，领略多彩贵州。	通过多媒体展示，让学生了解贵州省，激发学生的学习兴趣。

续表

教学环节	教师活动	学生活动	设计意图
教学导入	首先请同学们自主学习课本内容，并完成“学案”中的“基础知识”部分的内容。 教师巡视，发现学生存在的问题。	结合“学案”提示，专心读书。	培养自主学习的能力。
任务分配	教师将全班同学分为六个组。第一组代表贵州省国土厅，小组代表可以作为厅长进行发言；第二组代表贵州省防灾减灾办公室，小组代表可以作为办公室主任进行发言；第三组代表贵州省环保厅，小组代表可以作为厅长进行发言；第四组代表贵州省发展规划办公室，小组代表可以作为办公室主任进行发言。第五组和第六组为企业代表和群众代表。	学生认真听取教师分组，领取各自的组内任务。	培养学生的角色扮演能力和合作意识。
小组任务	教师引导各职能团队，根据各自的任务，完成“学案”中的任务讨论。	由各位“厅长”和“主任”组织团队成员讨论“学案”中的“合作探究”部分内容。	培养学生的合作探究能力。
教师指导	教师扮演省长，组织大家的讨论。同志们，下面我们将召开一次贵州省可持续发展的重要会议，与会的都是我们贵州省重要的职能部门领导、成员以及各阶层的代表，如何才能更好地利用我省资源、发展经济，同时又能保护好我们的青山绿水呢？就看我们在座的大家了。下面分别由各厅、办公室领导组织讨论相关课题，请与会的人员积极参与，献言建策。	各团队认真聆听，跃跃欲试！	培养学生的角色扮演能力和合作意识。
教师承转	下面首先请出“国土厅厅长”介绍一下我省省情。	积极准备参与。	培养合作探究能力。
专题研讨	教师聆听，及时点评。	大家好，我是咱们贵州省的“国土厅厅长”，每一个贵州人都应该了解自己的家乡，下面我提几个问题，请各位踊跃回答，如果大家有疑问，可以向我们国土团队的成员进行提问。 （1）我省的地理位置有何特点？ （2）我省的主要地形类型有哪些？主要的地形区是什么？ （3）我省的主要地貌类型及其影响是什么？ （4）我省的气候特征是怎样的？ （5）我省主要的河流有哪些？水能蕴藏量如何？地表水为何缺乏？	通过角色扮演，可以从不同角度了解贵州省的情况。

续表

教学环节	教师活动	学生活动	设计意图
专题研讨		(6)我省的矿产资源有哪些? 各组代表纷纷举手回答,"国土厅"团队的人员给予及时的补充。	
教师承转	通过刚才的讨论,可以看得出大家都是非常关心我省的,对我省的地理位置、地貌水文、自然资源等地理特征掌握的非常好! 下面请"防灾减灾"办公室主任说说我省的自然灾害和环境问题。	积极准备参与。	培养合作探究能力。
专题研讨	教师聆听,及时点评。	大家好,我是我们省防灾减灾办公室主任。同志们,刚才我们国土厅的厅长,给大家介绍了我们贵州省的自然地理状况。那么,你们知道我们省的自然灾害和环境问题吗? 请企业代表组来说一下我们省的自然灾害和环境问题主要有哪些? "防灾办公室"团队的人员给予及时的补充。	通过角色扮演,可以从不同角度了解贵州省的情况。
教师承转	正如各位所言,我省有很多影响生产和生活的自然灾害和环境问题。 下面请"环保厅厅长"说说我省的主要环境保护措施。	积极准备参与。	培养合作探究能力。
专题研讨	教师聆听,及时点评。	大家好,我是咱们贵州省的"环保厅厅长",通过刚才的讨论知道,我省面临的严重的自然灾害问题和生态环境问题,那么我们如果保护我们的共同家园呢?我希望每一个团队都能为我省环境治理提出宝贵意见。如果大家有疑问,可以向我们环保团队的成员进行提问。 各组积极发言。	通过角色扮演,可以从不同角度了解贵州省的情况。
教师承转	各组代表的建议很好,结合环保厅代表的补充,我觉得山清水秀的贵州离我们很近了。我非常有信心! 下面请"发展规划"办公室主任说说我省下一步的主要发展方向。	积极准备参与。	培养合作探究能力。
专题研讨	教师聆听,及时点评。	大家好,我是咱们贵州省的"发展规划"办公室主任,我省资源丰富、地大物博,那么如何在保护环境的基础上,发展我省经济呢?希望听听大家的建议。如果	通过角色扮演,可以从不同角度了解贵州省的情况。

续表

教学环节	教 师 活 动	学 生 活 动	设 计 意 图
专题研讨		大家有疑问，可以向我们发展规划办公室团队的成员进行提问。 （1）如何开发水能资源？如何解决用水紧张状态？ （2）如何开发我省的能源矿产资源？ （3）我省旅游资源开发现状如何？ 各组积极发言，该团队成员及时补充。	
教师总结	今天我们开了一个非常有意义的会议，通过讨论，大家清晰地认识到我省的自然地理状态，了解了我省的自然灾害和环境问题，知道了我省在环境保护和资源开发方面的措施。我相信在大家的共同努力下，我省可持续发展一定能实现。	各团队认真聆听。	教师总结归纳。
课堂练习	见“学案”（略）。		
课后作业	以你熟悉的某地区为例，分析资源开发状况、环境问题并谈谈今后发展方向。		

四、板书设计

贵州省的环境保护与资源利用

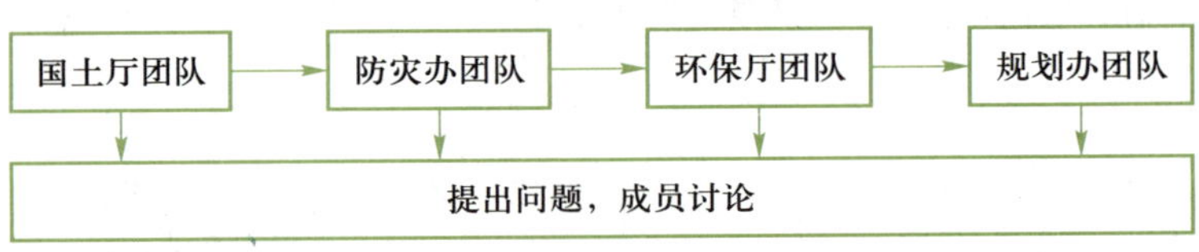

评述与建议

案例1 是比较成功的一节课。上课不只是学生的事情，也不只是老师的事情，而是双方共同享受思维相互碰撞带来的认知的提升和深化。本节课中教师通过引导给学生提出问题，学生在思考、讨论和展示的同时，又给老师提出新的问题，因此通过本课题师生互动教学相长，师生都会有提高。

通过本节课的教学，让学生认识到资源、环境和发展的辩证关系，经济发展不是非得有环境污染，环境优美与经济发展是可以同时存在的。

学生评价： 在本节课中，我感觉到自己在不断的思考，紧跟着老师和同学的节奏，老师设计的教学环节紧紧衔接。同学们的疑问，让我自己的思维也变得非常活跃，我也想到很多问题，并且在课堂上得到了老师和同学们的帮助。在这节课中我学到了像贵州省这样的资源大省，应该如何开发资源、如何保护环境以及如何才能让老百姓脱贫致富。

案例2 教学形式新颖，有创新意识。教师能够宏观把握课堂，学生们在自主学习的基础上进行分工合作和讨论交流。通过“角色扮演”让每一个同学都以不同的身份参与其中，每个同学都要从自己的角色角度去思考问题并和大家讨论，这样思路会更宽，理解会更深刻。某个区域的资源开发、环境保护和经济发展问题涉及不同角色的利益，如果资源开发企业为了追求更大利润，不考虑对资源和环境造成的破坏；如果地方政府部门为了追求短期经济增长和工作业绩，一味地放任资源和生态的破坏；那么，环境保护就只能唱独角戏，无法演下去。只有通过角色转换，才能换位思考，让学生们全面而客观地认识资源、发展和环境的关系，进而提出可持续发展的途径。因此，这节课是比较成功的。

学生评价：我感觉到这节课很特别，并不是以前常见的老师不停地讲，学生们努力去听，也不是学生按照老师固定的思路去讨论和展示。所有同学都能体验角色，通过“角色扮演”让大家更容易理解和接受。比如企业代表和环保部门，他们对环境问题及其保护就会有不同的看法。因而，这种教学方式不仅形式新颖，让我们非常喜欢参与，而且会让我们去辩证地看待每一个问题，有利于我们形成正确的资源、环境和发展观念。

【校本研修建议】

以教研组为单位进行校本研修，参考流程如下：

(1) 理论研讨：针对教学关键问题，了解其提出的原因、研究的价值及解决的策略。

(2) 课例观摩：观摩微课程案例，进行个案分析讨论，从中感受优秀教师的职业特点。

(3) 自我反思：找出两个方案中的不妥之处，结合本地学情深入进行分析和整理，形成最佳、个性的教学设计。

(4) 同伴互助：教研组内，采取说课、听课、评课三种活动形式，同伴间的对话、交流、讨论、分享贯穿始终，其成果以文本的教学案例形式呈现，包括教学设计、说课、课堂实录、教学评价材料等。

共同分享经验教训，达到互相借鉴，实现个体实践反思与同伴互助的结合，不断提升教学智慧，促进教师专业发展。

教学关键问题2-7 如何指导学生运用地形图分析地形、河流与当地人类活动的关系

教学关键问题分析

（一）问题的提出

在地理课标的中国地理和世界地理“认识区域”部分，共有17条内容涉及“运用地图学习”。地图一直被看成是地理学习的“第二语言”，在地理教学中占有重要地位。在地理课标中，许多内容都要求学生在学习结束后能够运用地图获取需要的区域地理信息。地理教师常用“图文呼应”来表述地图和文字之间的关系，把在地图上标出区域地理事物的位置看成是“以图释文”，把在地图上填充地理事物的文字注记看成是“以文释图”。在这种教学目标中，记住某些具体的地理知识是“实”的，而地图能力的要求往往是“虚”的。反映在对学生学习结果的检查中，多用在空白图上填充地名的方法，学生需要“记”住很多地名及其在地图上的位置，检查的实际还是记忆的能力而不是使用地图的能力。

而在地理课程标准中，地图能力的培养是“实”的，具体知识则相对较“虚”。例如，让学生在地图上找出某个地区的主要国家和它们的首都，最好这个地区是学生没有在课堂上学习过的，检查的就是阅读地图能力而不是学生的记忆情况。地图上的地名和区域地理事物很多，要求学生会在地图上迅速找出需要的事物比要求他们记住若干个地名更有意义。

事实上，在实际教学过程中，对于学生读图能力的培养很多时候没有落实到实处，也就是说，学生读图能力一直是“虚”的，没有落到实处。

其次，“运用地图”能力的培养不仅仅是让学生学会简单的看图找信息，还要让学生逐步培养利用地图进行简单判断的能力。如课程标准中的“读图说出该地区地理位置的特点”“运用地形图和地形剖面图，归纳某地区地势及地形特点，解释地形与当地人类活动的关系”“运用地图简要评价某区域的地理位置”等，都要求学生会从地图中获取一个区域更深入的信息，即能够读懂地图上地理事物之间的空间关系和因果关系。而在实际教学过程中，这种能力的培养经常落空。

因此，选取“如何指导学生运用地形图分析地形、河流与当地人类活动的关系”作为初中地理教学的关键问题。

（二）问题的价值

1. 本教学关键问题的解决有助于落实课程标准的相关要求

在地理课程标准的“知识与技能”部分，要求“能初步说明地形、气候等自然地理要素在地理环境形成中的作用以及对人类活动的影响”“掌握阅读和使用地球仪、地图的基本技能；掌握获取地理信息并利用文字、图像等形式表达地理信息的基本技能；

掌握简单的地理观测、地理实验、地理调查等技能”。

在“过程与方法”部分，要求“初步学会根据收集到的地理信息，通过比较、分析、归纳等思维过程，形成地理概念，归纳地理特征，理解地理规律”。

在“居民”的内容标准部分，要求“举例说出聚落与自然环境的关系”。

在“认识区域”的内容标准一部分，要求“运用地形图和地形剖面图，解释地形与人类活动的关系”“运用地形图说明某地区河流对城市分布的影响”。

在“中国自然环境和自然资源”部分，要求“运用中国地形图概括我国地形、地势的主要特征”。

在“认识中国区域”部分，要求“在地形图上识别某区域的主要地形类型，并描述区域的地形特征”“运用地图和其他资料归纳某区域人口、城市的分布特点”。

在“教学建议”部分，强调要“突出地理事物的空间差异和空间联系”。地理教学要强调地理各因素之间的相互作用，特别是自然因素和人文因素对地理现象和地理过程的综合影响，引导学生理解地理事物的空间差异和空间联系，从地理的视角看待地理现象和地理问题。例如，在以一个国家为例学习区域地理时，需要引导学生从该国的地理位置、地形、气候、水文、植被、矿产等多方面认识自然地理要素对该国地理特征的综合影响。”

2. 本教学关键问题的解决可以更好地体现地理课程兼有的“自然学科和社会学科”性质

这一关键问题的本质是运用一种地理工具，获取地理信息，然后做出因地制宜的判断，分析如何更好地安排人类活动。这个本质完成了自然地理与人文地理的有机衔接，自然科学与社会科学的有机融合，是地理学科区域性和综合性表现的集中体现，更是对地理课程标准中“课程性质”关于“义务教育地理课程是一门兼有自然学科和社会学科性质的基础课程”的很好诠释。这一属性在中学所有各门学科中是唯一的。

3. 本教学关键问题的解决可以很好地体现义务教育地理课程的基本理念

不管是阅读地图获取信息，对地图所展示的信息做出简单的判断，还是结合自然条件分析特定区域的人类活动，都是对“学习对生活有用的地理”和“对终身发展有用的地理”理念的直接展示。

教学关键问题解决

解决本教学关键问题要建立如图 2–7–1 所示的思维模式。

1. 学会选取和运用地形图

（1）选取合适的特定区域地形图。选取的地形图一定是可以直观地反映当地地形（很多版本教材特别是世界地理部分都将河流归入地形的编写中）特征的，而不是内容多而杂，如案例 1 选取的“东南亚分层设色地形图”，图形简洁明了，信息清晰而不繁杂，学生可以很直观地看到当地的地形特征。

（2）指导读图方法，教会学生准确阅读地形图获取地形、河流信息。在这个过程中，学生遵循“读图名、看图例、读正图”的基本顺序，利用“等高线地形图、分层设色地形图的判读”知识就可以完成信息的获取。

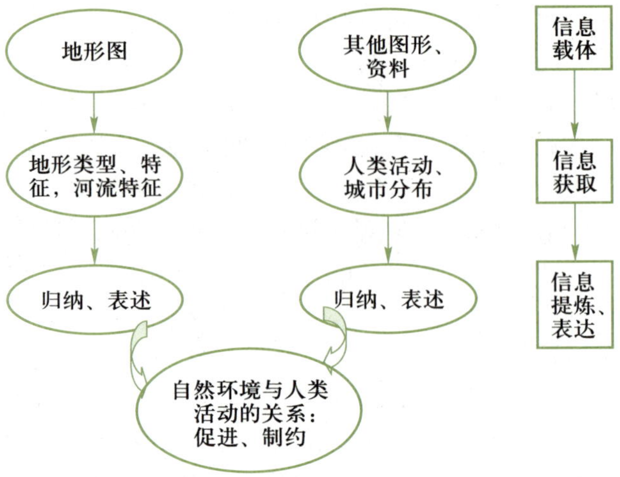

图 2-7-1

在案例 1 中，展示的地形图类型是“分层设色地形图”，图中很清晰的显示棕褐色、绿色两种颜色，结合表 2-7-1，学生可以迅速得出结论：当地地形以山地、平原为主，这就为后续的分析奠定了良好的基础。

表 2-7-1

地形名称	特征	地形图中呈现方式
平原	海拔较低，地面平坦	海拔 200 米以下，等高线稀疏，或用绿色表示
丘陵	地面起伏，海拔不高，坡度和缓	海拔 500 米以下，相对高度小于 100 米，等高线较密集，弯折部分较和缓，或用黄色表示
山地	海拔较高，峰峦起伏，坡度陡峻	海拔 500 米以上，相对高度大于 100 米，等高线密集，河谷处转折呈 V 形，低山用黄色表示，高山用棕褐色表示
盆地	四周高，中间低	等高线闭合，数值从四周向中心降低
高原	海拔较高，地面坦荡，边缘陡峻	海拔高度大于 500 米，相对高度小，等高线在边缘十分密集，而顶部明显稀疏，或用黄色、棕褐色表示

关于河流，教师和学生在学习的过程中要利用学生的感性认识及实际经验，逐步让学生认识到：“坡陡流急，坡缓流缓；急流水能，缓流水运；有水灌溉，也可能受灾。”

2. 建立初中地理“人地关系分析”思维模式

按照如图 2-7-2 所示的模式图，结合初中学生实际，明确思维步骤。教师还要注意给出图形或资料，让学生对特定区域的人类活动、城市分布等有直观的印象。

《义务教育地理课程标准（2011 年版）解读》一书讲到：自然地理要素与人文地理要素之间存在着复杂的联系。这种因果联系的教学比空间分布的教学难度要大，因为理解自然地理事物之间的因果关系需要更强的逻辑思维能力和判断能力，也需要更

图 2-7-2

多的知识背景。[①] 这就需要我们在设计教学活动时，避免出现下述问题：① 操之过急，把问题设计得很大，例如要求学生举例说明哪些因素影响亚洲和欧洲人口的分布，导致学生无从下手。② 忽略学生相关背景知识。例如，“综合所学知识，说说亚洲东部和南部人口稠密地区发展高产粮食作物水稻的有利自然条件”这一问题，所提供的背景，除了亚洲自然环境的基本知识外，只是“亚洲人口最多”的信息。然而，学生要探究这一问题，还需要知道水稻种植的基本知识，才能把水稻生产和当地自然及人文地理要素结合起来思考问题。这类学习活动宜采用给出或由学生搜集相关背景资料，逐步认识各种要素之间联系的方法。

在案例 1 中，与东南亚地形图对应的是东南亚人口分布图、东南亚城市分布与河流图，不管地形图与后面两幅图中的哪一幅结合，都可以非常直观地进行地形与人口、地形与城市的分析。

3. 引导学生对自然要素与人类活动作对比

要充分利用地形图对自然要素与人类活动作对比应按照以下步骤进行：首先根据地形图描述地形的特点。其次根据地形图进行分析，得出有规律性的知识。再次把地形图中有联系的事物，经过分析加以归纳和总结，并在此基础上进一步联系实际进行思考，对比自然要素对人类活动的影响，最终得出正确的结论。这实际上就是在不断强化的过程中培养学生的地理基本思维思考“怎么样？”“为什么？”

在关于东南亚的地理教学中，教师引导学生观察地形图，获取不同河段地形特征的信息，进而让学生结合实际思考不同河段存在的利弊及对人类活动的影响。

上游河道狭窄，峡谷幽深，水流湍急，下游河道宽阔，地势平坦，水流缓慢。

人们对河流上下游的利用上有何利弊？

上游

利：水力、林木资源丰富。

弊：地势陡峭，交通不便。

下游

利：地形平坦，灌溉便利，水运养殖条件好。

弊：地势低洼，易发洪涝。

在此基础上，展示东南亚城市分布图，先让学生获取东南亚城市分布特征的信息，然后让学生进一步获取河流对城市分布影响的信息。

河流为城市提供______，沿岸地形平坦，______和______便利，农业发达。

河流的______和______功能，影响着城市的分布，沿河分布是城市分布的普遍

① 陈澄，林培英．义务教育地理课程标准（2011 年版）解读［M］．北京：高等教育出版社，2011.

规律。

整个教学过程由一般到特殊，由普遍到个案，最终回答了东南亚城市为何多沿河而设的问题，同时也给学生创建了一个“河流与城市关系”的地理思维基本模式。

为了便于更多教学设计的开展，表 2－7–2 梳理了将初中地理教材中与自然环境要素中的地形、河流密切相关的、在课程标准中要求明确的农业、交通运输、人口分布、聚落分布这四方面人类活动与地形的基本关系。

表 2–7–2　不同的地形与四种人类活动之间的基本关系

地形名称	农　业	交通运输	人口分布	聚落分布
平原	种植业	造价低、易修、限制少	密集	规模大、密集、数量多
丘陵	修梯田种植业、林业	造价较高、选择缓坡、山谷、之字形	较密集	规模小、分散、数量少、多分布于河谷两岸
山地	林业、畜牧业	造价较高、选择缓坡、山谷、之字形	稀疏	规模小、分散、数量少、多分布于河谷两岸
盆地	种植业	造价低、易修	密集	规模大、密集、数量多
高原	种植业、畜牧业	边缘修建难度较高、造价较高	稀疏	规模小、分散、数量少、多分布于河谷低地

在实际使用中，存在的以下几种情况：

（1）可以让学生从地形、河流“在哪里，是什么”，按照一般规律去推导当地人类活动“是什么”，进而说出理由。

（2）可以让学生从人类活动、城市分布“在哪里，是什么”，按照一般规律去推导当地地形、河流乃至其他自然条件“是什么”，进而说出理由。

（3）可以让学生了解地形、河流“在哪里，是什么”，了解当地人类活动“是什么”，看两者之间哪些符合“因地制宜”的原则，哪些不符合，进而思考“为什么”。

案例示范

案例 1

东　南　亚

李志强　山西省实验中学

利用读图分析法，运用地形图，分析东南亚地形、河流与当地人类活动、城市分布的关系。

设计思路：引导学生按照先自然、后人文，“在哪里，是什么，为什么”的思路逐步得出“什么样的自然环境应该出现什么样的人类活动”的结论。

教学环节	教 师 活 动	学 生 活 动	设 计 意 图
观察讨论	展示：中南半岛地形图。 提问： 1. 中南半岛以哪两种地形为主？ 2. 山脉大致呈什么方向延伸？ 3. 在“中南半岛地形图”上自西向东依次找到伊洛瓦底江、萨尔温江、湄南河、湄公河、红河，并用笔描粗。 中南半岛地形“山河相间、纵列分布”，请你解释这句话的含义。 总结：对地形特征的说明要从地势和种类两方面说明，请你从这两方面总结该地地形特征。 延伸拓展： 1. 读图：全球板块构造图，回答该地多山的原因。 2. 教师展示如下图片。判断哪幅图显示了河流上游，哪幅图是下游？上下游有何区别？  3. 人们对河流上下游的利用有何利弊？	回答： 1. 山地和平原 2. 南北方向 中南半岛有许多南北延伸并列分布的山脉，山脉之间有很多河流从北向南流向海洋。 特征：地势北高南低，地形以山地、平原为主。 地处亚欧板块和印度洋板块交界处，受板块挤压，山脉隆起。 上游河道狭窄，峡谷幽深，水流湍急，下游河道宽阔，地势平坦，水流缓慢。 上游 利：水力、林木资源丰富。 弊：地势陡峭，交通不便。 下游 利：地形平坦，灌溉便利，水运养殖条件好。 弊：地势低洼，易发洪涝。	培养学生读图分析的能力，学会分析区域地形特征的方法。 明确地理事物的分布和成因，即在哪里、有什么、为什么。 讨论明确河流对人类活动的影响。
分析讨论	展示：东南亚人口分布图。 提问：对照地形图回答，中南半岛的人口主要分布在何种地形上，为什么？ 展示：东南亚水系图。 提问：中南半岛上城市的分布有何特点，为什么？ 结论： 河流为城市提供____，沿岸地形平坦，____便利，农业发达。 河流的____和____功能，影响着城市的分布，沿河分布是城市分布的普遍规律。	河流中下游的平原和三角洲人口稠密，地形平坦，土壤肥沃，水源充足，交通便利，自然条件优越。 城市沿河分布，多分布于河流下游三角洲。这里水源充足，地势平坦，交通便利，自然条件十分优越。 水源 交通　灌溉 供水　运输	锻炼学生运用地图的能力，说明地形、河流等自然条件对人口和城市分布的影响。 拓展练习，巩固所学内容。

案例2

东　南　亚

张志岗　山西省中北大学附属学校

设计思路：利用情境创设法，设计综艺节目“木子观世界”。利用自主探究法，小组合作法落实“人地关系”的探究。

<table>
<tr><th>教学环节</th><th>教 师 活 动</th><th>学 生 活 动</th><th>设 计 意 图</th></tr>
<tr><td rowspan="3">观察讨论</td><td>创设情境，设计综艺节目“木子观世界”。
第一步，创设探究情境
1. 播放东南亚视频资料
2. 出示景观图片
提问：这是哪里？</td><td>学生观看，判断图片呈现的景观在哪里。
回答：东南亚。</td><td>激发学生学习兴趣，培养学生读图能力。</td></tr>
<tr><td>第二步，明确探究主题
出示主题：探究城市、人口分布特点
（1）展示东南亚城市分布图
（2）展示东南亚地形图
（3）展示东南亚河流分布图</td><td>观察图片，倾听教师的要求，分组合作探究：
（1）东南亚城市分布的位置
（2）归纳东南亚地形特征
（3）归纳东南亚河流特征</td><td>明确地理事物的分布在哪里、有什么，归纳特点。</td></tr>
<tr><td>第三步，设疑质疑
1. 该地区城市分布有什么特点？与哪些自然要素有关？
设计合作学习导学单，以五城市为例，完成下表。
<table><tr><th>城市</th><th>地形区位置</th><th>河流位置</th><th>原因</th></tr><tr><td></td><td></td><td></td><td></td></tr><tr><td></td><td></td><td></td><td></td></tr><tr><td></td><td></td><td></td><td></td></tr><tr><td></td><td></td><td></td><td></td></tr><tr><td></td><td></td><td></td><td></td></tr></table>2. 展示东南亚人口分布图
对照地形图回答，中南半岛的人口主要分布在何种地形上，为什么？</td><td>分组探究：
城市沿河分布，多分布于河流下游三角洲。这里水源充足，地势平坦，交通便利，自然条件十分优越。
河流中下游的平原和三角洲人口稠密，那里地形平坦，土壤肥沃，水源充足，交通便利，自然条件优越。
以小组为单位，每位组员至少选择一个城市进行分析。</td><td>讨论地形、河流对城市分布的影响。</td></tr>
</table>

续表

<table>
<tr><th>教学环节</th><th>教 师 活 动</th><th>学 生 活 动</th><th>设 计 意 图</th></tr>
<tr><td rowspan="2">分析讨论</td><td>3. 再次观看地形图、河流分布图
说出东南亚城市、人口分布与地形、河流的联系。制定评价量表（如指图准确，语言清晰，表达准确，分值可以灵活规定，其他同学补充也可获得加分）
<table><tr><th></th><th>一组</th><th>二组</th><th>三组</th></tr><tr><td>指图准确度</td><td></td><td></td><td></td></tr><tr><td>语言清晰度</td><td></td><td></td><td></td></tr><tr><td>表达精确度</td><td></td><td></td><td></td></tr><tr><td>组员参与度</td><td></td><td></td><td></td></tr></table></td><td>学生上讲台展示。</td><td>锻炼学生运用地图的能力。</td></tr>
<tr><td>第四步，宣布参考答案，宣布获胜小组并给予奖励</td><td>巩固和加深理解。</td><td>通过参考答案和互评完成自我评价。</td></tr>
</table>

案例3

东 南 亚

李志强　山西省实验中学

教学环节	教 师 活 动	学 生 活 动	设 计 意 图
阅读资料	出示资料： 仰光地处伊洛瓦底江三角洲中部，伊江三角洲地势平坦，土地肥沃，是全缅甸最发达和最富庶的地区。仰光附近的伊江三角洲和锡唐河谷一带是水稻的主要产区，这里的稻谷产量占缅甸稻谷总产量的2/3以上。全市人口约400万，是缅甸最大的城市。 曼谷位于湄南河三角洲，昭披耶河东岸，南距暹罗湾40千米，离入海口15千米。曼谷人口约1 200万，是泰国最大的城市和经济中心，曼谷是繁华的国际大都市，融合东西方文化、包罗万象的“天使之城”。是贵金属和宝石的交易中心。经济占泰国总量的44%，曼谷港承担着泰国90%的外	学生阅读资料。	阅读资料，拓展知识面，阅读中注意比较分析归纳。 培养学生读图能力。

续表

教学环节	教 师 活 动	学 生 活 动	设 计 意 图
阅读资料	贸。曼谷旅游业十分发达，被评选为2013年全球最受欢迎旅游城市。 金边是柬埔寨的首都，柬埔寨最大城市，为柬埔寨政治、经济、文化、交通、贸易、宗教与各方面中心。金边面积375平方千米，人口约200万（2006年）。坐落在湄公河与洞里萨河之间的三角洲地带。 胡志明市，旧称西贡，越南直辖市，为越南最大的城市，胡志明市是越南最大的城市和工业中心。工业主要有碾米、制糖、酿酒、编织、卷烟、化学、造船和机械修配等；郊区为稻米主要产地；越南南方交通运输中心，水陆交通十分便利。		
分析讨论	请同学在教材中的“中南半岛的地形、河流与城市分布图”中找到这五个城市，结合上述资料回答： 1. 它们分别位于哪个国家？在各自国家中处于什么规模地位？ 2. 它们的位置分布有哪些相同的特征？ 3. 为什么这些国家的人口和经济中心都分布在南方而不是北方？  简要介绍“水上市场”。  为什么会有这样的市场和民居？可能会有什么自然灾害？	讨论地形、河流对城市分布的影响。 1.（略） 2. 都位于河流下游的三角洲平原上。（追问每个城市临近的河流名称。） 3. 北部地形以山地高原为主，地形崎岖，交通不便。南部地处平原，地形平坦土壤肥沃，农业发达，且在河流下游，水源充足，水运便利。 讨论地形河流对当地人们生活的影响。	结合地图提取地理信息，培养学生的观察分析能力。

评述与建议

本教学关键问题的解决，需要教师恰到好处地给予学生信息，并引导其分析。既不能超越课标要求，切实考虑学生实际情况，又要完成培养学生从图形中获取信息、分析推理、做出基本判断并能简单表述理由的目标。这就要求我们做到：精心选图、精心设问、目的明确、切中基础。只有这样一次次的引导，学生的地理思维模式才可能建立，才可能逐步学会用“人地关系”的思路分析问题。

在上述三个案例中，教师从地形图入手，先给出学生熟悉的分层设色地形图，让学生能够获取直观感受和第一手信息，了解“东南亚”的地形基本概况是什么。在此基础上让学生自主探究东南亚自然环境与人类活动的关系。这样，很好地体现了“如何指导学生运用地形图，分析地形、河流与当地人类活动的关系”这个关键性问题的出发点。在后续分析中，三个案例侧重点不同，案例 1 侧重如何引导学生从图中观察、总结当地的地形、河流特征，进而分析自然环境与聚落、人口分布的关系。案例 2 适用于较高层次的学生，以学生自主活动为主，教师仅仅提供素材，让学生充分展示自己的才华。案例 1 传统且条理清晰，案例 2 强调学生的主体地位，案例 3 使用的是先人文、后自然的研读顺序，先给学生感兴趣的实际城市情境及分布状况，反推受什么样的自然条件影响，亮点之处是借用东南亚著名的“水上市场”作为切入点，学生兴趣可以极好的激发。三个案例都直奔主题，不烦琐，这也是难能可贵的。

教学建议：

要让学生先熟悉地形的基本类型、基本特征，学会在等高线图中如何辨识地形类型、河流特征，了解不同地形类型、不同河流段可进行的人类活动的基本类型和特征等相关内容。

【校本研修建议】

以教研组为单位进行校本研修，参考流程如下：

（1）自我反思。遵循教师专业发展的规律，教师自行学习这一教学关键问题提出的价值和解决策略，认真观摩两个微课程案例，结合学情和自己的教学行为进行分析，提出问题，制定对策。

（2）同伴互助。以教研组、备课组为单位，全员大讨论。提倡在校本教研中有不同声音，在一个群体中有不同思想，鼓励教师各抒己见。以教师提出的问题为研究内容，进行教学设计，开展同题异构。全体教师“随堂听课、课后评课、评后反思”，促进课堂教学的实效性和教师的专业发展。

（3）网络共享。教师二次备课、授课，录制教学视频上传到公共服务平台，资源共享。

（4）研修评价。制订研修评价方案，按照研修参与度、研修成果进行量化考核评价，保障教学关键问题校本研修的时效性和有效性。

教学关键问题 2-8 如何指导学生运用图表分析某区域的气候特点

教学关键问题分析

（一）问题的提出

初中地理课程中，区域地理是主要内容，气候则是一个区域重要的自然要素，人类生存的重要自然条件之一。一个区域的气候特点，影响着该地区的水文、植被、土壤等要素的特点，对区域内人类的工农业生产和居民生活同样有显著影响。学会分析区域的气候特点，可以充分认识一个区域中地理位置等要素对气候因素的影响及气候对区域之间差异性的影响作用，理解区域内多种地理要素之间相互影响、相互制约的本质联系。

一个区域的气候状况通常是用图表的形式反映出来的。初中学生年龄较小，初步接触地理图表，对气候分布图和气候资料统计图的逻辑分析能力、空间思维能力、比较和归纳的能力和方法都不足。因此，如何指导学生有效阅读地理图表分析某地区气候特点，成为初中地理教学中一个迫切需要解决的关键问题。

（二）问题的价值

地理图表是地理信息的载体，是地理学习的重要工具。气候图表资料直观反映气温和降水等要素的空间分布和时间变化规律，便于学生形成地理表象。“运用图表分析某区域的气候特点”是地理学习的一项基本技能。通过对“如何指导学生运用图表分析某区域的气候特点”的研究，使学生掌握分析图表的地理技能，培养学生收集资料、分析问题、观察、总结的能力，使学生感受不同区域的气候特征，学会从地理的视角认识和欣赏我们所生存的世界。

解决本教学关键问题的价值主要体现在：

第一，地理课程标准在“课程目标”中明确提出：“掌握阅读和使用地球仪、地图的基本技能，掌握获取地理信息并利用文字、图像等形式表达地理信息的基本技能。”因此“运用图表分析某区域的气候特点”是初中学生必备的一项地理技能。

第二，地理课程标准在“课程内容”中多处明确提出地理图表的教学要求。在世界地理和中国地理部分都提出“运用图表说出某地区气候的特点”，特别要求学生有读图能力以及通过读图获得相应地理知识的能力。

第三，地理课程标准在“评价建议”中提出：“在评价学生参与探索性活动过程的表现时，应重点评价学生能否通过阅读地图、地理图表等以及通过实地观测与调查等方式或运用其他方式收集资料、获得资料，能否通过分析地理信息资料得出结论并进行检验。”“观察评价学生参与一般地理学习活动的表现如：在口头表述、描绘地图、绘制地理图表、读图分析等一般地理活动中的表现。”“建议对学生的答问、演讲、演示、绘图、读图与分析、观察与观测、调查、制作等各种活动都进行评价。”因此，阅读和分析气候图表资料是获取区域气候特点的重要技能和方法。

第四，初中地理学习有四大板块内容。在世界地理总论部分，气候作为重要的自然地理要素是学生学习的重点内容；在中国地理总论部分，中国气候特征及其影响因素是学生学习的重点内容；在世界分区和中国分区地理中，学生要进一步学习某具体区域的气候特征及其对人类活动的影响；分析家乡的气候特点是学生了解家乡，学习乡土地理的重要内容。

第五，地理课程标准在义务教育地理课程的性质之一“区域性”中提出：义务教育地理课程内容以区域地理为主，展现各区域的自然与人文特点，“阐明不同区域的地理概况”。学生学会运用图表分析各区域的气候特点，便于了解各区域的地理概况，分析不同区域的地理差异，认识各区域的自然环境特点。可见，气候是初中地理的主干知识和核心知识，帮助学生掌握气候知识的学习方法，掌握“运用图表分析某区域的气候特点”的技能，是学生学习区域地理的基础，也是学生学习高中地理的基础。

教学关键问题解决

1. 指导学生筛选适用的图表，了解区域气候特点

地理图表是地理信息的重要载体，可以将地理事物直观地表现出来，运用地理图表分析区域的气候特点是初中学生必备的学习技能。表现气候的地理图表种类繁多，再加上教师对图表资源不断积累、创新，使得图表素材“多”和“杂”，许多课堂变成了“播放”地理图表资料的场所，而学生注意力集中的时间较短，过多的图片容易造成学生的视觉疲劳，渐渐对“鲜活”的地理图表失去探究的兴趣。地理图表的引用是为了突出解决某个重点、难点内容，但过量地理图表的引入，会模糊、弱化教学重点。因此，认识某区域的气候并不在图表是否丰富，关键在于“能否解决问题”。所以，对于地理图表资源没有必要全部呈现必须有所筛选，围绕教学目标选择几幅能说明问题的相关图表进行重点剖析，没有必要为了让学生“看一眼”而去呈现。经过一段时间的课堂读图训练，学生就会逐步学会自己筛选合适的地理图表分析区域的气候。

2. 指导读图方法，提高学生准确阅读地理图表获取区域气候信息的能力

（1）针对性指导，帮助学生获取图表信息。

针对某地区气候的每一张不同地理图表，结合学生已有的图表阅读能力，教师应及时给予有针对性的方法引导。常用的区域气候图表有：区域气候类型分布图、区域气温曲线图、区域降水量柱状图、区域等温线图、区域等降水量线图等。在教学中一般采取以下几个步骤：① 识别图像类型，明确读图目的；② 识别图例，了解注记中的气候信息；③ 获取气温和降水信息进行综合分析，归纳出区域的气候特点；④ 联系相关知识确定气候类型。同时，要注意利用“一图多思、多图并用”，每一幅图都要提出“是什么?”“在哪里?”直至解决“为什么?”的问题，培养学生发散思维和归纳思维的能力，即训练学生的读图用图技能。

例如，案例1“南亚气候类型分布图”的教学，教师提出下列问题：南亚有哪些气候类型？面积最大的气候类型是什么？哪条特殊纬线横贯中部？为什么大部分地区为热带气候？这些问题促使学生思考，逐层递进地分析问题。在“安拉阿巴德的气温和降水量图”的教学中，教师引导学生读安拉阿巴德各月气温和降水的数值，分析气

温和降水的变化情况，最后归纳出南亚的气候特点“一年分三季”。

（2）界定标准，帮助学生正确描述气候特点。

有些学生在选用词语来描述气温和降水状况时很迷茫。针对这一问题，教师应该在教学中帮助学生确立界定气温和降水状况标准消除学生的困惑和迷茫，如图 2-8-1 所示。

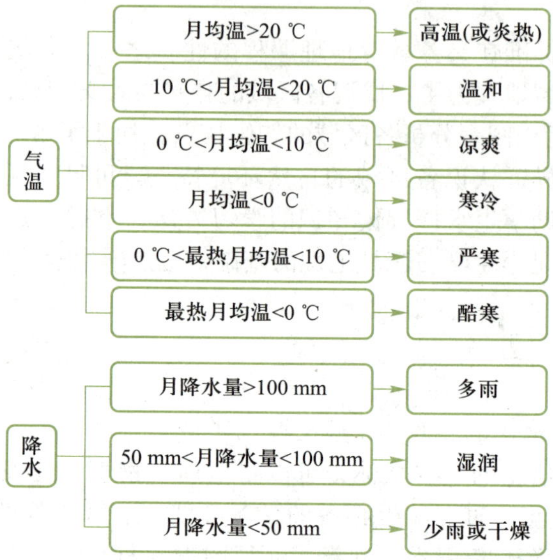

图 2-8-1

当然，高温与低温、多雨与少雨都是相对而言的，没有绝对的界限，这需要教师在具体区域的气候分析中引导和说明。在详细分析图表数据后，要引导学生学会整合信息，归纳气候的特点。

3. 设计问题，引导学生掌握利用地理图表分析、归纳气候特点的基本思路和方法

通过问题引领，突破阅读和分析气候图表的难点。学生一般只对直观性较强的地理图表有兴趣，对比较抽象的示意图等缺乏关注度。解决“运用图表分析某地区气候的特点”这一关键问题，教师应对教学过程进行充分设计，以问题引领为主导，进行有梯度的问题设计。驱动学生一步步读图、分析、归纳，改变学生在地理图表阅读过程中容易停留在表层信息的获取，对于信息的处理和综合分析缺乏一定的能力支撑的现象，使学生真正学会根据梯度问题提炼图表深层信息，理清分析气候特点的思路、方法，提高自主学习能力。

例如，案例 2 中，针对“南亚气候类型分布”图表设计了以下问题：该地月平均气温在多少摄氏度以上？这和它所处的位置有何关系？该地哪几个月气温较低？哪几个月气温较高？降水主要集中在哪几个月？根据以上分析，归纳该地的气候特征并判断其气候类型。除了这种气候类型外，南亚还有哪些气候类型？

在以上教学过程中学生经历了“提取有效信息—综合有效信息—归纳地理特征”的思维过程。学生既习得了基本的地理图表阅读能力，也内化了气候“地域性”的地理思维方式，甚至是“因地制宜”的地理观点。

案例示范

案例1

南亚的气候

赵兰芳　山西省晋中师范高等专科学校附属学校

教学环节	教师活动	学生活动	设计意图
创设情境 导入新课	图片展示：南亚民居图片（雨季和旱季的不同景观） 提问：为什么同一个地点的景观会发生这么大的变化？ 承转：南亚各地由于降水不同、气候不同，景观就出现了很大的差异。那么南亚各地气候有何差异呢？	（一）看景观 学生思考并回答问题。	联系生活实际引入，激发兴趣。 明确学习内容。
自主读图	1. 出示“南亚气候类型分布图”，设计下列问题： （1）南亚有哪些气候类型？面积最大的气候类型是什么？ （2）哪条特殊纬线横贯中部？为什么大部分地区为热带气候？（图中填出喜马拉雅山的位置） 2. 出示“安拉阿巴德气温和降水量图”，设计下列问题： （1）该城市一年中，气温在20℃以下的月份有：______月，气候温和；气温在20℃～30℃之间的月份有：______月，气温在30℃以上的月份有：______月。 （2）该城市一年中，______月降水最多，______月降水最少，降水集中在______月，降水量占全年降水量的80%～90%。 （3）通过以上分析得出：该城市气候分为三季：______—______月，气候凉爽少雨，是______季；______—______月，气候炎热少雨，是______季；______—______月，气候炎热多雨，是______季。（凉季和热季降水少，也称为旱季，景观与雨季有很大差异，与导课呼应。） 承转：南亚为什么会形成如此特殊的气候特点？	（二）说特点 学生在问题的引导下自主读图，归纳南亚总体气候特点。	培养自主阅读图表，获取地理信息的能力；并通过问题设置，明确归纳气候从哪些方面入手。 指导学生如何表达“气候特点”，为学生自己整理起到示范性。

续表

教学环节	教 师 活 动	学 生 活 动	设 计 意 图
交流讨论	出示“南亚凉季、雨季主要风向图”，设计下列问题： 1. 凉季盛行的风向是________季风，是来自于________（内陆或海洋）的________气流，北部高山削弱了冷空气的侵入，凉季凉爽宜人。 2. 雨季盛行的风向是________季风，是来自于________（内陆或海洋）的________气流，所以降水充沛。世界上降水最多的地区是________，受________因素的影响。 3. 热季中，________季风已经退去，________季风没有到来，所以气候炎热少雨。 4. 通过以上分析得出：季风是影响南亚气候的主要因素，南亚降水主要来自什么季风？除此之外，我们知道影响气候的因素还有哪些？ 承转：运用图表我们总体归纳一个地区的气候特点，还可以具体比较不同地区的气候差异。	（三）析成因 以4人为一小组，按小组合作的方式共同利用地理图表中包含的信息，分析南亚季风对气候的影响。	生生交流讨论，培养学生合作学习的态度。 分享学习成果。
检测反馈	出示“南亚降水量分布图”“安拉阿巴德气温和降水量图”“孟买气温和降水量图”，比较乞拉朋齐、安拉阿巴德、孟买三地的气候差异： 1. 南亚降水量最大的地方是________，影响因素是____________。 2. 与安拉阿巴德相比，孟买各月气温都在________℃以上，气温年较差________，终年________。影响因素是________。 3. 与安拉阿巴德相比，孟买降水量________，影响因素是____________。	（四）作比较 检测学生运用图表归纳气候特点，比较各地气候差异的能力。	归纳差异，完成比较。 推进“读图说气候”能力的训练。
课堂小结	通过这节课的学习，我们看到“运用图表说出某地区气候的特点”，阅读地理图表是关键。 要做到：① 识别图像类型，明确读图目的；② 识别图例，了解注记中的气候信息；③ 获取气温和降水信息进行综合分析；④ 联系相关知识确定气候类型。 同时，要注意“一图多思、多图并用”。	（五）为我用 总结“运用图表说出某地区气候的特点”的方法以及读图步骤。	总结方法，形成能力。

案例2

南亚的气候

王庆玲　山西省榆次一中

教学环节	教师活动	学生活动	设计意图
创设情境导入新课	导入：上一节课我们随唐僧师徒四人一路西行到达了南亚，了解了南亚的位置、范围、国家以及地形。这节课我们继续随他们畅游南亚，接下来又会发生哪些故事？（同时播放背景音乐《敢问路在何方》）	学生欣赏音乐，进入学习情境。	由学生百看不厌的《西游记》引入课题，激发学生的学习兴趣。
读图分析方法点拨	问题引领：悟空接过来一看傻了眼，八戒更是丈二和尚摸不着头脑。赶快帮帮他们吧！ 呈现问题：读“南亚气候类型分布图”，自主完成以下问题： （1）如果以降水量 50 mm 为标准将该地划分为两个季节，应如何划分？ （2）如果把降水量低于 50 mm 的月份以 20℃ 为标准再划分为两个季节，该如何划分？ （3）请从气温和降水两个方面分析归纳三个季节的气候特点。 （4）这里究竟属于什么气候？这样的鬼天气什么时候结束？请你告诉悟空。 小结：分析一个区域的气候特点主要从两方面入手，先描述气温特点，再描述降水特点。	学生表演下面的故事情境： 师徒四人刚来到印度安拉阿巴德，气候凉爽宜人，可惜好景不长，天气一天天热起来。悟空浑身猴毛，瘙痒难耐，八戒更是挥汗如雨，叫苦连天。 “猴哥，你何不唤出土地老儿问问这干热天气何时结束？”八戒说。 “土地老儿，快快出来！快快出来！！”悟空用金箍棒边捣地边大叫。 “大圣，又有何事？”土地神吓得哆哆嗦嗦地问。 “土地老儿，这里究竟属于什么气候？这样的鬼天气什么时候结束？”悟空问道。 “大圣莫急！大圣莫急，我这里有一幅图你看看就知道了。”土地神递给悟空地图。 学生欣赏完短剧后，读图独立完成教师提出的 4 个问题，然后展示交流。	分角色表演增强学生对南亚气候的感性认识，又能唤起学生的学习热情。 通过分层设计的小问题和教师的点拨引领，从而引导学生掌握分析气候特征的思路和方法。 读图分析培养了学生从图中获取信息的能力、分析归纳能力和运用图表解决问题的能力。
追根溯源成因探究	问题引领：由于土地神惧怕悟空，精神过于紧张忘词了。请你帮帮土地神吧，要不悟空又要大骂他了！ 依据上图，探究问题，合作完成以下任务。 （1）一般年份，6—10 月西南季风势力强大，南亚被西南季风控制，来自的西南季风带来大量的，这段时间为雨季。 （2）11 月—次年 2 月，东北季风势力逐渐强大，它打败西南季风控制了南亚。来自的东北季风性情寒冷干燥，南亚在其影响下气候，这段时间为凉季。	学生表演下面故事情境： “土地老儿，南亚为什么一年有三季，旱雨季节这么分明?! 快快讲给俺老孙听。”悟空大声道。 “大圣莫急！听我慢慢道来，这都是西南季风和东北季风常年征战的结果。”土地神边说边拿出两幅图（南亚凉季和雨季主要风向图），指图向悟空讲解。	探究南亚热带季风气候特征的成因有助于学生对南亚气候特征的理解和掌握，培养学生的追根问底的探究精神。 为了降低难度，问题用填空题的形式呈现，同时运用拟人化的语言形象

续表

教学环节	教 师 活 动	学 生 活 动	设 计 意 图
追根溯源成因探究	(3) 3—5 月，东北季风势力减弱，太阳直射点北移，太阳高度角变，西南季风还未来临，太阳神发起了淫威，这时南亚气候，因而被称为热季。	学生读图思考，理解南亚气候特征的成因。小组代表展示交流。	生动地描述了西南季风和东北季风对南亚气候的影响，通俗易懂，富有情趣，学生喜闻乐见。
对比分析差异探究	问题引领：土地神为什么说悟空误会了他呢？咱们来看这两幅图，思考以下问题： (1) 比较孟买和安拉阿巴德两地的气温和降水量的差异，说一说形成两地气候差异的主要原因。 (2) 请你替土地神向悟空解释让他们去孟买避暑的原因。 (3) 印度北部的乞拉朋齐，平均年降水量超过 11 500mm，号称“雨极”。结合上述图表，说说该地降水量极为丰富的主要原因。	学生表演下面故事情境： “哦，原来如此！”悟空若有所悟。 “大圣，小神有个建议，不知大圣能否接纳？”土地神小心翼翼地说。 “快快讲来！少给俺老孙啰嗦！”悟空大声道。 “大圣，这里太热！你们还是去孟买避避暑吧！”土地神说。 “土地老儿，你好大的胆子竟敢撵我！”悟空举棒就打。 “大圣，误会！误会呢！”土地神吓得躲到唐僧后面。	通过对比两幅图，加深学生对南亚气候特征的认识，培养学生的观察分析能力，并激发学生探究其差异成因的欲望。

评述与建议

地理课程标准的“课程内容”部分，对气候图表的应用提出了明确的要求，在“世界地理”部分提出“运用图表说出某地区气候的特点以及气候对当地农业生产和生活的影响”，在“中国地理”部分提出“运用地图和气候统计图表归纳某区域的气候特征。”同时，地理课标在“实施建议”中提倡“探究式学习，引导和鼓励学生独立思考、自主学习、体验解决地理问题的过程”“重视地理图像的利用，通过阅读、使用地理图像和绘制简易地图，帮助学生掌握阅读、观察地理图像的基本方法，逐步发展学生从地理图像中获取地理信息的能力以及利用地理图像说明地理问题的能力”。因此，“运用图表分析某地区气候的特点”教学关键问题的解决，需要教师认真分析课标的要求，结合自己学生的实际情况，运用多种教学方法，引导学生进行自主学习、合作探究，逐步掌握阅读和观察气候图表基本方法，逐步发展从气候图表中获取地理信息、归纳区域气候特点的能力。

从两个教学案例来看，“运用图表分析某地区气候的特点”教学关键问题的解决策略主要有以下特点：

1. 创设问题情境，激发探究学习的兴趣

案例 1 首先展示南亚民居图片（雨季和旱季的不同景观），然后提出问题，引导学生分析热带季风气候特点并探究其成因；案例 2 将问题寓于《新西游记》的故事情境，既激发了学生的学习兴趣，又让学生在轻松愉悦的氛围中分析问题、探究问题、解决问题。显然，情境教学能化抽象为具体、化枯燥为生动，有助于学生感性认识的形成，促进理性认识的发展。

教师创设教学情境，增强了学生的感性认识。捷克教育家夸美纽斯曾说：“一切知识都是从感官开始的”。在教学过程中，要尽量用学生喜闻乐见的方式去呈现知识，调动学生的感官去看、去听、去体验。

2. 以问题引导，建构“运用图表分析某区域气候特点”的学习方法

案例1和案例2中，两位教师针对“南亚地区的气候特点”这个教学重点和难点，都能准确有效帮助学生由浅入深、由易到难地获取气候信息，归纳区域气候特点，层层突破，符合学生认知规律，有利于学生形成积极、主动的探究问题的态度，更好的理解和掌握知识，逐步掌握“阅读和运用气候图表分析某区域的气候特点”的基本方法。

3. 活动设计多样，体现学生的主体性

案例1中，教师设计了“看景观—说特点—析成因—作比较—为我用”等活动，案例2中，教师设计了“创设情境导入新课—自主学习把握重点—合作学习突破难点—课外拓展提升能力”等活动，充分发挥了学生的学习主动性、积极性、创造性，培养学生相互合作的意识，使学生真正成为课堂的主人，学到“对终身发展有用的地理”。

4. 以图说“理”，突出学科特色

地图是地理的第二语言，是学习地理的工具，培养学生从图中获取信息、运用图中信息解决地理问题的能力是地理课堂教学的重中之重。案例1和案例2中，自始至终都让地图在“说话”，识图、读图、析图等读图方法贯穿始终，比如利用“安拉阿巴德气温年变化和逐月降水量”图来验证故事中地理现象，从图中获取信息来解决故事中“鬼天气何时结束”的问题，不仅轻松攻克了教学难点，也反复训练了学生的阅读、运用地理图表（景观图、等值线图、统计图表、分布图）的能力，真正落实了“地图是地理的第二语言”这一基本理念。

除了以上教学设计中由区域的气候特点引发的独特现象入手分析原因，引出对气候图表资料的分析这种方法，教师在教学中也可以采取“先通过气温、降水的图表资料分析气候特点，然后分析受到气候特点影响的独特现象”的方法设计教学过程。

此外，在探究学习方面，教师应该注意以下四个问题，以使问题的设计更为合理、有效：

（1）设计学生有兴趣去探究的问题。

（2）设计学生有“空间”去探究的问题。

（3）设计学生有能力去探究的问题。

（4）设计的问题对学生来说有意义去探究。

【校本研修建议】

教师专业发展活动应是持续进行、前后衔接的，而不应该是一次性的、孤立的、不相衔接的。要经过实践的检验，在实践中对照、消化、吸收，形成技能，形成由理论到实践的完成过程，教学关键问题校本研修流程参考如下：

(1) 了解关键问题。遵循教师专业发展的规律，教研组教师认真学习这一教学关键问题提出的价值和解决策略，了解问题研究的方向。认真观摩两个微课案例，结合学情和自己的教学行为进行分析，提出问题，制定对策。

(2) 确定研究小组。为了使问题研究更为有效、扎实，我们应成立问题研究小组，其成员包括学校任教同学科的全体教师（基本是以教研组为单位）。在研究小组中具体分工（如可分为两组：七年级组、八年级组），各小组每个学期围绕教学关键问题涉及的教材研究课内容定期进行研讨，整个研究至少进行数周。一个研究课的课堂学习活动的研究都要经历数个步骤“备课、上课、听课、说课、相互评课”，有时候会反复进行多次。

(3) 关键问题实施。每学期至少进行两次大教研活动。各组教师代表示范课教学，并进行教研组汇报，汇报时有四个内容：

① 本课中值得探究的问题有哪些？

② 引导学生用何种方式进行探究？

③ 预设学生在探究过程中可能会出现的问题以及老师准备如何解决？

④ 课堂上是如何进行实践的？用什么方法来检验效果？

(4) 分享研究成果。示范课教师将教学实录上传至公共资源平台；组内其他教师根据自己的教学实践，查找存在的问题，深层次地分析其中的原因，形成教学反思，对今后的教学提出改进建议，并与大家共享。

(5) 研究结果评价。制订研修评价方案，按照研修参与度、研修成果进行量化考核评价，保障教学关键问题校本研修的时效性和有效性。

教学关键问题2-9 如何指导学生理解人口数量过多对环境及社会、经济的影响，树立正确的人口观

教学关键问题分析

（一）问题的提出

目前，人口、资源、环境与可持续发展已成为许多国家关注的焦点。许多国家的政府（包括我国政府）已开始将保护环境、实现可持续发展作为社会、经济等多方面发展的重要目标。人们也逐渐认识到，每个人不但生活在环境之中，同时对周围环境也都担负着不可推卸的责任。但是就整个社会来说，对该问题重要性的认识仍然不足。要实现人口、资源、环境、经济、社会等各方面的可持续发展，加强对社会各个层次的教育，是至关重要的途径之一。人口、资源、环境与可持续发展教育既包括科学的认识自然界发展规律的教育，又包括科学的运用自然资源、地理环境为人类社会、经济发展服务的教育，还包括人类自身增长要和资源、环境、经济发展相协调的教育。这些教育内容正是21世纪建设人才必须具备的基本素质。一个人如果没有基本的人口、资源、环境与可持续发展的知识和意识，没有文明的环境行为，他将不能成为新世纪的合格公民。从学生发展的角度来看，学生学习的目的应该是“为了生存而学习”。

地理课程标准明确指出，地理课程具有综合性、思想性和生活性。人口、资源、环境问题揭示人类活动与自然环境、自然资源间的复杂关系，体现了其综合性；这个问题也是阐明了科学的人口观、资源观、环境观和可持续发展观念的恰当载体，体现了地理课程的思想性；我国是世界第一人口大国，人口数量过多对环境及社会、经济所带来的影响随处可见，所以也体现其生活性和实践性。这一问题是地理问题的核心之一。

（二）问题的价值

初中地理课程主要培养学生的地理能力有：分析和解决地理问题的能力、地理创新能力（主要包括地理观察能力、地理思维能力、地理实践能力）。本问题的提出能让学生通过具体数据的计算、图表和材料的分析，使抽象的问题具体化。在阅读分析具体数据和材料的过程中，逐步抽象出问题的本质，学会较为辩证地、全面地分析人口问题，获得正确的人口观、资源观和环境观。这个学习过程的体验，既能提高学生分析和解决地理问题的能力，又能让学生体会到学习的成功，有助于学生形成学习地理的持续兴趣。

另外，对此问题进行深入的探究，对于以后学生学习区域地理的人口、社会、经济和环境问题奠定良好的基础。否则后面的学习将是无源之水、无本之木。

义务教育地理课程的总目标是：掌握基础的地理知识，获得基本的地理技能和方法，了解环境与发展问题，增强爱国主义情感，初步形成全球意识和可持续

发展观念。总体目标告诉我们人口、资源、环境问题是义务教育阶段的核心问题，它贯穿于基础目标和终极目标当中。在知识与技能目标中提到：初步认识人口、经济和文化发展的区域差异，了解人类所面临的人口、资源、环境和发展等重大问题，初步认识环境与人类活动的相互关系。在情感和价值观目标中提到：初步形成尊重自然，与自然和谐相处、因地制宜的意识及可持续发展观念。此问题为关键所在。

义务教育阶段学生的人生观、世界观和价值观可塑性很强，正处在对人口、资源、环境的认知阶段。这样的学情为我们培养学生树立正确的资源观、人口观、价值观奠定了良好的基础，更为学生的成长和发展奠定了良好的基础。此阶段的学生对知识的了解仅限于简单的感知，对人口、资源、环境之间关系的认识较为模糊。所以，在教学中教师如何将核心问题融入具体情境，怎样组织学生从资料和事实中分析、归纳和提升出核心论题，成为我们解决这一教学关键问题的核心。

在义务教育阶段解决这一问题，还可为高中阶段的深入学习奠定良好的基础。

教学关键问题解决

解决“如何指导学生理解人口数量过多对环境及社会、经济的影响，树立正确的人口观”这一教学关键问题，需要帮助学生理解以下三方面内容：一是归纳世界人口增长的特点；二是分析人口增长速度的地区差异及其原因；三是举例说出人口问题对环境及社会经济的影响。

教学过程中要学生掌握的地理基本知识主要有：① 人口增长速度，② 人口自然增长率，③ 影响人口速度的主要因素，④ 人口增长速度的地区差异及其原因，⑤ 人口问题，⑥ 人口问题对环境、经济及社会产生的影响。

借助图表、数据，引导学生分析世界人口增长状况；通过计算对比，归纳人口增长特点；通过形象图示，理解人口自然增长率与人口增长速度的关系以及地区差异，并探究其原因。

通过创设情境、角色扮演等学习活动，举出贴近学生生活的实例，从具体的案例中提出问题、分析问题、解决问题。让学生在这种探究的学习过程中，体会人口数量过多或过少带来的人口问题，从而理解人口问题对环境、经济及社会产生的影响，初步树立正确的人口观。

总之，通过学生感兴趣的学习方式，以问题引导的方式，将地理知识化解，尽量接近学生的认知最近发展区和情感最近发展区。让他们体验成功，唤醒其主动学习的热情和积极性，提高课堂教学效率。

案例示范

以下两个案例“世界的人口”为七年级“人口与人种”中的内容。

1. 背景分析

课标要求：① 运用地图和其他资料归纳世界人口增长的特点；② 举例说明人口数

量过多对环境及社会、经济的影响。

学情分析：本课时内容较前面知识更感性，而且贴近学生生活，多数学生了解我国的人口问题以及相关政策，这为本课时的学习奠定了良好的基础。七年级学生好奇心强，为探究学习活动提供了良好的条件，如果加上教师适当的激励性指导和评价，学习积极性是比较容易调动起来的。

2. 教学目标

（1）分析数据，归纳世界人口增长的特点，提高读图析图的能力。

（2）阅读图表，总结人口增长速度的地区差异并探究其原因，提高分析问题的能力。

（3）举例说明人口问题对环境、经济及社会产生的影响，初步树立正确的人口观、环境观和可持续发展观念。

3. 教学重点和难点

（1）教学重点：世界人口增长的特点；世界人口增长的地区差异；人口问题对环境、经济及社会产生的影响。

（2）教学难点：人口自然增长率；世界人口增长的地区差异的原因；关于人口问题的解决措施。

4. 教学准备

多媒体课件、相关的图文资料。

案例 1

世界的人口

李纪霞　山西省太原第三实验中学

教学环节	教师活动	学生活动	设计意图
引入新课	展示图片（图 2-9-1），提问：说说这幅画的含义。  图 2-9-1	回答：地球上的人口太多，使地球苦不堪言了。	观察图片，畅所欲言，初步认识人口问题。

续表

教学环节	教师活动	学生活动	设计意图
目标展示并解读	1. 分析数据，归纳世界人口增长的特点。 2. 阅读图表，总结人口增长速度的地区差异并分析原因。 3. 举例说明人口问题对环境、经济及社会产生的影响。 重点：世界人口增长的特点；世界人口增长的地区差异；人口问题对环境、经济及社会产生的影响。 难点：人口自然增长率概念的理解；世界人口增长的地区差异原因的探究；关于人口问题的解决措施。	阅读目标，做到心中有数。	明确目标，使学生做到学有方向。解读目标，使方向更明确，激发学生克服困难的勇气。
目标导学（一）	1. 阅读世界人口分布图和世界人口增长趋势表 2. 总结：世界人口增长的特点是。 提示：注意阅读统计图的方法：① 先读图名；② 看横纵坐标分别表示的地理意义；③ 分析图表中所含的地理信息。 3. 世界人口各历史时期增长的速度一样吗？（古代、18 世纪产业革命以后、20 世纪 50 年代以来、目前） 4. 我们可以推断对人口增长影响较大的是什么？ 预设讲述： 18 世纪发生产业革命，20 世纪 40 年代第二次世界大战结束。 承转： 2011 年 10 月 31 日世界人口达到 70 亿。现在，世界人口仍以每年 8 000 万的速度增长，如果照此速度下去，世界人口达到 100 亿大概多少年以后？那时你的年龄是多少？ 地球以养活 50 亿人口为最佳，此时，养活 100 亿人口就是开课时漫画所陈述的“事实”了。 那么，人口增长速度怎样表示呢？	独立完成并回答： 横坐标代表年份，纵坐标代表人口数。图像表示人口数量随着时间的变化。 1. 世界人口每增加 10 亿的时间越来越短。 2. 世界人口增长速度越来越快，数量越来越多。 3. 不同：缓慢—加快—迅猛增长—变慢（8 000 万/年）。 4. 社会生产力水平是影响人口增长的主要因素。 计算： （100 − 70）亿 ÷ 8 千万 ≈ 38 年。 回答：52 岁。	培养独立思考和解决问题的能力。 培养学生的读图、析图能力。 再读地图，获取详尽地理信息，深入学习。 拓展视野，加深理解。 通过数据比较和自身感受，增加感性认识。体现“学习生活中有用的地理”理念。
目标导学（二）	提问： 1. 阅读课文，回答下面的问题： （1）人口的增长速度，通常用什么来表示？与哪些因素有关？	独立完成并回答： 1.（1）世界人口增长的速度通常用人口自然增长率来表示。 人口自然增长率 = 出生率 − 死亡率。	培养学生运用教材的自学能力，养成良好的学习习惯。

续表

教学环节	教 师 活 动	学 生 活 动	设 计 意 图
目标导学（二）	追问： 什么是出生率？什么是死亡率？	回答： 人口出生率 = $\frac{\text{一定时期内出生人数}}{\text{同期人口总数}}$ 人口死亡率 = $\frac{\text{一定时期内死亡人数}}{\text{同期人口总数}}$	
	（2）结合图 2–9–2，用自己的话说出人口自然增长率和出生率、死亡率的关系。 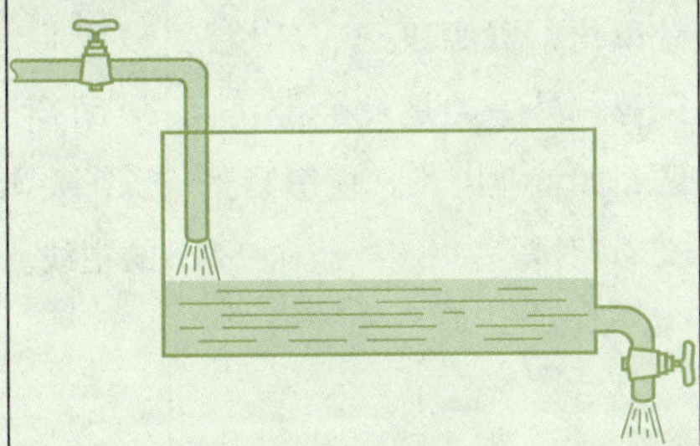 图 2–9–2	（2）进水龙头表示出生率，出水龙头表示死亡率，如果进水速度大于出水速度表示人口增加，反之，人口减少速度相等，人口保持不变。	运用直观图，使抽象地理知识形象化。降低学生思维难度。
	（3）人口自然增长率 >0、<0、=0，各有什么含义？	（3）人口自然增长率 >0 表示人口增长，<0 表示人口减少，=0 表示人口数量保持不变。	
	2. 发达国家和发展中国家人口增长的差异是什么？ 3. 完成教材中的探究作业。	回答： 2. 发达国家人口增长慢，发展中国家人口增长快 3.（略）	学以致用，具体分析实例。
	承转： 非洲和欧洲相比，非洲出生率高、死亡率高、自然增长率高，你能分析其原因吗？ 巡视、指导学生讨论。 补充讲述： 原因很多：传统理念、经济水平、医疗水平、政策等。 承转： 世界人口总体呈急剧增长趋势，但不同地区又存在明显差异，这便产生了一系列问题。	分析： 非洲穷，人们生活没有保障，所以越穷越生。	合作学习，思想碰撞，同伴之间的学习。

续表

教学环节	教 师 活 动	学 生 活 动	设 计 意 图
目标导学 （三）	组织活动： 1. 分两组各请7位同学。发7个苹果，老师要求每个同学都要吃到。 2. 今天吃过苹果的同学以后就负责我们楼道的卫生大扫除，你们会如何处理？ 大家有什么想法啊？ 那么，人多好还是人少好呢？ 要求：不仅完成课本要求，还要将这些问题归类。 点评学生回答。 PPT补充展示。 设问：你有什么感想？ PPT展示（图2-9-3）：英国日前公布的最新人口普查数字显示，英国人口老龄化趋势加快。目前英国60岁以上的人口已首次超过16岁以下人口，其中85岁以上的老龄人口已达110万，是50年前的5倍。普查结果显示，英国目前总人口为5 800多万，60岁以上的人口占总人口的21%。  图2-9-3	预设： 1. 兴高采烈分苹果，有的大，有的小，也有平分。 2. 想办法。 学生谈体会，人既是生产者，又是消费者。 回答：过多过少都不好。 阅读课文，小组讨论，完成探究作业。 回答：一类是对资源环境的影响，如粮食短缺、土地荒漠化、资源匮乏、环境污染等；另一类是社会经济问题，如就业困难、住房紧张、交通拥挤等。 回答：资源、环境、经济影响太大了，应该控制人口增长。 读图回答：人口老龄化和养老负担过重的问题。	创设情境，回归地理事实，让学生真切地体会到人既是生产者，又是消费者。从而树立正确的人口观。 直观理解人口过多所带来的问题，帮助学生梳理知识，突出人口问题的主线。 用直观数据和地理事实进一步强化学生认识。

续表

教学环节	教 师 活 动	学 生 活 动	设 计 意 图
目标导学（三）	提问：这些图片资料又说明什么问题？ 提问：人口是多好还是少好？人口的多与少怎样来衡量？ 补充阐述：不同地区，不同政策，印度、尼日利亚等国实行计划生育政策，我国在计划生育政策实行了几十年后，实行了开放二胎的政策，而德国、法国、科威特等国却实行鼓励生育政策	回答：人口的发展要与资源环境相适应，与社会经济的发展相协调。	增强知识的直观性，突破难点。 总结归纳，初步形成正确的人口观、资源观和可持续发展观。 开阔视野，全面辩证地认识和看待问题。
拓展提升	资料展示：丁克的名称来自英文double income no kids四个单词首字母的组合DINK，是指双职业，能生但选择不生育。 你认为，为什么会出现丁克家庭？	回答：夫妻双方以事业为重。有全新的观念，受经济条件的制约，把家庭幸福的条件放宽，相信社会保障功能的进步等。	贯彻学习生活中有用的地理理念。

附：达标检测

A　　级

1. 2011年，世界人口达____亿。
2. 世界人口增长特点是什么？
3. 人口的增长速度怎样表示？
4. 目前，世界各大洲人口自然增长率最高和最低的大洲分别是哪儿？

A级参考答案：

1. 达到70亿
2. 速度越来越快数量越来越多
3. 人口自然增长率 = 出生率 − 死亡率
4. 最高非洲；最低欧洲

B　　级

1. 造成世界人口急剧膨胀的主要原因是（　　）

　A. 战争少了　　B. 医疗卫生事业不断进步，死亡率下降

　C. 世界性生态环境的改善　　D. 经济发达国家的人口增长过快

2. 人口数量过多，增长过快，带来的后果有（　　）

① 交通堵塞；② 居住条件差；③ 就业困难；④ 饥饿贫困；⑤ 自然环境恶化；⑥ 劳动力短缺；⑦ 国防兵源不足

　A. ①②③④　　B. ①②③④⑤　　C. ①②③④⑤⑥　　D. ①②③④⑤⑥⑦

3. 人口数量增长过慢、过少带来的问题有（　　）

A. 资源供应不足，经济落后

B. 劳动力丰富，国防兵源充足

C. 社会经济负担加重，老人生活困难、孤单等

D. 医疗卫生、教育等改善困难、环境恶化

4. 读漫画《所剩无几》（图2–9–4），回答下列问题：

（1）这幅漫画说明了什么问题？

（2）人口的急剧增长还可以引起哪些问题？

（3）试就（2）中的一个问题提出你的解决策略。

图2–9–4 所剩无几

B级参考答案：

1. B 2. B 3. C

4. （1）漫画表示人口数量过多带来的资源紧张问题。

（2）除此之外还有就业困难、环境污染、教育医疗卫生条件差等等。

（3）计划生育、鼓励生育等。

案例2

世界的人口

王湘琳 山西省太原第三实验中学

教学环节	教师活动	学生活动	设计意图
引入新课	在开学第一课时，我们提到地理是协调人类活动与自然环境关系的学科。前面的学习我们主要是了解自然环境，现在，我们共同学习地球村的居民。 提问：地球上有多少人？ 展示：有关世界70亿人口的数据。 2011年10月31日，丹妮卡·卡马乔在媒体聚光灯的环绕下，于31日零点前2分钟在菲律宾首都马尼拉一家医院降生。她将成为全球范围内几名被宣布成为象征性的世界第70亿人口的婴儿之一。 这是一个人口爆炸的时代。人口一直增长得这么快吗？接下来我们一起学习“人口与人种”。	回答：60亿，70亿等。 做个小小新闻播报员。	畅所欲言，初步认识人口问题。
目标展示并解读	1. 分析数据，归纳世界人口增长的特点。 解读：这里的特点不仅仅是人口数量的增长特点，还有人口增长速度的特点。	阅读目标，做到心中有数。	

续表

教学环节	教 师 活 动	学 生 活 动	设 计 意 图
目标展示并解读	2. 阅读图表，总结人口增长速度的地区差异并分析原因。 3. 举例说明人口问题对环境、经济及社会产生的影响。		明确目标，使学生做到学有方向，解读目标，使方向更明确，激发学生克服困难的勇气。
目标导学（一）	读图“世界人口的增长”。 1. 图中横坐标表示？纵坐标表示？ 2. 从图中你能看出什么趋势？ 3. 计算人口每增加10亿所用的时间，你能得出什么结论？ 总结：世界人口增长的特点是人口数量越来越多，速度越来越快。 展示人口增长曲线图。 4. 世界人口各历史时期增长的速度一样吗？（古代、18世纪产业革命以后、20世纪50年代以来、目前） 5. 在原始社会几千年，人口不到10亿，现在十几年人口就增长10亿，为什么人口增长会有这么大的差距？ 6. 我们可以推断对人口增长影响较大的是什么？	独立完成并回答： 1. 横坐标代表年份，纵坐标代表人口数。图像表示人口数量随着时间的变化。 2. 人口数量越来越多。 3. 世界人口每增加10亿的时间越来越短。世界人口增长速度越来越快。 4. 不同。 古代——增长极其缓慢 产业革命后——快速增长 1940年以后——迅猛增长；目前——减慢（8 000万/年） 5. 原始社会医疗水平有限，粮食不够等。 6. 社会生产力水平是影响人口增长的主要因素。	培养独立思考和解决问题的能力。 培养学生的读图析图能力。 再读地图，获取详尽地理信息，深入学习。 拓展视野，加深理解。
目标导学（二）	从纵向看，不同时间人口增长特点不同。从横向看呢？不同的地点，人口增长有没有差异？ 问题情境： 材料：国家统计局2009年2月26日发布的人口报告显示，2008年年末我国总人口为132 802万人，全年出生人口出生率为12.14‰；死亡率为7.06‰。	合作探究展示： 1. 出生率是一定时期内出生人数与同期人口总数之比。	创设问题情境，体现先学后教，因材施教的理念和方法。挖掘学生的学习潜能。

续表

教学环节	教师活动	学生活动	设计意图
目标导学（二）	阅读教材相关内容，完成下列要求。 1. 什么是出生率？什么是死亡率？ 2. 据材料判断，我国人口是逐渐增加还是逐渐减少？为什么？ 根据学生展示和回答情况进行点拨讲述。 读课本中的世界不同国家的人口增长图回答下面的问题： 1. 人口增长迅速的国家有哪些？ 2. 中国、日本、德国人口自然增长率低，说明人口增长什么特点？ 3. 总结：发达国家与发展中国家人口增长的差异是什么？ 承转设问：非洲和欧洲相比，非洲出生率高、死亡率高、自然增长率高，能分析其原因吗？ 巡视、指导学生讨论。 补充讲述：原因很多，如传统理念、经济水平、医疗水平、政策等。	死亡率是一定时期内死亡人数与同期人口总数之比。 2. 我国人口在逐渐增加。因为我国人口自然增长率大于0（出生率减去死亡率等于人口自然增长率）。 回答： 1. 尼日利亚、巴基斯坦、印度。 2. 这些国家人口增长缓慢。 3. 发达国家人口增长慢，发展中国家人口增长快。 小组合作讨论交流。 小组展示： 非洲穷，人们生活没有保障，所以越穷越生。	合作学习，思想碰撞，同伴之间的学习。
拓展提升	为什么发达国家出生率低，人口增长缓慢，甚至出现负增长。 资料展示： 丁克的名称来自英文 double income no kids 四个单词首字母的组合——DINK，是指双职业，能生但选择不生育。 你认为，为什么会出现丁克家庭？	回答： 夫妻双方以事业为重。有全新的观念，受经济条件的制约，把家庭幸福的条件放宽，相信社会保障功能的进步等。	贯彻学习生活中有用的地理理念。
目标导学（三）	PPT 展示阅读材料。 材料一： 联合国人口基金会在其公布的《2008 世界人口状况报告》中指出，估计到 2050 年时印度人口将达 16.58 亿人，超过中国同年的 14.08 亿人，成为世界人口第一大国。由于人口数量增长过快，列车运力不足，许多乘客搭乘火车时，不得不“挂”在爆满的车厢外面。	小组合作，代表回答： 1. 人口过多：对资源环境的影响，如粮食短缺、土地荒漠化、资源匮乏、环境污染等；对社会经济的影响，如就业困难、住房紧张、交通拥挤等。	

续表

教学环节	教师活动	学生活动	设计意图
目标导学（三）	材料二： 奥鲁约克是一位32岁的商人，她住在尼日利亚的一个小镇。她有6个孩子，年龄从6个月到13岁。奥鲁约克在主要街道边开了一个用木板搭建的小店。由于这个地区没有幼儿园，奥鲁约克不得不像千千万万的尼日利亚劳动妇女一样，在挣钱养家的同时，照料她的孩子。但奥鲁约克坚持下来并期望有更多的活干和生养更多的孩子。 政府已首次宣布了国家人口政策，要求每位妇女只生育4个孩子，目的是通过控制生育来降低人口增长率。 尼日利亚是非洲人口最多的国家，估计有1.15亿人（2000年）。在实行国家人口政策之后，尼日利亚的人口增长速度有所降低。1995—2000年，尼日利亚平均人口自然增长率为2.4%，在非洲国家中是较低的。 材料三： 欧洲是个老人洲，16%的人口年龄超过65岁。 《解放报》：老年人最多的洲是欧洲。欧盟16%的人口年龄超过65岁，专家预计到2050年可能达到28%。“银发族”队伍壮大，在一定程度上改写了欧洲国家的经济、健康、就业与家庭。本报调查显示，北欧国家55—64岁年龄段的人口就业率达到50%；全欧洲65—74岁的人口之中10%在从事志愿者工作；全欧洲有1/5的老年人生活贫困。 阅读材料，分析材料分别说明哪些问题？人口越多越好还是越少越好？为什么？ 点评学生答案。 结课： 一个社会好比一艘轮船，应当配备数量适当的船员，才能发挥轮船的最高效率。如果船员太少、人手不足或船员过多、人浮于事，轮船都会很难	2. 人口过少：人口老龄化和养老负担过重的问题。 人口过多和过少都不好。 回答： 人口的发展要与资源环境相适应，与社会经济的发展相协调。 完成达标检测。	案例接近生活，便于学生理解，贯彻学习生活中有用的地理理念。 同时培养学生提取信息的能力。 总结归纳，初步形成正确的人口观、资源观和可持续发展的观念。

续表

教学环节	教 师 活 动	学 生 活 动	设 计 意 图
目标导学（三）	达到最快的行驶速度。从这个比喻中，你认为人口应如何发展才能有助于社会发展？		开阔视野，教会学生全面辩证地认识和看待问题。
板书设计	5.1　人口与人种 人口问题： 人口增长过快：资源环境、社会经济…… 人口增长过慢：劳动力短缺、国防兵源不足 人口老龄化、养老负担过重等 人口观：人口的增长与社会经济发展相适应，与环境、资源相协调		

评述与建议

两个方案的共同点：目标明确，思路清晰，知识整合调理。教学中，注重培养学生独立思考的能力、与人合作的能力。同时，为学生创设展示交流的机会、体验成功的机会，发挥了学生的课堂主体作用。让学生在学习的过程中获得知识，发展能力，初步培养了持续学习的热情和正确的人口观、资源观和环境观。

案例 1 在处理关键问题时，采取了剖析问题，分层导学的方法，重难点逐个击破。人口过多只是一个结果，本节课从发展的角度，首先，分析目前人口增长的特点及发展趋势，然后对其影响因素、地区差异及其原因做适当探究，让作为中学生的公民对人口增长有一个较为深刻的认识；其次，创设问题情景，让学生通过切身体会去感受人作为生产者和消费者各有利弊，进而对人口问题有较为全面、客观的理解，这样处理，既贴近生活，又有利于帮助学生树立正确的人口观；再次，除了充分使用教材漫画来分析人口问题给环境、资源及社会带来的影响外，还对课程资源做了补充，用现实去说明问题带来的各种影响，充实了课程内容，拓宽了学生视野；最后用“丁克家庭现象”把人口问题回归到生活，让学生学有兴趣。

不足：问题导学过程问题设计较死板，从开放性的角度讲，不利于学生发散性思维的培养，不利于学生质疑能力的培养。活动设置环节虽然活泼，但没有举出某些国家或地区的真正的人口问题现状，所反映出的问题层次较浅。此方案比较适合学习能力中等的学生。

案例 2 采取问题导学和案例分析结合的方法，先学后教、以疑促思，同时在学习的过程中及时穿插拓展提升的内容，做到了针对学情，学以致用。重点是分析不同案例，提出问题，探究解决问题的方法，在这个过程中获得正确的人口观、资源观和环境观。让学生在学习的过程中充分体会探究的过程所带来的快乐和成就，有利于学生的学习能力和地理素养的培养。

不足：本教学设计对学生的知识和能力要求较高，在分析问题情境和案例的过程中，学生对基本知识必须有一定的了解，否则达不到主动提出问题的目的，这样解疑环节就需要教师引导，容易回到“一言堂”的老路。但对于基础较好的学生此设计很具有启发性。

教师在教学的过程中可以根据学情，权衡利弊，两种方案结合使用。总体原则是：课堂突出学生主动学习的热情，力争找到学生学习能力的最近发展区，并依此设计教学。使学生能学有效果、学有兴趣。

【校本研修建议】

认真研读地理课标，依据课标确定教学目标和重难点，根据学情取舍整合教材，选取贴近学生生活的实例，构思教学设想。观摩两个教学案例，重新审视自己的设想，借鉴适合本校学情的教学方案，形成体现自己教学风格的教学设计。通过课堂教学实践发现问题，课后再不断调整和完善，形成更加科学、有效的教学方案。相信在此过程中，教师的教学水平会不断提高。本书的教学策略和方案只是“抛砖引玉”，教师可以充分利用自己的聪明才智，积极探索更有效的教学方案。

第三部分
中国地理

在初中阶段的地理课程中，“中国地理”是一个重要组成部分，包含中国自然环境和自然资源、社会经济与文化、中国区域地理三部分。运用比较分析、归纳综合的方法分析我国自然环境的优势和不足；关注我国的基本地理国情，增强防范自然灾害的意识。中国人文地理部分建议关注社会热点，扩展人文地理知识；运用图像资料，说出人文地理现象的分布特点和发展变化；结合当地实例说明区域人文地理特征，认识人地关系存在的问题及解决措施，开展社会调查，鼓励学生合作学习和探究学习。中国区域地理部分要求总结区域地理学习方法，突出区域典型特征和整体性特征。

在地理课程标准的“中国地理”中，为认识我国地域差异大这一基本国情，把“自然环境与自然资源”集中在一个部分中学习，目的是引导学生用科学的发展观理解不同区域差异，认识区域发展及其存在的问题。地理课程标准规定选学我国部分区域，旨在使学生通过认识所学区域的自然地理和人文地理的主要特征，进一步掌握学习区域地理的一般方法。学习内容要体现区域地理的地域性、综合性特点，注重自然地理和人文地理的内在联系，具体的学习内容要从所选区域的实际出发，不要求面面俱到。北京、台湾、香港、澳门为必学区域。此外，教师还必须从全国范围内选择至少五个不同空间尺度的区域组织教学内容。

通过对学生的调查问卷和对教师的访谈发现，“中国地理”这部分内容教学中，下列9个方面的教学内容一直是学生学习的难点，也是教师教学的难点。因此，本研究项目选择这9个教学关键问题作为研究对象。

3-1　如何帮助学生记住34个省级行政区域单位？“中国的行政区划”的学习帮助学生了解我国最基本的地理国情，同时也为今后学习中国自然地理和人文地理环境特征，了解区域地理知识准备条件。这部分教学内容涉及的地名众多，而各省级行政区的边界形态又各不相同，它们之间的相对位置也错综复杂。如何在中国政区图上准确迅速地找出“34个省级行政区域单位”在初中地理教学上是个难点。

3-2　如何指导学生分析我国自然环境各要素的相互作用？某一自然地理要素发生变化，必然引起其他要素的连锁反应，进而导致整个自然地理环境发生了改变。理解自然环境各自然地理要素之间的关系，有利于学生增强对地理事物和现象的好奇心；有利于学生掌握地理规律，形成一定的地理思维能力；有利于学生初步形成尊重自然、与自然和谐相处、因地制宜的意识及可持续发展的观念，养成关心和爱护地理环境的行为习惯。

3-3　如何指导学生运用比较法学习区域的自然地理差异？区域自然地理差异是认识不同地域发展差异的基础，也是形成人文差异的重要基础，区域差异是初中地理的主干知识和核心知识。在课堂上除了培养学生尊重差异的意识，树立人地和谐的理念外，还应注重学习方法和学习思路的培养。比较法是初中学生应当具备的基本地理思维方法，教给学生地理要素比较的方法、步骤，发展学生的地理比较能力，帮助学生形成区域性的地理视角去看待、分析生活与社会现象。

3-4　如何指导学生运用资料归纳区域自然资源的特点？区域自然资源特别是水、土、矿产等重要资源的数量、质量、分布、开发利用条件等特征深刻影响着区域经济发展，关系到国计民生和生存发展。面对资源、环境压力和社会的发展，学科教育需要整合科学意识和人文精神，把资源环境教育和道德教育有机结合进来，正确认识人类赖以生存的环境，协调人地关系。教学中应以水、土地资源为案例，引导学生了解我国自然资源特点，进一步认清我国国情，进行保护与节约资源的教育。学生通过对案例学习，掌握认识资源特点的知识体系迁移运用于其他自然资源的学习。

3-5　如何指导学生说明因地制宜发展农业的必要性？“因地制宜”是经济地理学的一条重要原则，对于我国的社会主义经济建设作用很大。“因地制宜发展农业”是人们把长期生产实践中观察到的地理现象进行高度抽象、归纳，形成的农业布局原则。利用探究活动，引导学生分析归纳出“因地制宜”发展农业必须考虑的各种因素，结合乡土地理，联系生活实际，培养学生解决问题的能力，从而学会地理知识的迁移和运用。

3-6　如何指导学生运用资料说明工业生产分布的特点？工业生产活动作为人类社会经济活动的重要组成部分。工业生产的分布是人类综合利用各种地理条件进行生产布局的结果，通过对不同区域工业生产分布的学习，可以引导学生逐步形成因地制宜、人地协调的可持续发展观念，为培养具有地理素养的公民打下基础。只有让学生理解工业生产分布与周围各种地理要素之间在空间上的联系，才能归纳工业分布特点，并由此了解工业生产分布特点。

3-7　如何帮助学生掌握我国铁路干线的分布格局？中国的铁路运输是长途旅行和货运首选的交通运输方式。铁路运输对于许多学生学习、旅行及今后工作都具有现实意义。我国铁路干线的分布格局是初中地理的基础知识，“铁路干线的分布格局”错综复杂，通过画图等方法，能够帮助学生认识我国铁路的分布特征。学生结合学过的知识，认识中国铁路网如此布局的原因，从而理解自然环境对人类发展的影响。

3-8　如何指导学生运用地图评价某区域的地理位置？研究区域环境特征及区域之间的联系与差异，都是建立在对区域空间地理位置的深刻分析评价基础之上的。区域的地理位置，决定了这个区域的基本地理特征，不同的区域地理位置就会使区域内各组成要素的组合不同，因而形成不同的区域地理特征。区域的地理位置定位及对区域空间区位特点的深刻认识，既是进一步研究区域的基础和起点，也是认识区域的重要技能和方法。通过该关键问题的研究，指导学生认识不同区域的地理位置特点，掌握认识区域地理空间位置的方法技能，发展评价位置的思维和能力。

3-9　如何指导学生针对某区域存在的自然灾害及环境问题，提出相应的对策？雾霾、沙尘暴、水污染、水土流失、泥石流等是世界许多区域存在的自然灾害或环境问题，防治或解决这些问题，对提高人们生活质量和生存能力是十分重要的。这就要求现代国民能够科学地认识到环境、人口、资源和社会须协调发展，树立可持续发展观念，引导学生关注家乡、祖国和全球的环境问题和自然灾害，是时代赋予地理教育的使命。如何针对某区域内的自然灾害及环境问题，联系学生生活实际，吸收环境保护的成功经验，提出防御和治理对策是非常重要的。解决这一关键问题可以利用问题线索贯穿学习过程，也可以通过呈现案例来指引解决问题的方向，还可以利用团队的力量讨论合理的解决策略。这一过程遵循了学生的认知规律，又鼓励学生自主构建知识体系。

教学关键问题 3-1　如何帮助学生记住 34 个省级行政区域单位

教学关键问题分析

（一）问题提出

地理课程标准阐述了三个基本的教学理念：学习对生活有用的地理，学习对终身发展有用的地理，构建开放的地理课堂。它表明义务教育阶段的地理课程要回到学生的“生活世界”，地理课程在“培养具有地理素养的公民”上要有所作为。地理课程要提供给学生与其生活和周围世界密切相关的基础地理知识和技能，从而增强学生的生存能力，提高学生的生活品位。

“中国的行政区划”内容正是中学生未来工作和生活中必须具备的知识，也是人们在社会经济活动和日常交往中必备的常识内容。随着“知识爆炸”“网络时代”的来临，学生所接触的事物越来越多，对基础知识与常识的需求越来越迫切。此部分教学内容不多，知识难度不大，但涉及的地名众多，而各省（自治区、直辖市）的边界形态又各不相同，它们之间的相对位置也错综复杂。如何在中国政区图上准确迅速地找出“34 个省级行政区域单位”在初中地理教学上是个难点，其难不在“深”而在于“多而杂”“枯燥”，如何“构建开放的地理课堂”，把“多而杂”的内容“生活化”，提高学生的兴趣与课堂的有效性，一直以来是广大师生比较“头疼”的必修课。另外，“中国的行政区划”是中国地理第一章的内容，是初中学生学习中国地理的基础。掌握我国 34 个省级行政单位的位置，并联系生活现象学习地理，有利于培养理论联系实际的学风，有助于学生理解我国各种地理事物的空间分布，了解我国最基本的地理国情，同时也为今后学习中国自然地理和人文地理环境特征，了解区域地理知识准备条件。

（二）问题的价值

使学生能够在我国政区图上准确找出 34 个省级行政区域单位，并记住它们的简称和行政中心。这不仅是地理课标的要求，现实生活的需求，更是课改应解决的一个重点与难点问题。本教学关键问题的价值主要体现在以下几个方面：

第一，地理课程标准在课程性质中阐明地理学的显著特点之一是区域性，学习内容以区域地理为主，要求学生知道 34 个省级行政单位的空间分布与特点，就是为以后学习中国的区域地理奠定基础。

第二，省级行政区域单位的学习与学生生活联系密切，符合“学习对生活有用的地理，对终身发展有用的地理”的地理课程基本理念，有利于培养学生关注国情，热爱家乡热爱祖国的情感，增强民族自尊、自信的世界观。例如，学生通过学习知道我国 34 个省级行政区的名称、位置、简称及行政中心所在地，还知道香港、澳门回归祖国等事实；明白台湾是我国不可分割的神圣领土，祖国早日统一，是海峡两岸人民的共同愿望。

第三，地理课程标准在“评价建议”中强调，注重评价学生科学地理方法的掌握和探索活动的水平，应注重对学生地理观察、地理比较方法的领悟，主要包括观察地理事物是否细致，比较是否合理有效。

34 个省级行政区域的轮廓特征、位置关系，要求学生具备细心的观察能力和比较能力。反复去阅读中国政区图培养学生读图析图能力。通过解决本教学关键问题，教给学生记忆地理事物空间位置的多种方法，帮助学生掌握分析对比地理区域图的方法，形成地理空间思维，发展学生的地理比较能力。

第四，构建开放的地理课程。地理课程着眼于学生创新意识和实践能力的培养，充分重视校内外课程资源的开发利用，着力拓展学习空间，倡导多样的地理学习方法，鼓励学生自主学习、合作交流、积极探究。

要充分利用多媒体，把“时事地理新闻”“天气预报”等内容巧妙地“引进”课堂，进行情境教学、生活教学，变“枯燥”为“兴趣”，改变传统的教学模式，构建和谐开放的教学环境。通过读图、识图、竞赛、拼图等活动突破重点，化解难点，降低学习难度，让学生在游戏中体验成功的喜悦，化被动学习为主动探索，构建多元化的知识结构，为了培养学生的动眼、动口、动手、动脑等能力。

教学关键问题解决

我国的行政区域基本划分为省、县、乡三级，学习我国的行政区划，首先应该知道我国基本的三级行政区划，初步了解各级行政单位的管辖关系，认识城市与农村在行政区划上的差异。省级行政区域单位作为行政区划的第一级单位，学生应该达到记住名称、简称和行政中心，在政区图中准确指出具体位置的要求。地理课程标准在“内容标准”中相关部分的描述如表 3-1-1 所示。

表 3-1-1

	内容标准	活动建议
中国地理	在我国政区图上准确找出 34 个省级行政区域单位，记住它们的简称和行政中心	开展我国省级行政区划拼图游戏

地理教学要突出地理学科特点，运用多种教学方法和教学手段，重视实践能力培养。34 个省级行政区划是学习中国地理的基础和重要内容，记住各个省级行政区的位置，要充分运用拼图法、联想记忆法、读图析图法、填图、比较法等方法来掌握。

1. 从激发学生的兴趣入手，通过识图帮助学生记忆 34 个省级行政区

教学中联系生活实际，通过地图寻找母校在中国的位置，有效调动学生的参与意识。根据初中学生认知特点，选择学生更易接受的方式，特别是运用我国的省级行政区拼图直观地展示各省区的空间分布格局，呈现各省区的轮廓特点，便于学生进行比较记忆。

例如，在案例 1 中，首先要求学生一起在中国地图上找出学校所在地。接着，运用拼图游戏和竞赛的方式强化省级行政区名称、位置和轮廓的记忆，使学生直观感受

学习的乐趣。

2. 指导读图、记图、填图，形成记住省级行政区空间分布的有效方法

本关键问题的解决涉及大量需要记忆的具体知识，学生记忆有一定的难度。采用多种方法进行教学，让学生反复读图、拼图和填图练习，充分调动学生的学习积极性显得尤为重要。

（1）通过读图确定34个省级行政区的位置。

区域定位是区域地理学习的第一步，可选择绝对定位（经纬线定位）、相对定位或利用区域地理环境的典型特征定位。在这里我们主要采用相对定位。

例如，在案例1中，首先在图中找出34个省级行政区的名称，接着指导学生通过分区找到34个省级行政区，可以从沿海省区到边疆省区，沿黄河，沿长江找，也可以按大区找，如东北地区、西北地区、西南地区、东南沿海地区等。

（2）根据寻找省级行政区的思路，通过联想政区图记忆。

记忆的方法主要采用以下几种：行政区名称用《中国行政区划歌》帮助记忆；行政区简称用三字经帮助记忆；行政中心通过观看天气预报记忆。还可利用拼图板展开各小组之间的比赛；利用历史名词记忆，如蜀犬吠日、黔驴技穷、乐不思蜀、得陇望蜀等。

学生是学习的主体，在课堂中，只要学生能主动参与课堂活动，每个人都勤于动手动脑，在愉快的学习氛围中发挥每个人的自主性，同时运用适当的学习方法，有利于培养学生的自主学习能力。在这样轻松愉快的课堂氛围中，学习不再是一种沉重的负担，理解知识、消化知识的效率也会大大提高。

（3）填图练习。

中国政区空白图在学好34个省级行政区划中的重要性不言而喻。学生通过自己动手填出省级行政区的名称、简称和行政中心，再画出某些省级行政中心的轮廓，这样的课堂训练，非常有利于学生省级行政区的记忆。

案例示范

案例1

中国的行政区划

李靖、李云岗　山西省临汾市第一中学

教学环节	教师活动	学生活动	设计意图
创设情境 导入新课	图片展示：中国行政区划图、山西省行政区划图和临汾市尧都区地图。 提问：同学们，今天我们一起在地图上找出我们可爱的临汾一中初中部所在地。 教师点评：寻找学校所在地是一个由大范围到小范围的过程，同学们从中国政区图上找到山西省，再从山西省地图上找临汾市、尧都区，再从尧都区地图上找鼓楼西街临汾一中，这就是我们要了解的中国行政区划。	学生思考并回答问题。说出找的过程。 讨论：从该过程可以看出中国的行政区划可以划分为几级？	联系生活实际引入，激发兴趣。通过地图寻找母校在中国的位置来激发学生学习地理的浓厚兴趣。

<table>
<tr><th>教学环节</th><th>教 师 活 动</th><th>学 生 活 动</th><th>设 计 意 图</th></tr>
<tr><td>自主学习</td><td>1. 展示历史上的行政区划。
2. 展示现行行政区划。
3. 展示我国三级行政区划表。</td><td>1. 自学了解中国历史行政区划。
2. 认识我国三级行政区划的划分。
3. 说出行政区划的意义及中国的现行行政区划。</td><td>理清思路，加强系统理解。</td></tr>
<tr><td rowspan="6">师生互动
分组学习</td><td>1. 利用中国政区拼图进行拼图游戏教学。
（1）要求从北向南依次拼出 14 个沿海省级行政区。
（2）从吉林省开始沿逆时针方向，拼出 7 个边疆省级行政区。
（3）分别找出长江干流流经的省级单位、黄河干流流经的省级单位，并逐步拼好。
教师在 PPT 上展示空白中国政区图，用不同颜色依次出示沿海省级行政区、边疆省级行政区、长江干流流经的省级单位、黄河干流流经的省级单位。学生分组说出他们的名称。</td><td>1. 学生准备好中国地图拼图，配合教师完成拼图游戏，在拼的过程中熟悉各省级行政区的名称位置轮廓特点及面积大小等。
每组在空白的中国政区图上说出教师展示的省级行政单位，不同组别的同学互说一次。</td><td>学生课前熟悉几个省区位置与轮廓，课堂上以小组为单位，看哪个组拼得又快又准，教师进行评价鼓励。</td></tr>
<tr><td>2. 利用歌谣记忆我国省级行政区的名称。
指导学生记忆方法：
两湖两广两河山，五江云贵福吉安；四西二宁青甘陕，内重台海北上天；港澳特别行政区，一国两制已实现。</td><td>2. 通过这几句话找到歌谣里蕴藏的省级行政区名称，并熟记。
相互交流分享各组学习成果，小组长作互评。</td><td>歌诀记忆的主要特点是：趣味性强、易于诵读、方便记忆。对学生的课堂知识掌握也是一种简单的学习测评。</td></tr>
<tr><td>3. 利用特殊位置和省区之最记忆：
（1）找出北回归线穿过的省级行政区（自西向东）；
（2）找出面积最大和最小的省级行政单位，面积最大最小的省，直辖市，自治区；
（3）找出山西省位置及相邻省级行政单位。</td><td>3. 学生思考，然后每组派一名代表到黑板指出省级行政区并说出名称。</td><td>让学生们认识到位置比较特殊的省区。</td></tr>
<tr><td>4. 利用填图练习帮助记住省级行政区名称：
每组在空白的中国政区图上填出我国的省级行政单位名称。</td><td>4. 学生在填图纸上填注 34 个省级行政区名称。</td><td>填图学习鼓励学生积极巩固知识。</td></tr>
<tr><td>5. 对各省级行政单位简称、行政中心的学习：
为什么每个省都有个简称呢？汽车牌照“晋L123456”是哪个地方的车？山西省临汾市。如果没有简称，汽车牌照上就成了“山西省临汾市 123456”很麻烦！所以我们为每个省区都起了个小名，也就是简称。
我们一起探讨简称的记忆方法。</td><td>5. 理解简称的原因。阅读课本省级行政单位的名称简称和行政中心表格，思考这些简称是怎么来的，有没有好的记忆方法。</td><td>学会交流，学会分享，发挥学生学习的主动性是新课标所倡导的理念。</td></tr>
<tr><td>总结：
（1）取自省名全称中的一个字或几个字。例如，黑、吉、辽、内蒙古等。
（2）有的简称来自古地名。例如，冀、晋。
（3）有的简称来自山河湖名。例如，湘、赣。
（4）有两个简称的省有陕西省（陕或秦）、云南省（云或滇）等。</td><td>学生看中国政区图说简称和行政中心。</td><td>理清思路，搞清各个省区简称的规律，以规律加强记忆。</td></tr>
</table>

续表

教学环节	教师活动	学生活动	设计意图
师生互动分组学习	下面我们一起看天气预报，说说这些城市是哪个省级行政区的行政中心。 （1）一起看中国政区图说省区简称行政中心。 （2）在空白中国政区图中填简称和行政中心。	学生在填图纸上填注34个省级行政区简称和行政中心。	培养合作学习，加强读图填图能力的培养，生生交流，分享学习成果。
课堂小结	小结：我国共有34个省级行政区划，包括23个省、5个自治区、4个直辖市、2个特别行政区。	分别说出5个自治区、4个直辖市、2个特别行政区的名称，并能说出香港、澳门回归的时间。	国家根据需要设立特别行政区，了解"一国两制"知识。
练习巩固	1. 出示云南省、广东省、湖北省、山东省轮廓图，请学生来辨认。 2. 画出北回归线，请学生说出北回归线经过的省级行政单位。 3. 说说香港、澳门回归的时间。 4. 列成语、历史名词中包含哪些省级行政区的名称：蜀犬吠日、黔驴技穷、乐不思蜀、得陇望蜀、马空冀北、皖南事变、晋冀鲁豫游击队。	学生分小组抢答。	学会需要保持和再现知识，并要使学生能在不同的情境中运用知识。
课后拓展	"一带一路战略"是我国首倡、高层推动的国家战略。其中的一带一路涉及的我国省级行政单位有哪些？请同学们查阅资料，找出这些省级行政单位并列表写出简称和行政中心。	学生课后查阅资料，实现对知识的再运用，再认识。	通过课后知识的拓展达到巩固本节课的教学目标，帮助学生增进对我国国情的认识。

案例2

中国的行政区划

宁娟红、原晓萍　山西省临汾市第三中学

教学环节	教师活动	学生活动	设计意图
创设情境导入新课	请一位同学说出自己户口所在地。 农村户口一般是××省××县（市、区）××乡（镇）城市户口一般是××省××县（市、区）××街道。 这节课我们将要学习的内容就是——中国的行政区划。	学生思考并回答问题。	联系生活实际引入，激发兴趣。
自主学习合作探究	展示问题： 1. 我国行政区划的原则是什么？我国的行政区域可分为哪三级？ 2. 除以上三级行政区外，还有什么特殊的行政区？ 3. 我国共有多少个省级行政单位？其中包括几个省、几个自治区、几个直辖市？	自主学习，小组交流。 六人一小组，交流以上问题，并提出问题： __________ __________ __________	培养自主学习能力。

续表

<table>
<tr><th>教学环节</th><th>教 师 活 动</th><th>学 生 活 动</th><th>设 计 意 图</th></tr>
<tr><td>总结归纳</td><td>展示中国省级行政区划，指导学生共同记忆(边看图，边填空)：
展示：省级行政单位七字歌
两湖两广两河山，五江（疆）云贵福吉安
川藏宁辽青甘陕，重海内台北上天
港澳特别行政区，一国两制已实现
解释：河指黄河，湖指洞庭湖，山指太行山
提示学生各省轮廓：
黑龙江省像展翅欲飞的天鹅，内蒙古自治区像草原上的雄鹰，山东省像屈腿而卧的骆驼，青海省像高原牧区的兔子，广东省像鼻子伸进南海的大象头部，海南岛像一个菠萝，台湾岛像一个香蕉，湖南省和江西省像亲密伴侣的侧面像，陕西省像跪着的兵马俑，湖北省像一顶大檐帽，西藏自治区像只登山的鞋，辽宁省像一个缝纫机头，河南省像张弓箭，甘肃省像只哑铃。
各个省区也有自己的小名，即简称。
出示表格，学生总结：
<table><tr><td>取用全名中的一个或几个字</td><td>京、津、辽、吉、黑、苏、浙，____、____、____、____、____、____、____内蒙古等。</td></tr><tr><td>用本省的河流或山名</td><td>闽、赣、湘、皖等。</td></tr><tr><td>用本省的历史名称</td><td>冀、鲁、____、____、____、____、____、____、____、____等。</td></tr><tr><td>一个省有两个简称</td><td>川或蜀、____、____、____、____、____等。</td></tr></table></td><td>全国省级行政单位按方位分七大片：
1. 东北：黑龙江省、吉林省、辽宁省
2. 黄河中下游：河北省、河南省、山西省、山东省、北京市、天津市
3. 长江中下游：湖北省、湖南省、江西省、安徽省、浙江省、江苏省、上海市
4. 南部沿海：广东省、福建省、广西壮族自治区、海南省、台湾省及香港、澳门特别行政区
5. 西南：重庆市、四川省、云南省、贵州省、西藏自治区
6. 西北：陕西省、甘肃省、青海省、宁夏回族自治区、新疆维吾尔自治
7. 北部边疆：内蒙古自治区
学生读图，小组讨论，并总结回答。</td><td>生生交流，分享学习成果。
归纳差异，完成比较。
总结比较的方法与步骤，形成比较能力。
培养学生的读图分析和比较归纳总结的能力。</td></tr>
<tr><td>学以致用
拓展延伸</td><td>活动：“找邻居”教师说出我国的一个省级行政区，让学生找出省级行政区的邻省。
例如，找出陕西省、山西省的邻省。
游戏：利用中国政区拼图进行游戏。</td><td>由学生找出与其相邻的省级行政区。
对我国省级行政区空间分布进行记忆。</td><td>培养学生的读图和拼图能力。</td></tr>
<tr><td>归纳方法</td><td>这节课我们学习了中国的行政区划，了解了中国三级行政区划的设立。中国34个省级行政单位的全称、简称、行政中心，位置轮廓是本章学习的重点和难点，也是进一步学习中国地理的基础。这一问题涉及的知识点、地名很多，记忆困难，建议同学们在学习的过程中要采取多种记忆方法来强化记忆。</td><td>学生归纳记忆方法：
1. 划区记忆，把34个省级行政单位划分为几个区来记忆。</td><td>培养学生的归纳整理能力。</td></tr>
</table>

续表

教学环节	教师活动	学生活动	设计意图
归纳方法		2. 分类记忆，如四个直辖市的名称、五个自治区的名称。 3. 按照一定的线索、方位记忆。如自北向南的临海省区、逆时针方向有陆上邻国的省区北回归线穿过的省区等。 4. 形象记忆、歌诀记忆。	
巩固练习	1. 小明在尧都区街头看见一辆汽车，车牌号码晋 L55M55，这辆车来自我国的哪个省级行政区（　　） A. 湖北省　　B. 四川省 C. 陕西省　　D. 山西省 2. 根据叙述填空，并结合地图说明。 ① ________省是我国位置最偏南的省，曾母暗沙位于该省。 ② ________省是我国西南边疆省，主要的少数民族是壮族。 ③ ________省简称鄂，行政中心是武汉市。 ④ 我国的________省同俄罗斯、哈萨克斯坦相邻。	学生思考，分组回答，说明原因。	学生练习巩固。

评述与建议

地理课标要求记住的内容较多，包括我国 34 个省级行政区域单位的名称、简称及行政中心，并要求掌握它们在我国政区图上的位置。在这部分内容学习中，可以分三步进行：① 掌握各省级行政单位的位置，了解轮廓特点；② 记住行政单位名称和简称；③ 记住各省级行政单位的行政中心。本教学关键问题的案例精心设计了多媒体课件，形象、生动、直观，创设趣味学习的氛围，尽可能地尊重学生、鼓励学生、相信学生，采用竞赛、读图、记图、填图等手段，激发学生们的学习兴趣，对要学的新知识有了期待感，化被动为主动，让学生们在快乐的氛围中主动探讨、合作交流，获取知识。拼图比赛：巧记位置、轮廓通过指读 34 个省级行政区名称和填图省级行政区名称，培养学生阅读和使用中国政区图的能力和记忆能力；通过实践，培养学生的动手操作能力。口诀归纳：行政区简称。填图：位置、名称。绘图：轮廓、位置、简称。中国行政区划这节课以中国政区图为载体，提供学生一个如何快速记住 34 个省级行政单位的平台，教给学生如何高效记忆地理事物空间分布的方法，共同收获方法和知识。本节课目的性强，层次感强，实践性强，利用游戏进行地图教学，在注重获得知识的同时注重记忆方法的总结和爱国、爱家乡的情感熏陶。充分调动了学生的学习积极性，用竞赛的形式让学生学得开心，丝毫觉察不到学习的枯燥；用合作交流学习经验的形式让学生们学得自主，真正成为课堂的主人；多次用读图、填图的形式让学生巩固知识，做到了留给学生展示的机会，教给学生高效记忆的方法，让每一位学生都体验到成功的喜悦。

在教学实践中，学生是否能积极自主学习、互助探究，是否有浓厚的兴趣学习地理是地理课成功的关键。因此，培养学生的学习兴趣和高效的学习方法是最主要的学习地理的手段。本节课学习要点要求在学习过程中逐步记住，而不是在本节课全部记住，我们可以有更长的时间去寻找更好的方法。

【校本研修建议】

以教研组为单位的校本研修活动，是校本研修的主要方式，也是提升教师专业发展的一种有效策略。在校本研修活动时，可以参考以下流程：

（1）集体研讨。集体学习这一教学关键问题的问题分析、教学策略，认识到解决好这一教学关键问题的价值。然后观摩微课程案例，展开评价和探讨：评价两个教学案例的不足和优势，探讨适合本校学情的教学策略和方法。确定两名教师作示范课。

（2）个人备课。通过各种方式搜集更多的关于这一课题的教学设计，博采众家之长，再根据自己的特长，大胆创新，设计出“生活化”的教学设计。

（3）同课异构。主备教师作示范课，同学科教师观摩。

（4）评课议课。观课结束后，展开评课议课活动，帮助教师诊断课堂、研究课堂、改进课堂，使教学策略更科学、更实际，使课堂教学更高效。

（5）资源共享。示范课教师修改后，上传到学校或当地的网络教研平台，实现资源共享。

教学关键问题 3-2 如何指导学生分析我国自然环境各要素的相互作用

教学关键问题分析

（一）问题的提出

某一个地理要素发生变化时，其他地理要素也会随之发生变化。义务教育地理课程初步揭示了自然环境各地理要素之间、自然环境与人类之间的复杂关系，从不同角度反映地理环境的综合性。

因此学习自然环境各要素，并揭示它们之间的关系是初中阶段必须掌握的知识和技能，也是初中学生必备的地理素养之一。

（二）问题的价值

地理课程的综合性和区域性特点基本上是初中其他学科课程没有的。这两个特点决定了地理课成为培养学生整体观念和空间观念的重要课程。

理解各自然地理要素之间的关系有利于学生增强对地理事物和现象的好奇心，提高学习地理的兴趣以及地理环境的审美情趣；有利于学生掌握地理规律，形成一定的地理思维能力；有利于学生初步形成尊重自然、与自然和谐相处、因地制宜的意识及可持续发展的观念，养成关心和爱护地理环境的行为习惯。

在地理课程标准的“内容标准”中，多处涉及各自然地理要素相互作用的教学要求，如表 3-2-1 所示。

表 3-2-1　课程标准关于自然地理要素相互作用的教学要求

章　节	课 标 要 求
认识大洲	运用地图和其他资料，归纳某大洲地形、气候、水系的特点，简要分析其相互关系。
认识国家	根据地图和其他资料概括某国家自然环境的基本特点。
认识区域	举例说明区域内自然地理要素的相互作用和相互影响。

地理课程标准在“教学建议”中明确指出，地理教学要强调地理各要素之间的相互作用，特别是自然因素和人文因素对地理现象和地理过程的综合影响，引导学生理解地理事物的空间差异和空间联系，从地理的视角看待地理现象和地理问题。

教学关键问题解决

解决“如何指导学生分析我国自然环境各要素的相互作用”这一关键问题，需要在实际教学中借助地图和数据，采用案例分析、比较分析、总结归纳的方法。

在教学过程中，需要从四个方面解决该问题：

1. 指导学生读图获取自然环境各要素的特征

地理课程标准要求学生需要掌握的自然环境要素主要包括地形、气候和河流等，学生能够从不同地图上获取相关的有效信息。

（1）地形特点：通过阅读分层设色地形图，首先辨别某一地区地势起伏状况，然后查找该地区的主要地形区名称及分布状况，最后总结该地区的地形地势特点。

（2）气候特点：根据气温曲线、降水量柱状图及气候类型分布图，分别观察气温、降水量的季节性变化，归纳总结某地区的气候类型及气候特点。

（3）河流特点：通过阅读河流分布图，说出某地区的河流分布状况、流程、流向、水量、汛期、有无结冰期、补给形式及各河段水文特征等。

2. 指导学生分析自然环境各要素间的相互作用

自然环境各要素之间相互联系、相互影响、相互渗透。自然环境各要素并不是孤立存在和发展的，而是作为一个整体发展变化着。

在景观上，它们总是力求保持协调一致，与环境的总体特征相统一。地形影响气候的分布状况，也影响河流的流向；气候影响河流的流量、汛期、有无结冰期等；河流流速较大的山区，水的侵蚀作用强烈；流速较缓的平原地区，水的沉积作用显著，河流的水文特征不仅受河流的影响，在一定程度上也调节着局部气候。地形、气候和河流又共同影响农业生产（农作物种类、耕作制度、耕地性质等）。例如，我国南方地区的长江中下游平原，地形平坦，土壤肥沃，气候类型为亚热带季风气候，雨热同期，河湖众多，水网密布，适宜水稻种植。通过分析生活中的案例帮助学生理解各自然地理要素之间的关系。

3. 不同的地区，起主导作用的自然地理要素也各不相同

例如，我国西北内陆地区，由于深居内陆，距海遥远，海洋上暖湿气流难以到达，从而形成干旱的大陆性气候。由于气候干旱，降水稀少，这里的地表水贫乏，河流发育不好，且多为内流河，流量小，补给形式主要是冰雪融水。由于气候干燥，光照强烈，流水作用微弱，但物理风化和风力作用显著，形成大片戈壁和沙漠，气候干旱还导致植被稀少，土壤发育差，有机质含量少。所以我国西北地区起主导作用的自然地理要素是干旱的气候。

4. 某一区域某个自然地理要素发生变化，必然会影响其他地理要素特点的变化，甚至会引起其他区域环境的改变

例如，陆地表面的森林植被对地理环境的影响是显而易见的，特别是热带雨林具有平衡大气成分的作用，它一旦遭到破坏，将会引起全球气候变化，并导致整个生态环境的失调。相反，植树绿化，可以调节局部小气候，改善水文状况，调节大气，保持水土，涵养水源，促使生态环境的良性发展。又如，人类大量开采使用煤、石油、天然气等矿物燃料，使地壳中的碳元素减少，导致大气中的二氧化碳等温室气体增多，大气保温效应加剧，全球气温升高，气候变暖，并引起两极冰雪融化，海平面上升，淹没沿海陆地。由此可见，地理环境的整体性，使其具有“牵一发而动全身”的作用。人类在利用自然、改造环境的过程中应充分重视这一因素。

案例示范

案例 1

黄土高原（第一课时）

韩秀芝　山西省实验中学

1. 背景分析

本节课是晋教版地理八年级下册第六章第二节的内容。

课标要求：① 在地形图上识别某区域的主要地形类型，并描述区域地形特征；② 举例说明区域内自然地理要素相互作用和相互影响。

学情分析：八年级学生通过中国地形及四大地理区域的学习，对黄土高原的地表形态有了一定的认识，并且掌握了学习区域地理的基本方法。但在分析各自然地理要素之间的关系以及自然环境对人类生产和生活的影响等方面有些欠缺，所以本节课的内容旨在解决以上两个问题。

2. 教学目标

（1）运用地图说出黄土高原的位置、范围，并描述黄土高原特有的地表形态特征，分析千沟万壑地表形态的成因，提高读图析图的能力；

（2）根据图文资料，分析水土流失严重的原因，以及水土流失带来的危害，体会各地理要素之间是相互作用、相互影响的，从而养成深入探究本质的思维习惯。

3. 教学重点和难点

（1）教学重点：黄土高原是我国水土流失最严重的地区。

（2）教学难点：分析水土流失严重的原因。

4. 设计思路

本节是一个跨省的自然区域，突出强调水土流失严重的生态环境问题，以及人类活动对自然环境的影响，旨在培养学生正确的人地关系和可持续发展观。通过以下几个环节来组织课堂教学：第一，展示黄土高原景观图片，使学生对本区自然环境产生初步的感性认识；第二，运用地形图，自主学习完成黄土高原位置、范围等简单知识的学习；第三，结合图文资料，小组合作探究水土流失严重的原因，必要时教师点拨总结；第四，根据展示资料，分析总结水土流失对人类生产、生活的影响，拓展延伸有利于发散思维的形成；第五，达标检测，巩固所学。

总之，通过学生感兴趣的自然景观、人类的生产生活方式入手，将枯燥的地理知识和学生熟悉的生活经验相结合，能够唤起学生的亲切感，提高参与积极性。

5. 教学准备

多媒体课件、相关的图文资料。

6. 教学过程

教学环节	教师活动	学生活动	设计意图
引入新课	展示：黄土高原的景观图片。 提问： 1. 根据自然景观，说出所学区域名称。	学生观察图片。	

续表

教学环节	教 师 活 动	学 生 活 动	设 计 意 图
引入新课	2. 说出你看到的自然景观。 归纳总结：黄土高原气势恢宏连绵不绝的山川，汹涌澎湃呼啸而过的黄河，黄沙漫漫苍凉而又空旷的黄土，给人以别样的辽阔与粗犷，美丽而神秘。今天，我们一起走进沟壑纵横的特殊地形区——黄土高原。	回答：植被覆盖率低；坡度陡；黄河含沙量大；沟壑纵横的地表形态。	赏析景观图，畅所欲言，初步认识黄土高原的自然环境，使学生轻松走进课堂。
探究新知	一、黄土铺就的高原 展示：黄土高原地图。 提问：说出黄土高原的位置。 小结：黄土高原是世界上黄土分布最广、最厚，黄土地形类型最多、规模最宏大的地区。 想一想：黄土高原的黄土从哪儿来？ 拓展：你能推测一下黄土的特性（结构）吗？ 注：经过两三百万年的搬运堆积形成的黄土高原，依靠自身重力作用形成土层中空气含量大（土质疏松），透水性好。粉砂颗粒组成、结构疏松，透水性强	回答：北起长城，南达秦岭，东至太行山，西抵乌鞘岭。 阅读《黄土从哪儿来》，理解风成说。	锻炼学生运用地图能力，查找图文资料获取信息的能力。 介绍黄土成因有利于理解黄土高原土质特点，这是本地区重要的自然地理要素。
	承转：黄土高原地貌特征是沟壑纵横，那么这种地表形态是怎么形成的呢？		
	二、千沟万壑的地表形态 展示黄土塬、黄土梁、黄土峁的图片。 提问： 1. 观察、分析黄土塬、黄土梁、黄土峁之间的差异。 2. 三种地表形态形成原因。 点拨：黄土塬、黄土梁、黄土峁是黄土高原特有的地表形态。受流水侵蚀程度较轻是黄土塬，塬面的周边被流水强烈侵蚀成长条状的黄土梁，梁进一步被侵蚀截断呈馒头状的黄土峁。 拓展：在“黄土高原的位置和范围图”上，找到本区人口和城市集中的地区。	回答： 1. 黄土塬：地表平坦。黄土梁：呈长条状高地。黄土峁：顶部浑圆，斜坡处较陡。 2. 回答：汾河谷地、黄河谷地、渭河谷地。	不同的类型显示了黄土地区被侵蚀的不同程度，揭示了河流对地形的影响。
	承转：创造了五千年文明历史的黄土高原，为什么今天水土流失现象严重？		
	三、水土流失最严重的地区 提问： 1. 根据课本文字资料，说说什么是水土流失？ 2. 黄土高原上所有地区都存在严重水土流失吗？	回答： 1. 水土流失是指缺乏植被保护的土地表层，因受流水冲刷而造成的水分和土壤流失。 2. 不是，黄土高原是我国水土流失最严重的地区，有3/4左右的土地存在	各自然地理要素互相作用，互相影响，使得黄土高原成为水土流失最严重的地区。培养学生综合思维能力。

续表

教学环节	教师活动	学生活动	设计意图
探究新知	小组讨论： 为什么裸露的黄土地区就容易形成水土流失？（从土质、地形、气候、植被等方面思考。）为什么出现了大量的裸露土地？	着不同程度的水土流失，其中以晋西、陕北最为突出。 小组讨论：水土流失严重的主要原因。 自然原因： ①黄土土质疏松，透水性强；②7月、8月降水集中，且多暴雨；③地表破碎；④植被覆盖率低。 人为原因： ①毁林开荒；②乱砍滥伐；③私开小煤窑；④过度放牧。	
拓展延伸	拓展： 严重的水土流失使黄土高原地区的生态环境恶化，对人们生产、生活带来了巨大的危害。 展示资料： 黄土高原水土流失日趋严重，每年流失地表土层1厘米，跑土、跑水、跑肥现象严重。黄土地日渐贫乏，生态环境日渐恶化，土地沙化，气候干旱，农村贫困人口居高不下……而黄河则由于黄土高原上人量泥沙的涌入，每年4亿吨泥沙淤积河道，下游河床不断抬高，抵御洪水的能力不断降低，处于一种十分危险的状态。虽然现在有了小浪底水库，减轻了下游的防洪压力，但下游水库、湖泊变浅现象比较普遍。黄土高原治理不好终究是我们的一大隐患。 小结： 水土流失使黄土高原生态环境恶化，给经济发展和人们的生活带来巨大危害，那么我们如何治理呢？课后收集相关资料，和父母讨论后提出治理措施。	回答： 1. 土壤肥力下降，农作物单产量下降。 2. 灾害性天气频发。 3. 河床抬升 4. 水库、湖泊变浅。	自然地理要素中某一个要素发生改变，会影响本区甚至其他地区的自然环境。地理环境的整体性，具有“牵一发而动全身”的作用。
拓展练习	黄土高原生态环境脆弱，请你说说这里的主要自然灾害有哪些，为什么？ 材料一： 经常遭受旱灾，只能种些耐旱的作物。如高粱、谷子等。有时饮用水供应都很困难。 材料二： 有暴雨时，又会发生洪涝灾害，还会引起泥石流、滑坡、塌陷等灾害，农田、住房、道路常遭到破坏。	回答： 1. 旱灾：以温带大陆性气候为主，降水量少。 2. 洪涝灾害：夏季降水集中且多暴雨。 3. 泥石流、滑坡、崩塌：地形坡度大，植被覆盖率低。	巩固理解各自然要素之间相互作用、相互影响的关系。

续表

教学环节	教师活动	学生活动	设计意图
板书设计	6.2 黄土高原——水土流失严重的地区 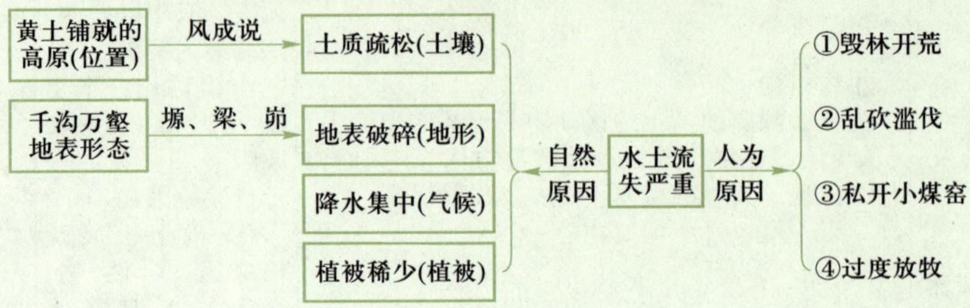		

案例 2

黄土高原（第一课时）

肖明光　太原市教研科研中心

导　学　案

一、课标要求

1. 运用地图和资料说明区域环境及区域发展的特点。

2. 举例说明区域内自然地理要素相互作用和相互影响。

二、学习目标

1. 运用地图说出黄土高原的位置和范围，通过景观图认识黄土高原上特有的地表形态。

2. 根据资料、图片并联系实际，分析黄土高原水土流失严重的原因、危害及其治理措施。

3. 认识本区自然地理要素之间相互联系、相互影响和相互渗透。

三、重点和难点

1. 重点：黄土高原是水土流失严重的地区。

2. 难点：黄土高原水土流失严重的原因。

四、温故知新

连连看（将下列地形区与其地表形态特征连线）

青藏高原　　　　地形崎岖，石灰岩广布

内蒙古高原　　　雪山连绵，冰川广布

黄土高原　　　　千沟万壑，支离破碎

云贵高原　　　　地势平坦，沃野千里

五、自主学习

（一）阅读教材，完成下列问题。

1. 说出黄土高原的位置，并在图上圈出重要的地理事物。

2. 说出黄土高原的范围，并写出其包括的省区。

3. 黄土高原的形成有多种说法，其中得到广泛支持的是（　　）

A. 风成说　　B. 冰川作用　　C. 板块迁移　　D. 水成说

（二）阅读课文，结合景观图，完成下列问题。

1. 黄土高原特有的地表形态特征是什么？

2. 形成这种地表形态的主要原因有哪些？

六、合作探究

阅读课文，完成下列问题。

1. 解释水土流失的含义。

2. 资料：中国科学院2003年12月13日公布的结果表明：黄土高原目前每年流失的土层达1厘米，流失速度比形成速度快100倍到400倍。监测表明：黄土高原平均每年流失泥沙16亿吨，泥沙流失过程中，氮磷钾等营养物质也大量流失，这使土壤的生产能力大大降低。水土流失使坡耕地成为跑水、跑土、跑肥的“三跑田”，土地的透水性和持水能力显著下降。

分析黄土高原水土流失严重的主要原因。（从自然原因和人为原因两方面考虑）

自然原因：

人为原因：

3. 黄土高原水土流失严重，我们该怎么办？

七、达标检测

1. 世界黄土分布最广、最厚、黄土地形类型最多、规模最宏大的地区是（　　）

A. 东北地区　　B. 青藏高原　　C. 长江三角洲地区　　D. 黄土高原

2. 黄土高原是全国水土流失最严重的地区，其中水土流失最为突出的河段是（　　）

A. 上游　　B. 中游　　C. 下游　　D. 入海口

3. “山坡坡栽树崖畔畔青，黄土高坡有了好风景，狂沙那个不起尘少见，林果绕村绿满山……”这首《信天游》展示了黄土高原人民改造大自然的成果。下列改造措施正确的是（　　）

A. 大量开垦土地　　B. 开采地下水

C. 陡坡修建梯田　　D. 退耕还林、还草

4. 黄土高原是世界上水土流失最严重的地区。其人为原因主要是（　　）

A. 乱砍滥伐　　B. 夏季多暴雨

C. 风力较大　　D. 土质疏松

5. 黄土高原位于我国地势的第几级阶梯？

6. 控制水土流失，保护水土资源，改善生态环境，是实现可持续发展的战略措施，也是黄土高原地区人民脱贫致富的根本出路。你认为应该如何防止和治理水土流失？

八、我的收获与疑惑

评述与建议

本教学关键问题的研究，有助于学生了解自然地理环境中各地理要素不是简单地集合在一起，它们之间是相互作用、相互影响和相互渗透的，地理环境是一个复杂系统。

“黄土高原水土流失严重”的内容进一步说明了地理环境的综合性特点。本节课在分析水土流失严重的原因（尤其是自然原因）时，采用探究新知的方式，引导学生从土壤、地形、气候、植被等自然要素入手，黄土高原以温带大陆性气候为主，夏季降水集中且多暴雨，加上黄土土质疏松的特性，暴雨对土壤的侵蚀作用明显。地表受到流水侵蚀形成沟谷，随着时间的流逝，沟谷不断加长加深，进而形成支离破碎、沟壑纵横的地表形态。与此同时，自然植被覆盖率随着水土流失继续下降，植被涵养水源能力降低，加剧了水土流失。学生通过观察、探究、总结，提高了综合分析问题能力。

如果某一自然地理要素发生改变，会导致本地区甚至其他地区环境发生改变。例如，在拓展探究中，我们讨论“严重的水土流失使黄土高原地区的生态环境恶化，给经济发展和人们生活带来了巨大的危害”这一问题时，学生分析发现黄土高原脆弱的生态环境使得黄河下游地区自然环境发生改变，如河床抬高、水库湖泊变浅。在教学过程中要发挥学生的学习主动性，在体验学习过程中享受学习的快乐，获得成功的喜悦，从而提高学习能力，学会用综合、发展的眼光看待问题、解决问题的思维方式。

【校本研修建议】

以教研活动为载体的校本研修，可参考如下流程：

（1）个人初备：根据自己对课标和教材的理解，进行教学设计。

（2）集体研讨：集体观摩微课程案例，评价两个案例的优劣，选取适合本校学情的策略和方法，探讨解决这一关键问题的更好方法和策略。

(3) 二次备课：增删或者调整教学内容或教学环节，修改原教学设计中不适应学情的教学策略和方法。

(4) 教学实践：利用二次备课形成的文本进行教学实践，检验自己的教学预设是否可行、高效。

(5) 反思提升：将课堂教学过程中的心得和体会记录下来，总结经验教训，以此指导以后的教学实践。

教学关键问题3-3 如何指导学生运用比较法学习区域的自然地理差异

教学关键问题分析

（一）问题提出

我们处在一个以人为本的时代，一个深度变革的时代，一个全球化、数字化的时代，“立德树人”应该成为深化地理课程改革思考的原点问题，这是时代赋予我们的使命。“立德树人”，即教育事业不仅要传授知识、培养能力，还要引导学生树立正确的世界观、人生观、价值观，要引导学生关心我国的基本国情，初步形成尊重自然、与自然和谐相处、因地制宜的意识及可持续发展的观念。

每个人都处于一定的环境之中，都不可避免地要增强生存与生活能力。地理课程帮助学生认识生活中的地理现象，理解造成不同地区生活方式差异的地理背景。使学生能够欣赏自然、人文景观，明白人类在自然环境中活动应遵循因地制宜原则的重要意义。区域自然地理差异是认识不同地域发展差异的基础。通过解决“如何指导学生运用比较法学习区域的自然地理差异”这一关键问题，可以帮助学生形成区域性的地理视角去看待、分析生活与社会现象，还可以教给学生地理要素比较的方法、步骤，发展学生的地理比较能力，为深入学习高中地理打下扎实的基础。

（二）问题的价值

解决“如何运用比较法学习区域的自然地理差异”这一关键问题具有重要价值，主要体现在：

第一，地理课程标准在“课程性质”中阐明“义务教育地理课程内容以区域地理为主，展现各区域的自然与人文特点，阐明不同区域的地理概况、发展差异及区际联系”。

第二，在“课程目标”的“过程与方法”中明确提出“通过比较、分析、归纳等思维过程，形成地理概念，归纳地理特征，理解地理规律”。

第三，在“内容目标”中多处提出区域差异比较的教学要求。

课程内容		内容标准	活动建议
世界地理	地域发展差异	通过实例，认识不同地域发展水平存在差异。	收集两个不同发展水平地域的资料，进行比较并开展讨论。
	认识国家	根据地图和其他资料概括该国家自然环境的基本特点。	
中国地理	地域差异	在地图上指出北方地区、南方地区、西北地区、青藏地区四大地理单元的范围，比较它们的自然地理差异。	开展地理知识竞赛活动。例如，围绕“秦岭—淮河”一线南北两侧的地理差异，进行专题知识竞赛。
	认识区域	运用资料比较区域内的主要地理差异。	

第四，在“评价建议”中强调“在评价学生地理方法的掌握与运用情况时，应注重对学生地理观察、区域分析与综合、地理比较、地理实验等常用地理方法的领悟、掌握状况和运用水平进行评价。”

以上可以看出：区域差异是初中地理的主干知识和核心知识，比较法是初中学生应当具备的基本地理思维方法。在课堂上除了培养学生尊重差异的意识，树立人地和谐的理念外，还应注重学习方法和学习思路的培养。区域差异包括自然地理差异与人文环境差异。相比较而言，自然地理要素较为简单，自然特征也较为稳定。此外，自然地理的差异是形成人文差异的重要基础。因此，让学生掌握区域自然地理差异，有助于全面理解区域差异，由此形成的比较方法也可以迁移到区域差异的学习中。显然，“如何运用比较法学习区域的自然地理差异”是义务教育阶段地理教学必须解决的关键问题。

由于学生对自然地理的构成要素普遍不清晰，而且没有形成一定的思维方法，造成比较时毫无头绪，表述也混乱不清。究其原因，不少教师在教学中缺乏对学生进行比较方法的指导，或指导方法不够科学。因此，区域自然地理差异的比较是关键问题，而运用中国四大区域为载体，落实这一关键问题的解决是比较恰当的。

教学关键问题解决

区域自然地理鲜明地体现了地理学科的区域性特点，是地理学科的基础和重要内容，分析我国四大地理区域的自然地理特征，要充分运用比较、综合分析、归纳的方法来掌握。

1. 从学生熟悉的地理现象入手进行比较，有助于帮助学生认识地理事象的特征和规律

建构主义教学观认为，教学不能无视学生的经验，要引导学生从已有的知识经验中，“生长”出新的知识经验。初中学生的知觉能力已得到发展，抽象逻辑思维开始由“经验型”向“理论型”转化，具有很强的可塑性。教师要注意密切联系学生的生活实际，从学生熟悉的地理现象入手进行比较，让学生有话可说。一方面体现地理就在身边的理念；另一方面可以有效地调动学生的参与意识，营造良好的学习氛围。

2. “比较三步法”指导学生形成区域差异比较的方法策略

建构主义学习观认为，学习是学生自我建构知识的过程。在教学过程中，引导学生分三个步骤进行比较，通过综合分析，归纳出所比较的区域自然地理差异，形成比较能力。

（1）谁跟谁比？——明确比较对象与范围

比较区域的自然地理特征差异，首先要弄清需要比较的区域是什么？这些区域在哪里？也就是要明白区域的名称及区域的地理位置与范围。区域定位是区域地理学习的第一步，可选择绝对定位（经纬线定位）、相对定位或利用区域地理环境的典型特征定位。

（2）比什么？——明白比较要素与内涵

即明确自然地理特征的内涵。一般来说，地理要素的特征大多由几个要素组成。

自然地理特征包括地形、气候、土壤、植被等要素。其中，每个自然要素特征又具有各自的要素，如气候特征主要由气温、降水两大要素组成，教师要帮助学生构建区域自然地理特征表述的基本框架。

（3）怎么比？——明晰比较方法和结论

通过给学生展示丰富的地图和文字资料，让学生总结各种地理特征，并选择合适的方式进行比较，如列表格或画图等。对于初中生来说，列表比较是相对较容易把握的。在这个过程中，注意引导学生通过仿效、练习，逐步学会地理特征的表述方法，用科学规范的语言归纳比较结论。

3. 设计练习，强化效果目标

初中学生的无意识记常表现得较为明显，对感兴趣的材料记得比较好，对一些难理解、较抽象的材料记得比较差，且学习的自律性不强，学习后往往不注重复习与巩固。能力的形成是一个循序渐进的过程，需要不断巩固和练习。因此，在学习之后，提供练习，巩固比较方法，帮助学生检验比较能力方面存在的问题，并认真分析其原因，找到需改进的环节。

案例示范

案例 1

比较中国四大地区自然地理差异

邓永兰 福建省建阳市徐市中学

教学环节	教师活动	学生活动	设计意图
创设情境导入新课	图片展示：在微信朋友圈中晒出的国庆黄金周期间拍摄的祖国或世界各地风光图片。 设问：同一时间各地景观全然不同，反映出什么现象？ 总结：这反映了各地的自然地理差异显著。	思考并回答问题。	联系生活实际引入课题，激发兴趣。
承转	提问：如何比较不同区域自然地理的差异呢？以我们学过的中国四大地区为例： 图片展示：我国的四大地理区域。 请你在“中国地形图”中指出它们的位置与范围，说说它们的划分依据。 归纳总结：中国四大地区是综合地理位置、自然地理、人文地理的特点来划分的，每个区域都有显著的地理特征，下面我们来比较它们的自然地理差异。	指图，回顾中国四大地区的地理位置与范围，以及它们的划分依据。	培养从图中获取信息的能力，明确比较对象。
比较中国四大地区自然地理差异	提问：四大地区都有各自显著的自然地理特征，具体表现在哪些方面呢？ 小结：自然地理要素包括：地理位置、地形、气候、土壤、植被等。 图片展示：北方地区的地形。 设问：这幅图反映了哪个地理要素？说出北方地区该要素的特征。	思考：自然地理包括哪些要素？在教师引导下根据四大地区地形图，比较四大地区的地形差异。	通过教师的引导设问，让学生学会归纳地图中的主题要素，并做比较。

续表

教学环节	教 师 活 动	学 生 活 动	设 计 意 图
比较中国四大地区自然地理差异	小结：反映了地形要素。本区地形以平原、高原为主，东部主要是面积广阔的东北平原和华北平原，西部有沟壑纵横的黄土高原。 图片展示：南方地区的地形、西北地区的地形、青藏地区的地形。 设问：请根据这三幅图，说出南方地区、西北地区、和青藏地区的地形差异。 小结：这三个地区地形复杂多样，差异显著，南方地区平均海拔最低，以丘陵、山地为主，地势起伏较大；西北地区以高原、盆地为主；青藏地区海拔最高，以高原为主，地势起伏不大。 图片展示：我国的四大地理区域、南方地区的地形、西北地区的地形、青藏地区的地形、中国气候类型分布图、中国温度带划分图、中国1月平均气温分布图、中国7月平均气温分布图、中国的降水量分布图、中国干湿地区的划分图、中国主要河流的分布、中国植被类型分布图、中国土壤类型分布图。 设问：这些图分别反映了哪些自然地理要素？ 小组合作： 1. 根据图片资料以及课本知识，议一议：四大地区自然地理差异可比较的项目有哪些？ 2. 列表比较四大地区的自然地理差异。 3. 交流比较结论。 （教师指导表述的规范性） 归纳：中国四大地区自然地理差异显著，综合以上比较可知，南方地区气候暖湿，多丘陵山地，森林广布；北方地区气候冷湿，平原广布；西北地区深居内陆，气候干旱，以草原、荒漠为主；青藏地区以高寒著称。 总结：区域自然地理差异比较的方法与步骤： 第一步："谁跟谁比？"——明确比较对象 第二步："比什么？"——确定比较要素 第三步："怎么比？"——归纳比较结论	以4人为一小组，按小组合作的方式共同分析地图中包含的自然地理要素，议出可比较的要素，并列表进行比较。 归纳出四大地区自然地理的差异。 总结比较的方法与步骤以及如何表述差异。	指导学生如何表达"差异"为学生自已整理起到示范作用。 培养学生合作学习的态度。 加强读图分析能力的培养，推进比较能力的训练。 生生交流，分享学习成果。 归纳差异，完成比较。 总结比较的方法与步骤，形成比较能力。
比较福建省与江西省的自然地理差异	图片展示：福建省地形图、陕西省地形图、中国气候类型分布图、中国温度带划分图、中国1月平均气温分布图、中国7月平均气温分布图、中国的降水量分布图、中国干湿地区的划分图、中国主要河流的分布、中国植被类型分布图、中国土壤类型分布图。	小组合作比较福建省与陕西省（或其他区域）的自然地理差异。（可自由选择）	迁移应用，强化比较能力的形成。

案例 2

比较中国四大地区自然地理差异

陈立新　福建省邵武六中

教学环节	教师活动	学生活动	设计意图
创设情境导入新课	在春节期间，大家有没有出去旅游或者随家长到外地探亲？你所去的地方与邵武有什么不同？（多媒体打出中国地图，作为学生谈论不同区域的背景）	学生思考并回答，回忆并描述各地的差异。	联系学生生活实际，激发学生兴趣。
承转	中国地域广大，不同地区之间存在或大或小的差异。我们来复习巩固中国的区域地理，加深对我们国家的了解。	学生回答：哈尔滨的新年能举办“冰雕展”，广州的新年能“游园赏花”。	复习引入，回顾与本课有关的比较要素。
活动一：自然地理差异显著	教师多媒体展示：《爸爸去哪儿》的节目图片。	学生在教师的引导下感受显著的地理差异。	创设情境，激发兴趣。
	《爸爸去哪儿》的拍摄地点很有特色，但地理环境差异很大。这些反映了哪些自然地理要素的差异呢？	学生思考：自然地理要素指什么？ 推断各地存在哪些地理要素的差异。	提炼比较要素。
	多媒体展示：中国地势三级阶梯、年降水量和1月平均气温的分布图。	学生思考提出的问题；小组讨论并回答：地势三级阶梯、年降水量和1月平均气温分布的规律。	教师层层引导设问，推进学生地理比较能力的训练。
	多媒体展示：典型景观的植被图片。植被是自然环境的组成要素，并具有指示自然环境特点的作用。按照气温、降水、地势的分布变化规律，我国自然植被的分布呈现什么规律？	小组讨论，按小组合作的方式共同完成。	通过比较，认识地理事象的特征和规律。
	我国自然环境差异呈现出明显的差异，我们尝试归纳总结一下造成这些差异的地理要素是什么？	学生讨论并画出分析图，如图3-3-1所示。 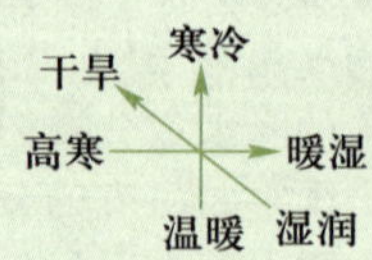 图 3-3-1	从直观到抽象，可以培养学生的比较分析能力。

续表

<table>
<tr><th>教学环节</th><th>教师活动</th><th>学生活动</th><th>设计意图</th></tr>
<tr><td>活动一：自然地理差异显著</td><td>多媒体展示：秦岭—淮河以北（南）地区自然地理景观图。“秦岭—淮河”一线是我国非常重要的一条地理分界线。请同学们对比秦岭—淮河以北（南）地区自然地理景观图，以小组为单位总结该线以南地区和以北地区的自然地理差异。
<table>
<tr><td rowspan="9">自然差异</td><td colspan="2">项目</td><td>北方地区</td><td>南方地区</td></tr>
<tr><td rowspan="3">气候</td><td>1月均温</td><td></td><td></td></tr>
<tr><td>年降水量</td><td></td><td></td></tr>
<tr><td>气候类型</td><td></td><td></td></tr>
<tr><td rowspan="3">河流</td><td>流量</td><td></td><td></td></tr>
<tr><td>汛期长短</td><td></td><td></td></tr>
<tr><td>有无结冰期</td><td></td><td></td></tr>
<tr><td colspan="2">地形</td><td></td><td></td></tr>
<tr><td colspan="2">植被</td><td></td><td></td></tr>
</table></td><td>学生读图，小组讨论，并总结回答。</td><td>培养学生的读图分析和比较归纳的能力。</td></tr>
<tr><td>活动二：四大地理区域划分</td><td>多媒体展示：我国的四大地理区域图（图3-3-2）。综合地理位置、自然地理、人文地理的特点，可以将我国划分为四大地理区域。请同学们阅读四大地理区域图，并结合活动分析四大地理区域划分的依据。
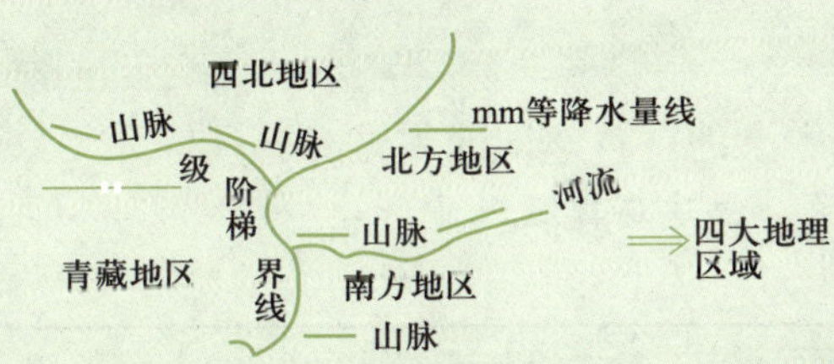

图3-3-2</td><td>小组讨论，并完成下表：
<table>
<tr><th>名称</th><th>主导因素</th></tr>
<tr><td>西北与北方</td><td>夏季风</td></tr>
<tr><td>北方与南方</td><td>气温和降水</td></tr>
<tr><td>青藏与南方</td><td>地势</td></tr>
</table>
小组讨论并完成练习：各小组自主设计图表比较四大区的自然地理差异，并交流。</td><td>让学生学会分析、推理和再比较。
从直观到抽象的转变，可以培养学生的比较能力，同时提高知识迁移能力。</td></tr>
<tr><td>课堂小结</td><td>教师结合小组交流情况，归纳小结比较四大地理区域的自然地理差异的比较方法、步骤：
（1）选择代表性区域；
（2）读图分析，比较区域中的地理要素特征；
（3）选择地理要素对所选区域进行比较；
（4）从比较中得出结论。</td><td>教师归纳总结区域差异的比较方法和步骤。</td><td>提炼比较的方法、步骤。</td></tr>
</table>

<table>
<tr><th>教学环节</th><th>教师活动</th><th>学生活动</th><th>设计意图</th></tr>
<tr><td>迁移运用：比较黄土高原与东南丘陵的自然地理差异</td><td>展示图片：黄土高原地区地形图、东南丘陵地区地形图、中国气候类型分布图、中国温度带划分图、中国1月平均气温分布图、中国7月平均气温分布图、中国的降水量分布图、中国干湿地区的划分图、中国主要河流的分布、中国植被类型分布图、中国土壤类型分布图。
小组合作：比较黄土高原与东南丘陵的自然地理差异，填写下表。
<table>
<tr><th colspan="2">项目</th><th>黄土高原</th><th>东南丘陵</th></tr>
<tr><td rowspan="3">气候</td><td>1月均温</td><td></td><td></td></tr>
<tr><td>年降水量</td><td></td><td></td></tr>
<tr><td>气候类型</td><td></td><td></td></tr>
<tr><td rowspan="4">河流</td><td>主要河流</td><td></td><td></td></tr>
<tr><td>流量</td><td></td><td></td></tr>
<tr><td>汛期长短</td><td></td><td></td></tr>
<tr><td>有无结冰期</td><td></td><td></td></tr>
<tr><td colspan="2">地形</td><td></td><td></td></tr>
<tr><td colspan="2">植被</td><td></td><td></td></tr>
<tr><td colspan="2">土壤</td><td></td><td></td></tr>
</table></td><td>小组合作学习：比较黄土高原与东南丘陵的自然地理差异。</td><td>迁移应用，强化比较能力的形成。</td></tr>
</table>

案例3

比较中国四大地区自然地理差异

翁建兰　福建省建瓯三中

教学环节	教师活动	学生活动	设计意图
创设情境导入课题	展示：我国四大地理区域的典型图片及四大地理分区图。	观察图片并据图推测四大地理区域的显著特征。	抓住主导因素，分析整体区域特征。
承接	学习了中国的四大区域之后，对四大地理特征进行差异比较，本节课将对南、北方地区的自然地理特征进行“同中找异”，对西北地区和青藏地区的自然地理特征进行“异中找同”，由此学习区域差异比较的分析方法。		让学生明白本节课的学习目标。
介绍自然地理特征的分析方法	师问：概括一个地区的自然地理特征，从哪些方面去描述呢？ 小结：自然地理特征的描述主要从以下几个方面：地理位置与范围、地形、气候、河流、植被、土壤等。	学生回忆八年级上册区域的相关知识。	使学生明确区域比较的思维方向。

续表

教学环节	教师活动	学生活动	设计意图
复习中国四大区域的自然特征	展示：中国四大区域图、中国地形图、气候图、1月平均气温曲线图、年降水量线图、内外流河分布图、中国植被分布图等。 1组、2小组的同学合作：从相关地图中获取信息完成学案“南、北方地区”； 3组、4小组的同学合作：从相关地图中获取信息完成学案“西北地区和青藏地区”。	学生读图获取相关地理信息。	培养学生从图中获取地理信息的能力。
小组展示	1组、2组学生展示他们从图中归纳的自然地理特征； 3组、4组学生展示他们从图中归纳的自然地理特征。	培养学生小组合作的能力。	学生通过读图对已学的知识进行概括总结，培养学生读图分析以及归纳的能力。
自然地理特征差异比较	教师指导学生差异比较的方法。 学生活动： 1组、2组的同学完成：对南、北方地区自然特征进行“同中找异”； 3组、4组同学完成：对青藏和西北地区自然特征进行“异中找同”。	各小组展示，比较归纳两区的自然特征的差异。	透过现象、原因，培养学生区域自然地理对比分析的能力。
能力迁移	比较新疆和台湾地区自然地理差异。	学生运用已知的两个区域知识再现易于比较。	迁移应用，强化比较能力的形成。

评述与建议

教学案例对“如何指导学生运用比较法学会区域的自然地理差异”这个问题的解决策略有三大亮点：

其一，关注“生活中的地理”，巧学活用。方案1巧用微信，“国庆黄金周微信朋友圈中晒出的祖国以及世界各地风光图片”；方案2巧用影视，利用《爸爸去哪儿》的不同专辑里展示不同的风光与风情等，教师引领学生从旅游、影视等生活的视角去发现、思考、解决地理问题，提升对区域地理环境差异的理解能力，凸显了新课改的“学习对生活有用的地理”这一核心理念。

其二，善于“建构”，形成方法能力。对初中生来说，建构学习的过程是非常必要的，在三个解决方案中都突出了“比较三步法”的指导，“明确比较对象与范围、明白比较要素与内涵、明晰比较方法与结论”，使学生有条理、有步骤地观察地图，有效地利用地图确定比较项目，得出比较结果，构建出系统的区域地理比较方法，从而促进学生由“经验型”过渡到“理论型”，教师“三步法”的指导是必要且行之有效的。

其三，注重“活动”设计，凸显学生主体。方案1设计了“在图上确定四大地区的划分；描述北方地区的地形特征；比较南方、西北和青藏地区的地形差异；列表比较四大地区自然地理差异；比较福建省与陕西省（或学生任选某省）的自然地理差异”等系列活动。方案2设计了“学生谈论自己所去的地方与邵武的不同；讨论《爸爸去哪儿》拍摄点反映哪些自然地理要素的差异；分析造成差异的因素；列表比较秦岭－

淮河以南以北的自然地理差异；四大区的划分依据；归纳比较四大区自然地理差异的方法步骤；比较黄土高原与东南丘陵自然地理差异”等系列活动；方案3设计了“概括自然地理特征的构成要素；列表比较南方与北方的自然地理差异；秦岭－淮河的地理意义；看图比较西北与青藏地区的地理差异；对比南、北方的自然地理特征，同中找异；对比分析找出西北地区和青藏地区的特征，异中找同”等系列活动。教师结合本校学生的实际情况，针对每个地区地理环境差异，设计出有难易梯度的、有逻辑顺序的、符合教学目标和教学内容要求的活动，引导学生正确高效的“学会比较”不同区域的自然地理差异。通过师生、生生之间的交往、对话，共享已有的经验，共同体验新知识的形成。

教学建议：

问题解决的方案中虽然也创设了一定的情境，但活动设计的情境化可再强一些，如提供自然和生活中丰富的地理案例，通过角色扮演、田园调查等情境的创设，使学生乐于自主探究，在探究中澄清价值，在判断中学习有用的地理。从而使学生在掌握地理基本知识和基本原理的过程中，获得生存性地理能力的培养，促进学生地理科学素养与人文精神的和谐发展。

【校本研修建议】

以教研组为单位进行校本研修，参考流程如下：

（1）教师自己备教材、备学生，提出自己的教学设想。

（2）观摩微课程案例，对比三个方案的优劣，进行深入分析和整理。

（3）制订优化后的方案并实施，在实施过程中进行调整。

（4）讨论：怎样在达成这一教学关键问题的过程中充分发挥学生潜能，组织学生自主学习？

（5）把自己实施中比较满意的方案制作成微课程或文字呈现，上传到资源平台。

教学关键问题3-4 如何指导学生运用资料归纳区域自然资源的特点

教学关键问题分析

（一）问题的提出

让学生学会运用资料归纳区域自然资源的特点，能使学生科学、充分地认识自然资源的重要性，帮助学生辩证、全面认识我国自然资源的特点及其有利与不利的方面，为学生认识资源与人类社会的关系以及合理开发利用自然资源的意义和对策提供知识基础。使学生学会如何运用图像图表、文字、数据、案例、统计资料等有关信息，分析归纳自然资源特点，掌握说明自然资源特点的学习方法，培养学生应对人口、资源、环境与发展问题的初步能力。使学生初步确立合理开发利用、保护自然资源的意识，树立正确的资源观，领悟人类的生产生活活动、区域的发展建设都应协调好与自然资源、环境的关系，尊重自然规律，讲求环境伦理道德，促进区域因地制宜的可持续发展。

（二）问题的价值

1. 在落实地理课标要求方面的价值

（1）体现课程的性质：自然资源作为联系自然与人类社会的地理要素，其时空分布等特征反映区域的整体性与差异性、地理环境的综合性。关注当今社会面临的人口、资源、环境和发展问题，阐明科学的人口观、资源观和可持续发展观念，富含热爱家乡、热爱祖国，关注全球及可持续发展思想的教育内容。自然资源与生产生活密切相关，运用资料说明探究自然资源特征充分体现课程的生活性和实践性。

（2）落实“学习对生活与终身发展有用”课程理念：辩证认识区域自然资源特点及因地制宜合理开发利用的重要性，有利于提升学生的认知、发展、生存能力，有利于引导学生从地理的视角思考问题，关注自然和社会，使学生逐步形成人地协调和可持续观念，为培养具有地理素养的公民打下基础。

（3）实现地理课程目标，即“了解人类面临的人口、资源、环境和发展等重大问题，初步认识环境与人类活动的相互关系”“初步学会根据收集到的地理信息，通过比较、分析、归纳等思维过程，形成地理概念，归纳地理特征，理解地理规律”“关心家乡的环境和发展，关心我国的基本国情。增强热爱家乡、热爱祖国的情感；初步形成尊重自然、与自然和谐相处、因地制宜的意识及可持续发展的观念、增强防范自然灾害、保护环境、资源和遵循相关法律法规的意识，养成关心和爱护环境的行为习惯”。

（4）达成内容标准，即“运用地图和其他资料，指出某地区对当地或世界经济发展影响较大的一种或几种自然资源，说出其分布、生产、出口等情况”“举例说出某国家在自然资源开发和环境保护方面的经验、教训”“运用资料，说出我国土地资源的主要特点，理解我国的土地国策。运用资料说出我国水资源时空分布的特点及其对于社会经济发展的影响”“举例分析自然资源对家乡社会、经济等方面的影响”。

2. 在解决教学问题方面的价值

地理课程标准强调教学中应以水、土地资源为案例，引导学生了解我国自然资源特点，进一步认清我国国情，进行保护与节约资源的教育。能力要求的层次较高，不仅要求掌握知识，更强调学会方法、形成能力，即通过对案例学习，掌握认识资源特点的知识体系迁移运用于其他自然资源的学习，同时在学习的过程中内化形成正确的观念。

目前教学中存在仅拘泥于我国水、土地资源的学习，对这两个案例本质和作用认识不足的现象。对如何从案例的学习中提炼出归纳自然资源特点的知识体系和学习方法关注不足。学生不会归纳其他国家或区域自然资源特点，在考试评价中，学生不能迁移运用所学方法解决新问题。

同时，学生对自然资源的学习方法停留在机械记忆层面，不能通过阅读图文资料、分析、比较、归纳及一定的地理思维过程总结出自然资源特点，学习方法简单，不利于能力的培养和提升。

教学关键问题解决

解决“如何指导学生运用资料归纳区域自然资源的特点”这一教学关键问题，重要的是指导学生学会运用区域某种自然资源分布图和相关资料归纳该区域某种自然资源特点。构建认识自然资源主要特点的知识框架，掌握方法并迁移运用于归纳不同的自然资源。核心能力是掌握运用图表获取归纳地理信息、分析地理问题、演绎迁移运用能力等。

根据地理课程标准的要求，教学中应突出运用地图等资料，归纳我国自然资源主要的时间和空间分布特点，指导学生进行自主、合作、探究学习，引导学生迁移运用学习方法，推出未知的结论。建议同时注意以下几个问题：

1. 通过简单定义，明确自然资源的概念

考虑初中学生的学识水平和认知基础，自然资源的概念可采用简单的定义。例如，湘教版教材中对自然资源的简单定义是“自然资源是存在于自然界、能为人类提供福利的物质和能量”。

在自然资源的分类中，按照自然资源能否再生或恢复的特性，将自然资源分为“可再生资源”和“不可再生资源”。如水资源属于可再生自然资源，能源资源（比如石油、天然气、煤炭）属于不可再生资源。广义的水资源是地球上所有的水源，狭义的水资源就是人类能够使用的河流水和淡水湖泊等淡水资源，本问题所讲的就是狭义的水资源。

2. 构建知识框架，归纳自然资源基本特点

运用描述和归纳自然资源主要特点的方法，将自然资源的要素进行梳理，绘制知识框架图，如图 3-4-1 所示。

以我国水资源为案例，运用地图和资料归纳我国水资源主要特点，绘制知识框架图，如图 3-4-2 所示。

3. 引导学生结合不同自然资源和区域进行总结归纳

应注意引导学生结合具体不同的自然资源和具体区域，针对不同自然资源归纳其主要的特点。如水资源，重点分析说明其空间分布和时间分配上的特点及水土组合的

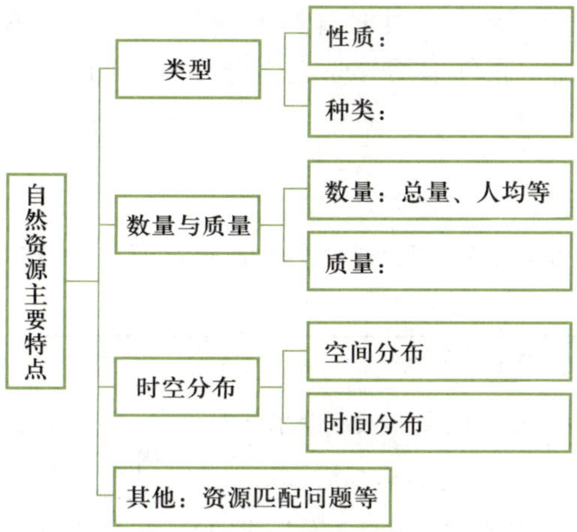

图 3-4-1

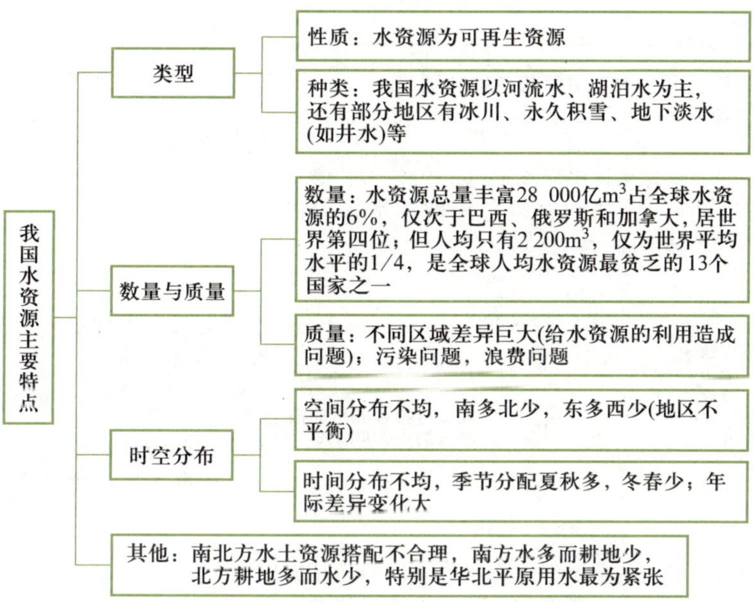

图 3-4-2

区域差异。土地资源重点分析其不同类型特点与空间分布的区域差异。在分析不同国家、区域自然资源时，宜突出该国家、区域主要的资源类型特点。我国不同地域的自然资源有异同，在说明不同地域自然资源的具体特征时宜突出该地域主要的资源类型。

案例示范

为解决本教学关键问题，设计了各有特色的三种解决方案：

案例 1 运用了一般归纳法，教师给出有关图表、资料，由学生获取信息，归纳出相应特点，构建认识自然资源特征的知识体系。

案例 2 运用由果溯因分析法，由节水、调水工程—探究原因—探究水资源特征，构建认识自然资源的知识体系。

案例3运用问题导学演绎法，根据自然资源特征的知识体系，采用提出问题－分析问题－解决问题的方式，充分运用导学案引导学生学习。

案例1

中国水资源

邱剑波　福建省晋江市季延初级中学

教学环节	教师活动	学生活动	设计意图
创设疑问导入新课	图片展示：2010年全国重点城市缺水分布示意图。 设问： 1. 读图说出中国缺水城市数量与分布主要有什么特点。 2. 这张地图反映了中国的水资源供需怎样的现状。	学生读图思考并回答问题。 中国缺水城市数量多且分布集中，反映了中国水资源供需不足，缺水严重。	疑问引入，帮助学生进入与本节课有关的知识。
承转	图片展示：太空中蔚蓝色地球图片。 设疑提问：水球缺水？	学生回答：地球上海水占70%，难以大规模利用。	引入水资源概念（能被人类直接利用的水）。
讲授新课	讲解：地球水体中海洋水占了97%多，淡水仅占2.5%，人类可直接利用的淡水仅约占0.0075%（如图3-4-3所示）。 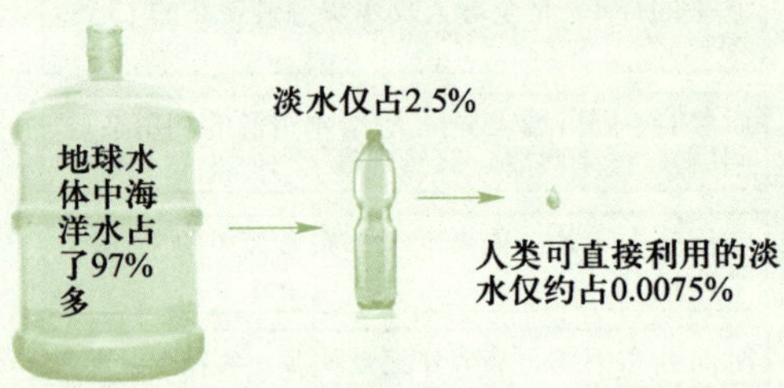 图3-4-3 小结：狭义的水资源主要指江河湖泊和浅层地下水，通常一个国家的水资源主要指这个国家河流的径流量。人类可直接利用的淡水资源量很少。	学生观察课件中展示的桶装水、瓶装水和小水滴，感受人类可直接利用的淡水资源比例很小。理解水资源的定义。	利用桶装水、瓶装水和小水滴来形象表示地球上的海水、淡水和人类可直接利用的淡水比例的巨大差异。
新闻链接	资料展示：中国是一个干旱缺水严重的国家。淡水资源总量为28 000亿m^3，占全球水资源的6%，仅次于巴西、俄罗斯和加拿大，居世界第四位，但人均只有2 200 m^3，仅为世界平均水平的1/4，在世界上名列121位，是全球13个人均水资源最贫乏的国家之一。 引导学生比较归纳中国的水资源数量情况。	学生阅读资料思考：中国水资源总量多少？人均多少？总量丰富，人均严重不足。	分析资料，比较差异，得出结论。
图片“欣赏”	图片展示：晋江九十九溪溪水变成了绿色。 请同学们结合新闻链接和图片欣赏思考问题： 1. 水资源是可再生还是不可再生资源？ 2. 中国水资源的质量受到什么影响？ 3. 中国水资源的分布有什么特征？	学生观察图片，思考教师所提出的问题，积极回答（运用课本资料或者本节课教师所提供的资料）。	通过图片思考认识中国水资源的质量（受污染）。

续表

<table>
<tr><th>教学环节</th><th>教 师 活 动</th><th>学 生 活 动</th><th>设 计 意 图</th></tr>
<tr><td>分析水资源空间分布图</td><td>展示：中国径流带分布图。
出示学习目标：从水资源的分布图中归纳我国水资源的空间分布规律。
教师指导学生读图、析图，得出结论。
通过完成课本活动题，加强对水资源空间分布的认识。</td><td>学生和教师一起读图、析图，自己总结水资源空间分布规律，并完成课本配套活动题。</td><td>培养学生的读图、析图和归纳总结能力。</td></tr>
<tr><td>探究原因</td><td>提问：水资源空间分布主要受什么自然因素影响？
图片展示：中国年降水量分布图。
引导学生思考，降水量多—地表河流多，径流量大—水资源丰富。</td><td>学生联系前面已学中国降水的相关内容讨论原因并主动思考答案。</td><td>分析原因，注重培养学生地理逻辑思维能力。</td></tr>
<tr><td>分析水资源时间分配规律</td><td>课件展示：广州、武汉、北京、哈尔滨四个城市每月降水量柱状图，长江武汉段径流量逐月变化示意图（略）。长江重要支流湘江丰水年和枯水年景观示意图。
出示学习目标：从不同城市降水柱状图和长江流域丰水、枯水景观图中归纳我国水资源的时间分布规律。
提问：分析这四个城市逐月降水柱状图可知中国降水在时间分配上有什么规律，对中国水资源在时间分配上又产生什么影响？</td><td>学生析图总结规律并回答。
学生分析得出水资源的时间分配规律。中国水资源在时间分配上不均匀，夏秋季节多，冬春季节少，年际变化大。</td><td>培养学生的读图、析图和归纳总结能力。</td></tr>
<tr><td rowspan="2">水土搭配分析</td><td>图片展示：中国南北方水土资源搭配饼状图（图 3-4-4）。
教师引导学生读图、启发学生思考。
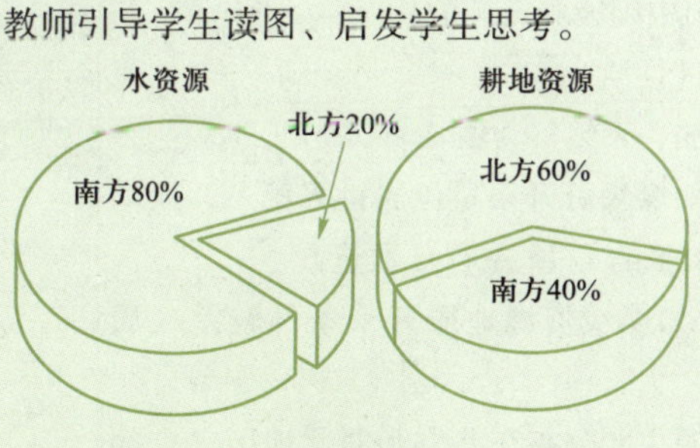

图 3-4-4</td><td>学生分析中国南北方水土资源搭配现状不合理。</td><td rowspan="2">对水资源特点及其影响的进一步探讨。</td></tr>
<tr><td colspan="2">教师引导学生归纳结论。中国水资源时空分布不均的影响：中国南北方水土资源搭配不合理，南方水多而耕地少，北方耕地多而水少，特别是北方的华北平原用水最为紧张。工业和城市发展受到很大的限制。</td></tr>
</table>

续表

<table>
<tr><th>教学环节</th><th>教师活动</th><th>学生活动</th><th>设计意图</th></tr>
<tr><td>归纳总结</td><td>学生归纳总结中国水资源的基本特点，教师引导。板书自然资源的分析体系：
1. 水资源为可再生资源（性质）
2. 我国水资源以河流水、湖泊水为主（种类）
3. 水资源总量丰富，世界排名第四，人均量不足，世界 121 位（数量）
4. 部分地区受水污染影响，质量下降（质量）
5. 空间分布不均：南多北少，东多西少。
时间分配不均：夏秋多，冬春少；
年际差异变化大（时空分布）
6. 华北平原水土搭配不合理（其他）</td><td>学生归纳，教师引导，构建资源基本特点描述的知识框架。</td><td>通过归纳水资源特点，构建自然资源基本特点描述的知识框架，掌握学习方法，同时提高知识迁移能力。</td></tr>
<tr><td rowspan="2">迁移运用</td><td>出示学习目标：将所学到的分析水资源的方法认知框架（图 3-4-1），迁移运用于归纳其他资源特点。
展示资料：中国能源资源分布图，中国能源资源的相关新闻材料等。</td><td>学生查阅地理图册、教材、上网查阅百度百科等。
学生按照本节课所学的分析自然资源的特点的方法，分析归纳中国能源资源的特点。</td><td rowspan="2">迁移运用到能源资源，归纳学习方法，引导自主学习。</td></tr>
<tr><td colspan="2">在教师引导下，学生归纳得出中国能源资源的特点：
1. 能源资源为不可再生资源（性质）
2. 我国能源资源以煤炭、石油、天然气为主（种类）
3. 能源资源总量比较丰富，如煤炭可开采量位居世界第三，人均量不足，如石油仅为世界平均水平的 1/15 左右（数量）
4. 能源资源开发难度较大。如煤炭资源地质开采条件较差（质量）
5. 分布不均衡，中国能源资源主要分布在北方和西北地区（空间分布）
6. 能源资源的分布不合理，能源消费较为集中的地区往往是能源资源稀缺的地区（比如南方地区）。</td></tr>
<tr><td>布置作业</td><td colspan="2">教师布置作业：完成配套练习册。学生同步练习。</td><td>巩固所学。</td></tr>
</table>

案例 2

中国水资源

成彬　福建省晋江市季延初级中学

教学环节	教师活动	学生活动	设计意图
导入新课 视频欣赏	教师播放“新闻联播”有关南水北调的部分内容，引导学生观看，并思考问题。 问题： 1. 该新闻主要涉及哪项重大工程？ 2. 为什么要实施这项工程？ 3. 中国水资源的整体情况你了解吗？	观看视频，并思考问题。	新闻视频导入，吸引学生注意力，更快进入课堂学习。
承转	该工程为南水北调工程，主要涉及的自然资源是水资源。		
讲授新课	水资源定义说明： 广义指地球上所有水体的总称。 狭义指在一定经济技术条件下，人类可以直接利用的淡水（河流、淡水湖泊及浅层地下水）。	学生分析，水资源为可再生资源，人类可直接利用的水资源量很少。	明确概念，为以后系统学习地理知识埋下伏笔。
中国水资源现状	给出资料，文字资料和各国水资源数量图片对比（图 3-4-5）。 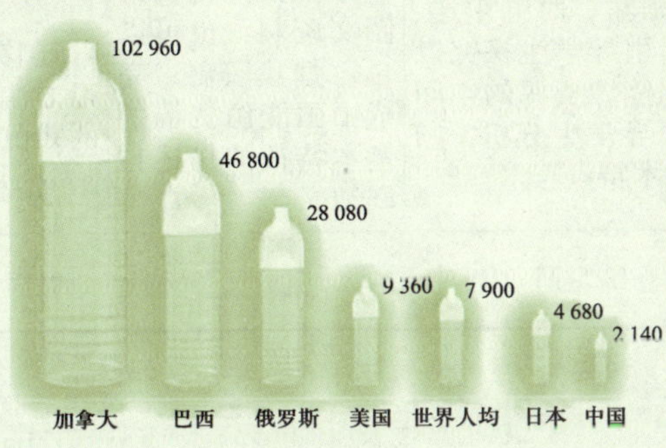 图 3-4-5	学生分析，中国水资源总量巨大，人均不足，还受到严重的水污染影响。	学会分析资料，提取有用信息。
承转	为什么要实施南水北调工程？ 教师引导说明：华北地区经济发达、城市人口多，需水量大。	学生分析：水资源空间分布不均，南方水多，北方水少。	由南水北调工程引入水资源空间分布不均。
水资源 空间分布	图片展示：中国年降水量空间分布图和中国径流带分布示意图。要求学生读图归纳水资源空间分布特点并分析主要原因。	学生读图、析图，得出结论。 水资源空间不均，南多北少，东多西少，主要受中国降水影响（降水又受中国夏季风影响）。	学会分析地图，从图中得出结论，联系前面已学气候知识，培养地理逻辑思维能力。

续表

教学环节	教 师 活 动	学 生 活 动	设 计 意 图
水资源时间分配不均	图片展示：视频中截取的南水北调工程中出现的许多水库画面。 引导学生思考，水库的作用？反映了水资源的什么问题？ 图片展示：长江武汉站径流量逐月变化示意图。黄河泛滥和断流示意图。 引导学生思考：水资源时间分配特点的成因。	学生思考、回答、归纳、总结。 水库调节水资源的时间分配不均作用。 水资源时间分配不均由中国降水时间分配不均造成。	水库—水资源时间分配—影响因素，注重培养学生由现象到原因的逻辑思维能力的训练。
归纳总结	指导学生回忆本节所学内容，师生共同完成水资源特点的归纳，提炼总结自然资源的特征描述知识框架（如图 3-4-1）。 中国水资源的特点： 1. 性质：水资源为可再生资源 2. 种类：我国水资源以河流水、湖泊水为主 3. 数量：水资源总量丰富，世界排名第四，人均量不足 4. 质量：部分地区受水污染影响，质量下降 5. 时空分布不均：南多北少，东多西少。时间分配不均：夏秋多，冬春少；年际差异变化大 6. 其他：部分地区与土地资源不匹配	学生归纳总结。	归纳总结水资源的内容，学会自然资源的特征描述的方法。
学以致用	教师提供资料：我国西气东输、西电东送、北煤南运等工程的图文资料，引导学生探究以上工程建设的原因，结合我国能源资源的空间分布图和数量质量等资料，引导学生分析，归纳，总结，我国能源资源的基本特点	分析教师提供的图文资料，也可以自己搜集资料，完成中国能源资源的基本特征的描述与归纳。	迁移运用，将学习方法运用到未知的知识，提升能力。
布置作业	教师布置作业，学生完成配套练习册。		巩固所学。

案例 3

中国水资源

陈禾谷 福建省泉州第五中学

教学环节	教 师 活 动	学 生 活 动	设 计 意 图
引入新课	播放电影片段《美丽的大脚》。	观看、思考、谈谈反映的地理问题。	吸引学生注意力。
构建知识框架	归纳自然资源特点要点知识框架（如图 3-4-1）。		了解自然资源特征的一般归纳方法。
明确任务	课件展示学习目标。	阅读学习目标。	明确学习任务。
自学课本	展示自学提示以及有关水资源的三个题目。	学生用两分钟时间阅读课本，寻找答案。	第一轮自学。

续表

教学环节	教 师 活 动	学 生 活 动	设 计 意 图
完成学案	分发导学案，当作开卷考试，巡视学生答题情况。	学生通过查阅课本，完成导学案的内容。	第二轮自学，并初步进行运用。
检验学习成果	展示导学案上的题目及相关图片资料，请学生回答。简单的问题略讲，易错的问题详讲。	学生回答导学案的问题。	检验学生的自学成果，高效利用课堂时间。
学习任务 1-1	1. 水资源概况 （1）概念 展示导课视频截图、转动的地球仪视频、世界海陆面积比例图。学生通过读图可知水资源是指淡水资源。		明确水资源的概念。
学习任务 1-2	（2）性质、种类 展示南极、雪山、水井图片。学生通过之前自学和观看图片知道水资源属于可再生资源及主要淡水资源种类。		了解水资源的性质和种类特征。
学习任务 1-3	（3）数量、质量 回顾旧知识，得出水资源总量丰富，人均不足的特点。启发学生质量高低的影响因素如：不同区域的差异、污染、水土资源配合等。		了解水资源的数量和质量特征。
学习任务 1-4	（4）影响我国淡水资源数量的自然因素 回顾之前所学气候、河流知识，完成因果关系图： A. 河湖的分布、水量的大小　　B. 降水量的多少 C. 夏季风影响的大小　　D. 干湿地区的划分 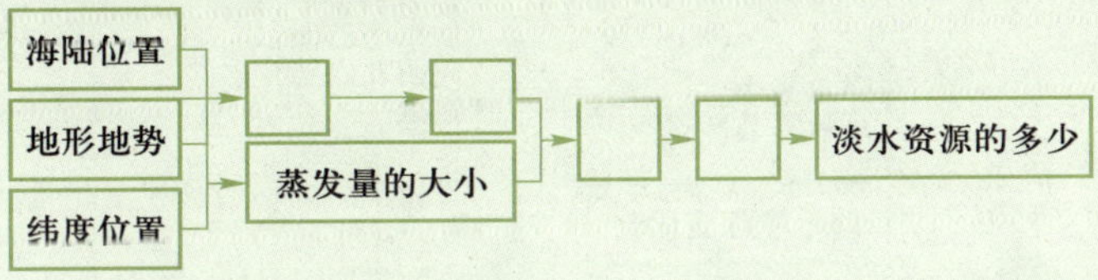		梳理旧知识，为下一步分析做铺垫。建议由果及因，培养逆向思维。
学习任务 2-1	2. 我国水资源的空间分布特点 展示中国主要河流径流量分布示意图，依图例找出径流量大的河流：长江、珠江、黑龙江等，根据其位置，归纳我国水资源的空间分布特点："南丰北缺"。		关键问题：运用资料说明某区域自然资源的特点。
学习任务 2-2	展示"中国主要河流径流量分布示意图"和"中国主要气候类型分布图"追问：空间分布还有其他特点吗？ 学生再次读图得出"东多西少"的特点。		人教版教材中，未提及此特点，补充讲解完整。
学习任务 2-3	展示因果关系图及海陆分布图、地形地势与季风图、等降水量线图、干湿图、内外流区分布图、河流径流量图等。通过读图分析我国降水空间分布特点"南丰北缺，东多西少"的成因。		运用因果关系图，结合相应地图，分析为什么水资源南丰北缺。
学习任务 2-4	读图找出水资源总量最少的地区——西北地区，并运用上述因果关系图等，分析西北地区水资源短缺的主要自然原因。		读图分析西北缺水的原因。

续表

教学环节	教师活动	学生活动	设计意图
学习任务 2–5	依据课本资料，找出我国另一个水资源短缺的地区——华北地区，并运用因果关系图等，分析华北地区水资源短缺的主要自然原因和人文原因，尤其是人文原因：农业、人口等的影响。		读图分析华北缺水的原因。
学习任务 3–1	3. 我国水资源的时间分布特点 （1）季节变化 展示松花江、黄河、长江、珠江流量年变化曲线图。 通过读图归纳出水资源季节变化大，夏秋多，冬春少的特点及原因：我国降水集中在夏秋季节。		
学习任务 3–2	（2）年际变化 展示北京年降水量的变化1951—2010年折线图。 通过读图归纳出水资源年际变化大的特点及成因：季风气候很不稳定，降水年际变化大		关键问题：运用资料说明某区域自然资源的特点。
学习任务 3–3	归纳我国水资源的时间分布特点：夏秋多，冬春少，季节和年际变化都很大		
课堂 小结1–1	使用知识结构导图（图3-4-6），对水资源的内容进行小结。 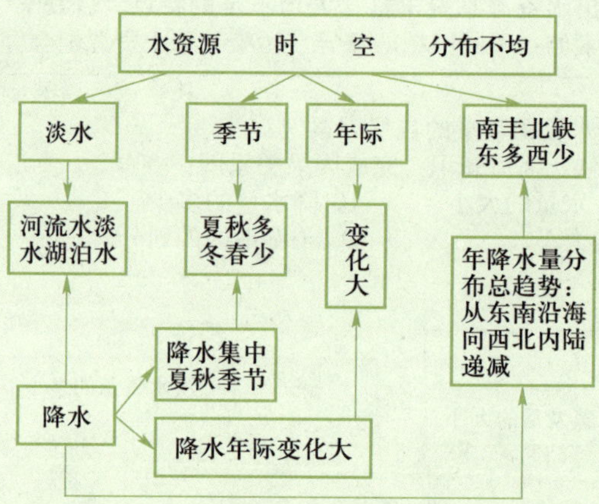 图3-4-6		建构知识体系。
课堂 小结2–1	自编助记歌诀： 1. 淡水资源可再生，河流（水）淡水湖泊水。 时空分布不均匀，水旱灾害频发生。 2. 南丰北缺是空间，季节年际是时间， 夏秋多来冬春少，年际变化也很大		用朗朗上口的歌诀帮助学生加深记忆。
迁移运用	展示“中国大型煤矿、铁矿、石油分布示意图”。 通过读图分析归纳主要矿产资源的特征。		考查学生归纳资源特征的能力。

评述与建议

1. 教学目标明确、落实课标要求

根据对课标的提炼，中国地理之自然环境与自然资源课标中关于资源的内容主要

有：自然资源的概念与分类；自然资源特点；自然资源开发利用中的人地关系；运用资料提取有效信息归纳总结的学科能力。课程标准要求："运用资料归纳我国某种（水土）自然资源（时空分布）的特点及其对于社会经济发展的影响。"课程标准涉及两个方面的关键内容，一是运用资料归纳自然资源特点，二是分析推理探究自然资源特点对社会经济发展的影响与解决措施。

地理课程标准明确要求"教学中应以水、土资源为案例"，三个教学设计均以中国水资源为案例展开，符合课程标准要求，同时也符合学生的认知水平，因为在气候、土地、生物、水、矿产等各种资源中，水资源是学生日常生活中最为熟识的资源，可以说以水资源为案例的学习门槛较低，有利于学生掌握地理基础知识与基本技能、基本方法，进而迁移应用于其他资源的学习。

2. 教学策略与方法得当

针对以上知识与能力要求，三个教学设计的教学均围绕自然资源特点进行模式构建，并将模式迁移运用于其他资源的学习中。建构的模式即① 性质：可再生、非可再生；② 种类构成；③ 数量特征：总量、人均、与其他国家地区比较；④ 质量特征：（高低）；⑤ 分布特征：（时间分布、空间分布）；⑥ 其他特点。

案例 1 教师采用一般归纳法，引导学生运用地图与资料进行水资源特点的描述与归纳，教学中设计的问题："水资源是可再生还是不可再生资源？中国水资源总量和人均现状？中国水资源的质量受到了什么影响？中国水资源的分布有什么特征？"呈现了我国南北方水土资源的匹配状况以及人类活动导致了水资源的紧张局面问题等，通过图表展示、引导读图分析，都紧扣自然资源基本特征，最后归纳完成模式构建，在层层推进的学习中，学生既学到知识又学会方法。

案例 2 教师设计了"由节水、调水工程—探究原因—探究水资源特征"的教学流程，由果溯因分析法引导学生由现象探究特点原因，对自然资源特点进行思考探究进而形成模式构建，在培养学生的逆向思维、逻辑推理能力上具有更大的优势。

案例 3 用导学案，结合地图和资料，教师直接根据模式要求的资源特点的几个方面，设计学习水资源特点的问题，由学生自主学习描述归纳水资源的特点并进行成因分析，有利于培养学生自主学习能力。水资源特点成因分析、与总结运用思维导图方式进行教学有利于培养学生地理逻辑思维能力。

教学建议：

南水北调与西气东输工程是我国资源跨区域调配的两大工程，选用矿产能源的分布为例，进行迁移运用到其他资源特点的归纳描述，如石油、天然气等的教学实践，针对性强，实效性好，便于检测学生学习方法的掌握程度。

教学关键问题的目标达成在于教学环节与教学策略的恰当设计，教学的遗憾在于我们总在路上，总能找到一些更好的教与学的方式。

方案 1，学生自主探究不够，还有处于被动接受学习的状态，如"水资源为可再生资源还是不可再生资源"应该提供一些探究的情境材料（实验演示，探索地理原理）以达到知识的动态生成。

方案 2，用南水北调工程进行问题情境创设后直接进行水资源概念的教学，将由果溯因分析法拦腰切断、从探究成因中获得水资源的时空分布特点的美好设想打了折扣，建议从分析南水北调工程问题中先构建水资源的空间分布和时间分配的特点，再归纳水资源的其他特点，完成水资源概念的学习，最后再构建模式，引导学生掌握自然资源特征总结描述方法。

方案 3，运用导学案直接进行水资源特点的自主学习，导学案的问题设计内容可以不必过细，以更有利于学生宏观思维的培养。最后自编助记歌诀，建议引导学生落实在地理图像中，避免机械记忆。

【校本研修建议】

以教研组为单位进行校本研修，参考流程如下：

（1）教师自己备教材、备学生，提出自己的教学设想。

（2）观摩微课程案例，对比三个方案的优劣，进行深入分析和整理。

（3）制订优化后的方案并实施，在实施过程中进行调整。

（4）讨论：怎样在达成这一教学关键问题的过程中充分发挥学生潜能，组织学生自主学习？

（5）把自己实施中比较满意的方案制作成微课程或文字呈现，上传到资源平台。

教学关键问题3-5 如何指导学生理解因地制宜发展农业的必要性

教学关键问题分析

（一）问题的提出

地理课程标准要求学生“说明因地制宜发展农业的必要性”。在“课程目标”的“情感态度与价值观”目标中，增加了“初步形成尊重自然、与自然和谐相处、因地制宜的意识”的内容。因地制宜是地理学的思想精髓，也是按照地理视角进行规划与布局的基本原则。在义务教育阶段，不要求学生有很专业的地理视角，只要求学生在遇到问题，能够联系地理课上所学的知识与方法进行思考和判断。地理课程最终要帮助学生形成地理观念，培养地理的视角。由于受学生年龄的限制，学生形成地理观念尚处于初级阶段，或者仅仅是一种感性为主的知识。培养学生地理的视角需要教师多从直观的、感性的材料和事实出发，不必追求理论知识的完整和精确，只要学生养成在遇到实际地理现象和问题时能够想到地理各要素之间的联系，能够意识到人与环境之间存在相互影响，基本形成因地制宜的观念。如何在教学中体现地理课程标准的基本理念，帮助学生形成基本的地理观念和地理的视角，成为初中地理教学中一个迫切需要解决的关键问题。

（二）问题的价值

“因地制宜”是学习地理时应该形成的一个基本观念。这一观念的形成对学生未来走上社会从事各项工作有着实际的意义。因地制宜，即根据当地的具体情况，制定或采取适当的措施。已故中国科学院院士吴传钧先生生前在审定地理课程标准时指出，“因地制宜”是经济地理学的一条重要原则，对于我国的社会主义经济建设作用很大，要大力宣传。地理课程标准体现了对“因地制宜”原则和“尊重自然、与自然和谐相处”意识的重视。

地理课程标准提出“地理课程引导学生从地理的视角思考问题”。“地理的视角”即从地理学的角度看待问题和思考问题。我国每个地区在发展经济中，都有一些有利的条件，也会存在不利的因素，学生可以比较不同的地方，认识地理区域的差异性和独特性，加深对“因地制宜”观念的理解。扬长避短、因地制宜地发展地区经济就是一个与“地理的视角”有关的知识。

教学关键问题解决

1. 利用探究活动，引导学生学会分析归纳，总结出“因地制宜”发展农业必须考虑的各种因素

探究学习是学生通过探究知识的发生过程，掌握科学的思维方法的学习方式。地理课堂上的探究学习多采用“创设地理问题情境—发现地理问题—解决地理问题”的过程。“因地制宜发展农业”是人们通过长期生产实践中观察到的地理现象进行高度抽象、归纳，形成的农业布局原则。通过教材中呈现的材料和学生的亲身经验、身边问题入手，教师设计一些有层次的问题，将探究活动引向深入，从而使学生能自主学习，构建完整的知识体系，为后续的学习打下基础。例如，在学习影响农业发展的自然因素时，结合教材的材料和学生熟悉的农业生产方式，设计了以下探究活动，让学生在实践中发现问题、解决问题，分析归纳得出结论。

探究活动：我是农场主，我来种一种、养一养。

教师展示一组图片，如图3-5-1所示，提出问题：

（1）甲、乙、丙、丁分别属于什么农业部门？

（2）如果你是农场主，应将它们分别布局在*A*、*B*、*C*、*D*的何处？

（3）说说为什么这样布局？

（4）影响农业发展的自然条件有哪些方面？

学生小组活动讨论、交流、发言。

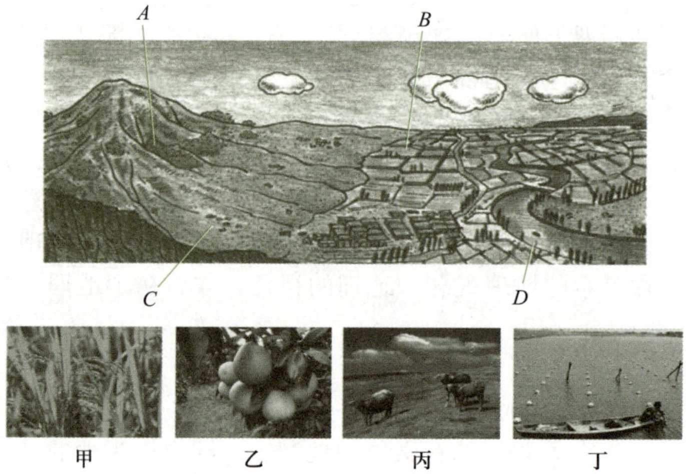

图3-5-1

教师小结：

影响条件（自然）
人类活动、城市分布 ｛地形平坦；
土壤深厚、肥沃；
水源丰富，灌溉便利；
气候适宜，温暖湿润 ⟶ 有利于农业的发展

2. 结合乡土地理，联系生活实际，培养学生解决问题的能力，从而达到学会地理知识迁移运用

“因地制宜”观念的确立具有很强的实践性，而乡土地理的学习又能较好地体现这种实践。乡土是绝大多数学生自小生活并在这里成长的地方，因而也是学生所熟悉的地方。乡土地理具有更贴近学生生活的特点，可以把“乡土地理”有关的教学内容分散、融合到教学过程中，能有力地促进课本知识与实践活动的联系，树立学生因地制宜观念的形成。

例如，在讲述“发展农业要因地制宜”这部分内容时，先展示学生在学习“土地资源”时所画的家乡土地利用构成的饼状图。然后结合乡土地理实例，出示漳州市土地利用类型构成图和农业产值结构图，如图 3-5-2 所示，引导学生思考回答问题。

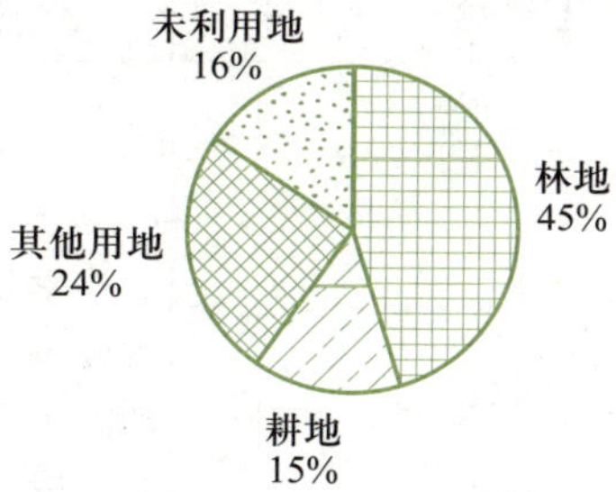

漳州市土地利用类型构成图

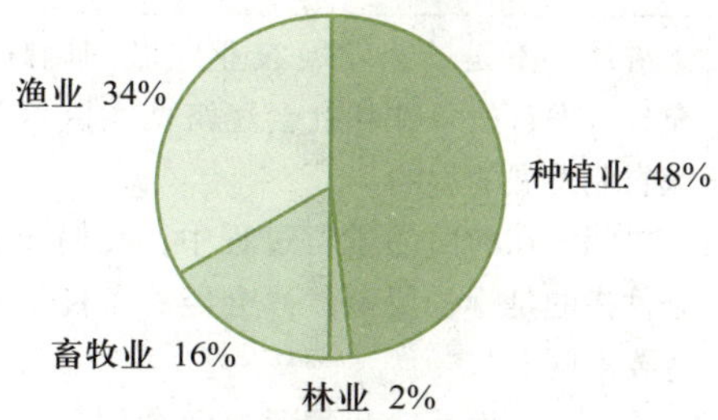

漳州市农业产值结构图

图 3-5-2

（1）从图中可看出：漳州市土地利用类型中比重最大的是________，但在农业产值结构中的比例最小；耕地只占________，而种植业的产值却占了漳州市________。由此可看出漳州市的农业产值结构（合理、不合理）。

（2）针对漳州市的多种地表形态，下列农业发展规划遵循“因地制宜”原则的是（　　）

A. 山地发展粮食和蔬菜生产　　B. 低山丘陵主要发展林、茶、果业

C. 浅海滩涂发展种植业和水产养殖业　　D. 平原发展林业

3. 利用检测评价，诊断学习效果，达到及时发现问题，查漏补缺的作用，使每一个学生都能共同进步

地理课堂评价方式多种多样，都是为了帮助学生改进学习，促进教师发展。诊断学生是否理解“因地制宜”的含义及必要性，可采用选择题和材料分析题等形式，评价学生是否具备陈述应用原理的能力。

对于说明因地制宜的必要性，可采用选择题的形式帮助学生理解。对于评价学生是否会将原理应用到新的情境中的能力，可采用材料分析题的形式，给出真实的区域农业发展的例子，如提供漳州东南花都花博园的地形、气候、河流、相关政策及花卉种植的历史等材料，让学生来阐述花博园成为“海峡两岸现代农业博览会·海峡两岸花卉博览会”的举办地、国家“4A 级旅游风景区”和全国农业旅游示范点、福建漳州国家农业科技园区的核心区的优势。让学生学习用事实说明的方法，增长学生的决策技能，实现学习“身边的地理”“终身有用的地理”的新课程理念。

案例示范

案例 1

因地制宜发展农业

兰艺颖　福建省漳州八中

教学环节	教师活动	学生活动	设计意图
创设情境导入新课	设问：大家玩过游戏“开心农场”吗？在现实生活中不管什么样的环境都可以想种就种吗？	学生思考并回答问题。	联系生活实际引入，激发兴趣。

续表

教学环节	教 师 活 动	学 生 活 动	设 计 意 图
承转	讲述：不是的，发展农业应做到因地制宜，充分考虑自然条件和社会经济两大因素对某区域农业发展的影响。 提问：在前面的学习过程中，我们知道自然条件指的是哪些要素？社会经济条件又包含哪些要素呢？ 承转：下面就让我们通过两个例子来完成这一部分的学习。	学生思考并回答问题。	让学生对因地制宜发展农业需考虑的因素有一定的初步认识。
知识构建	例1：展示图3-5-1，我是农场主，我来种一种、养一养。 教师小结： 自然条件： 地形平坦； 土壤深厚、肥沃； 水源丰富，灌溉便利； 气候适宜，温暖湿润。 提问：因地制宜发展农业，要充分利用当地自然条件的优势。当我们进行具体的农业生产时还会遇到什么样的问题呢？	小组活动：讨论、交流、发言。 （问题1）甲、乙、丙、丁分别属于什么农业部门？ （问题2）如果你是农场主，应将它们分别布局在AB-CD的何处？ （问题3）说说为什么这样布局？ （问题4）从中你可以发现影响农业发展的自然条件有哪些方面？	通过案例引导学生学会联系生活实际来分析归纳影响农业发展的自然条件。
	例2：教材中的探究活动题。教师适时提示。 重点分析归纳： B. 蔬菜、花卉等 • 靠近消费市场，需求量大 • 减少交通运输投入 • 保证产品的新鲜 C. 水稻、小麦等 • 远离市区，地价便宜 • 地势平坦，水源丰富，便于大面积种植	小组活动：讨论并派代表发言。	培养学生合作学习的态度及分析归纳能力，让学生明确影响农业发展的社会经济因素，构建完整的知识体系。
承转	学习中，我们可以发现，农业生产即要充分考虑自然条件，还要注意市场、交通、科技、政策等社会经济条件对农业生产带来的影响，所以发展农业必须做到因地制宜。	学生适时做笔记。	为后面的活动做好准备。

续表

<table>
<tr><th>教学环节</th><th>教师活动</th><th>学生活动</th><th>设计意图</th></tr>
<tr><td rowspan="2">拓展延伸</td><td>活动一
课前作业：农业发展要因地制宜。你能从报纸、杂志、电视、互联网上收集一些关于因地制宜和不因地制宜发展农业生产的事例吗？你能分析其成功之处和失误的地方吗？如果是反例，你能提出一些合理化的建议吗？
小结：人类既可以对不利的环境进行改造，使之朝着正确的方向发展，同时不合理的行为也可能使得有利的环境变为不利。人类的生产活动一定要符合自然规律，这样才可持续地发展下去。</td><td>学生在实物投影仪上展示收集的资料。
正例：在山坡栽种果树；在荒坡上植树造林；在干旱半干旱地区合理放牧。
反例：在干旱半干旱地区开垦耕地种粮；陡坡开荒种粮；围湖造田。</td><td>从正反两方面加深对因地制宜发展农业的重要性的认识。</td></tr>
<tr><td>活动二
展示资料：漳州东南花都花博园。
材料一：位于漳州漳浦马口，是历届国家级盛会——“海峡两岸现代农业博览会·海峡两岸花卉博览会”的举办地，国家“4A 级旅游风景区”和全国农业旅游示范点，福建漳州国家农业科技园区的核心区。花都依山傍水，风光旖旎。总面积达 10000 亩（67 公顷），现有花卉苗木 2 000 多种，年培育各种花卉草木 1 000 多万株。
材料二：两岸人民血浓于水，深厚情感难以割舍，漳台之间更是渊源深厚，早期台湾的农产品就由漳州先民移植而去，后来台湾农技人员又将改良品种引回漳州。
材料三：漳州市气候资料（图 3-5-3）。
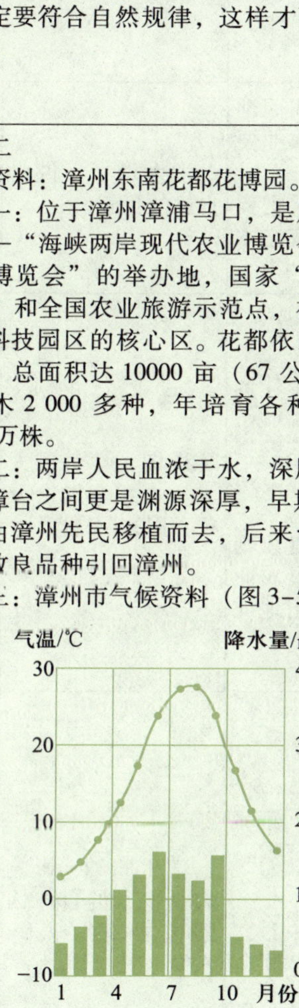
图 3-5-3</td><td>自主学习：
问题 1：花都区的农作物有哪些？
问题 2：该地农业生产受到哪些自然因素和社会经济因素的影响？为什么？</td><td>结合乡土地理，引导学生学以致用，进行知识迁移，落实“学习生活中有用地理”的新课程理念。</td></tr>
<tr><td>小结</td><td colspan="3">1. 自然条件
（1）亚热带季风气候，水热配合好（或雨热同期），最低月均温大于 12℃，适合花卉的生长；
（2）九龙江流经，提供充分的灌溉水源。
2. 社会经济条件
（1）国家政策扶持；
（2）漳台农业技术交流历史悠久。</td></tr>
</table>

因地制宜发展农业

汪学芳　福建省漳州华侨中学

教学环节	教师活动	学生活动	设计意图
创设情境 导入新课	展示：内蒙古高原、东北平原、太行山、洞庭湖四地图片。 设问：假如现在你就是一个小小农业设计师，让你在图片不同地区选择农业类型，你会选哪一种，为什么？ 总结：这反映了发展农业要因地制宜。	学生思考并回答问题。	设置问题情境，激发学生的求知欲。
承转 讲授新课	提问：从字面的角度来解说一下什么叫因地制宜？请从地理学科的角度说一说发展农业要因地制宜指什么？ 归纳总结：利用当地自然条件的优势，把要发展的农业生产部门或农作物布局在适宜它本身发展，生长最有利的地方。	学生思考后说出自己的见解。	初步了解“因地制宜”的含义。
	图片展示：因地制宜发展农业的相关图片。 读图分析：怎样才能做到因地制宜？这要求同学们必须先搞清什么样的自然条件适合什么样的农业。请同学们学习教材，从地形、气候、水源、土壤等方面分析，哪些地方适合农？哪些地方适合林？哪些地方适合渔？哪些地方适合牧？ 小结：“宜林则林”“宜粮则粮”“宜牧则牧”“宜渔则渔”这是“因地制宜”发展农业的四大原则，违背这些原则不合理利用土地或利用过度都将遭到大自然的报复。	读图，学生四人为一小组，讨论分析，回答问题。	培养学生从图中获取信息的能力，明确怎样做到因地制宜。
课堂活动一：农业分布受自然条件的影响	练习：完成课本中的探究活动。 小结： A地以种植蔬菜、花卉、发展肉、乳、禽、蛋的生产为主，因为A地位于城市郊区，距城市近，生产城市市场需求的农产品，经济效益最高。 B地以种植水稻、小麦等粮食作物为主，因为B地位于远离城市的平原、土壤肥沃，水源充足，适合发展种植业。 C地适宜发展林业，因C地是山地、地形陡峭，水土易流失，发展林业可以保持水土。 D地适宜发展水产养殖业，因为D地位于海洋、水域辽阔。	学生归纳：影响农业生产的自然因素主要有：地形、水源、气候等。	
	出示案例：展示学生在学习“土地资源”时所绘的家乡土地利用构成的饼状图。然后结合乡土地理实例，出示我市土地利用类型构成图和农业产值结构图，引导学生思考回答两个问题。		

续表

教学环节	教师活动	学生活动	设计意图
课堂活动二：农业分布受社会经济条件的影响	1. 从图中可看出：我市土地利用类型中比重最大的是________，但________业在我市农业产值结构中的比例最小。我市耕地面积只占________，而种植业的产值却占了我市的________，由此可看出我市的农业产值结构________（合理或不合理）。 2. 针对漳州市的多种地表形态，下列农业发展规划遵循“因地制宜”原则的是（　　） A. 山地发展粮食和蔬菜生产发展 B. 低山丘陵主要发展林、茶、果业 C. 浅海滩涂发展种植业和水产养殖业 D. 平原发展林业 小结：各个地区都有农业发展的优势和不足，利用当地自然条件的优势，因地制宜的发展农业有助于当地经济的发展。 过渡：因地制宜地发展农业是不是只考虑自然条件就可以呢？	学生讨论，认识因地制宜的必要性。	通过案例，密切联系实际，引导学生学习身边的地理知识，分享学习成果，认识因地制宜的必要性。
	练习：完成教材中的探究活动。 小结：因为A地距离城市近，市场对花卉、蔬菜、肉、乳、禽、蛋的需求量大，而且价格比水稻高，所以由水稻改种花卉、蔬菜，发展肉、乳、禽、蛋能获得更高的经济收益。	学生分析讨论活动，归纳总结对比。	通过这个活动明确市场需求量等社会经济因素也影响农业的发展。
	出示案例：我市20世纪80年代初荔枝畅销，许多农民盲目扩大荔枝的种植规模，造成后来荔枝供过于求，严重滞销的局面。到现在荔枝成熟的季节，出现许多农民宁愿让荔枝留在树上，也不愿摘取，请问荔枝滞销主要受什么因素的影响？ 小结：市场需求量。 图片展示：漫画《我该种什么好呢?》 设问：因地制宜发展农业考虑的社会经济条件主要有哪些？ 总结：农业生产还受到市场需求量、农业技术装备、与城市的距离、农民文化技术水平等一些社会经济因素的影响。	学牛思考后得出结论：市场需求量。	让学生深刻理解影响农业因地制宜发展的因素。
课堂小结	强调因地制宜的重要性，说明要综合考虑影响因素，才能真正做到因地制宜，促使农业的可持续发展。	加强对因地制宜发展农业的重要性的认识。	巩固本课知识。

评述与建议

“举例说明因地制宜发展农业的必要性”是本单元教学目标的重点之一，主要内容是“自然条件和社会经济条件是影响农业发展与分布的主要因素”。教学中必须尊重学生已有的知识和经验，尽量走出教材，走进生活，有必要根据地方特色来创设情境，设计案例，激发学生的学习兴趣，并引导学生的自主学习，发挥小组合作的作用，创造“思维性讨论”，使学生体会地理学与现实生产的密切联系和地理学的应用价值，形成因地制宜的农业可持续发展观念，从而实现教学目标。

教学关键问题的解决是教学过程设计的重点和难点。例如，教材中的活动题是作为结论的验证还是作为探究结论的素材，其教学效果差异很大。这两个案例尝试着把活动题作为探究结论的素材来处理，经历实例—结论—实例的思考探究过程，培养了学生解决实际问题和归纳总结的能力，让学生体会到地理学习与现实生活的密切联系，加强了对学生情感态度与价值的教育。

教学关键问题的解决需要学生的参与。采用分组讨论这种常见的教学活动，可以鼓励学生阐明自己的观点，帮助学生提高对自己的观点的认识，并且懂得对同一事情，不同的人可以有不同的观点，学生在互相讨论学习的过程中也有助于获得自信，激发学生对地理学习的兴趣和好奇心，有助于教学关键问题的解决。

【校本研修建议】

以教研组为单位进行校本研修，参考流程如下：

（1）教师自己备教材、备学生，提出自己的教学设想。

（2）观摩微课程案例，对比两个方案的优劣，进行深入分析和整理。

（3）制订优化后的方案并实施，在实施过程中进行调整。

（4）讨论：怎样在达成这一教学关键问题的过程中充分发挥学生潜能，组织学生自主学习？

（5）把自己实施中比较满意的方案制作成微课程或文字呈现，上传到资源平台。

教学关键问题3-6　如何指导学生运用资料说明工业生产分布的特点

教学关键问题分析

（一）问题提出

为了更好地适应现代社会发展的需要，人们在不断探索科学、文明的生产方式和生活方式，寻找可持续发展的道路。义务教育地理课程选取了农业、工业、交通、地方文化等内容作为“经济与文化”部分的主要内容，旨在揭示人类活动与地理环境的关系，有助于增进人们对地理环境的理解力和适应能力，提升应对社会发展问题的能力。工业生产活动作为人类社会经济活动的重要组成部分，是地理课程的核心知识，通过对不同区域工业生产分布的学习，可以引导学生逐步形成“因地制宜”“人地协调”的可持续发展观念，为培养具有地理素养的公民打下基础。

“运用资料说明工业生产分布的特点”的具体教学内容主要通过中国地理“经济与文化”中“工业”这一节的相关内容来体现。对该目标要求进一步解读，可以发现它是抓住了地理学习的核心概念，以认识工业分布的空间格局为主体，同时强调了地理学习的过程与方法。若细化为不同维度的教学目标，则有：知识目标——掌握某一人文地理要素的空间分布形态；技能目标——学会阅读图表、文字资料等，获取相关信息；过程与方法目标——归纳地理特征，分析地理联系等；情感态度与价值观目标——初步认识环境与人类活动的相互关系，理解“因地制宜”的地理核心观念和方法。可见这是一个突出体现地理学科综合性的教学关键问题，是教学中的重点内容。

（二）问题的价值

在这个问题中，空间分布特征的描述显然是一个重要的部分，对于初中学生来说，工业生产分布也是一个比较抽象的空间概念。不同于描述某一单一自然地理要素的空间分布特点，如位置、地形区、河流等，工业生产的分布是人类综合利用各种地理条件进行生产布局的结果，从这一点来说，问题的关键点在于理解工业生产分布与周围各种地理要素之间在空间上的联系，充分运用联系的观点，才能建立起归纳工业分布特点的整体视角，达到“说明”工业生产分布特点的目标。虽然初中阶段并不像高中阶段那样系统地分析影响工业分布的各个要素，但如何使学生在阅读资料和分析图像信息的基础上，逐步建构起工业生产布局观念，是解决本教学关键问题的关键。

在认知结构上，作为人文地理重要内容之一的工业生产分布，是在学习了自然地理环境的基础上进行学习的内容，要求学生能够初步理解地形、气候等自然地理要素并进一步结合人口、市场、交通等社会经济因素对人类活动的影响，突出体现因地制宜发展生产的人地关系这一核心学科思想内容。要求学生能够阅读和运用图表获取地理信息；利用文字和绘制的图表等形式表达地理信息，在学习过程中运用更多的地理空间思维、地理逻辑思维，能力要求较高。而这部分内容的掌握，也将为后面学习不同区域的工业分布特征提供方法。可见在教学中，如能够处理好，既有对前面内容的复习巩固，更有通过分析、归纳、综合解决问题的复杂思维过程，通过对工业分布的空间理解及其影响因素的分析，在掌握重点知识的同时也可以更好地促进学生学科能力发展，对实现地理课程目标有重要价值。

教学关键问题解决

在实际教学中，认识地理事物的空间分布，对学生来说是有些困难的。如何组织有效的教学策略，来促进学生的能力发展呢？从教育心理学看，在选择教学策略时所依据的理论主要包括：有效的课堂教学是以学习者为中心，学习者主动建构的过程。因此教学方法的选择应当基于学生当前的能力、理解等。我们采取的主要教学策略是利用“活动”进行教学难点的突破，借助“任务”让学生主动参与课堂活动过程。课堂教学的“活动”有利于实现教学目标、培养学生能力，亦符合改变学生学习方式、倡导自主、合作、探究式学习的新课程理念。但问题在于，我们的活动如果不接近学生的认知水平或不足以引发兴趣的话，也就不能获得好的教学效果。因此，对活动的设计就成为重要的环节。由于学生不断地根据自己现有的知识和技能、之前获得的知识和经验来发展自己的新知识，以及发展更高级的思维和推理能力，因此教师在这个过程中，要起到的是帮助和促进的作用，通过示范、辅导建议、开展活动、管理任务等教学过程促进学生的认知发展。初中阶段学生已经能够进行抽象思维，但是要把所要学习的抽象概念与实物和具体事件联系起来，以使学生更好地建构成自己的观点，从而扩展和促进掌握的技能。

在上述理论指导下，本问题所研究的“运用资料说明工业生产分布的特点”在教学中具体的活动设计可由以下层层发展和提升的五个环节所组成。

（一）找位置

地理学科研究的对象和现象具有一定的存在空间，空间位置的差异、变化等是学生在地理学习过程中首先要发现的部分。初中地理教学主要是通过各种读图指导和训练培养学生地理空间能力与图像运用能力、阅读分析地理图表等能力。地图是地理学科的“语言”，因此首先从图表上准确、全面地提取显性和隐性的信息。如要求学生认真阅读教材中中国主要工业中心和工业基地分布图，明确其名称和位置。这里首先要明确概念的区别。工业基地指工业生产比较发达和相对集中的城市或地区。有以发展某一行业为主的专业性工业基地，如中国的鞍山钢铁工业基地；有行业门类比较齐全的综合性工业基地，如上海是个冶金、机械、纺织、轻工、化工、造船等工业都比较发达的综合性工业基地。工业中心是指一个地区工业最为集中的地点。中心是相对于区域而言的，作为一个区域的工业中心，它是区域这个“面”上的“点”。

从图中可以获取到的信息有四个主要工业基地，分别是长江三角洲、珠江三角洲以及北方渤海湾的辽中南和京津唐地区。在空间位置上它们都位于东部沿海。主要工业中心则从东部到西部分布于各省份的主要城市如哈尔滨、石家庄、武汉、福州等。活动的形式上，可以利用多媒体图片闪现加以强调；可以由学生上讲台指图。可以让学生快速查找并说出，可采用评分奖励的方法调动学生的积极性。为了和之前学习过的知识建立联系，可以引导学生发现这些工业中心大部分都有该省份的省会城市，也是学生相对比较熟悉的地名。此时，学生只需要了解有哪些工业中心，它们在哪里，还不能很快地抓住分布上的特点。

（二）说特点

现在我们来看看学生建构的自己的理解地图，这也是综合提升学生地理能力的环节，同时来评价教学目标是否达到。教学策略上可以采取让学生在图上画出自己的示意图，或者让学生对照分布图根据自己形成的理解做出说明，形式可以多样、开放，以鼓励学生创造性思维的发展，培养、增强学生的学习能力。此时，亦可以高新技术产业的发展和分布作为案例进行分析。在分析问题时，就可以按照前面所进行的空间位置、分布及发展条件分析等方法，对其进行说明。

（三）比差异

地理空间上存在的差异是地理学科研究的重要内容。正因为这些差异的存在，会引发学生进一步思考和探究，而这也是我们要研究的地理分布。在从工业中心和工业基地图上大概了解了它们的位置之后，学生要对不同空间内的分布差异作一个比较。让学生思考的问题是：这些工业中心或工业基地在空间分布位置上有何差异？哪些地方密集？哪些地方稀疏？如何表达这种空间差异？为促进学生有效的认知过程，教师应给予学生们建构这一内容的建议。从具体的各个省份工业中心的数量，延伸到区域范围内的工业中心密集程度，让学生由直接接收信息，到归纳分布概况。学生通过读图可以看出最密集的省份是在沿海，最稀疏的或者没有的是在西部地区，中部的一些省份则介于两者中间。在进行活动时，我们可以让学生尝试不同的区域差异空间划分，如南北方或东西部，让学生评价这样的划分是否可以或足够表达出差异。这里也可以帮助学生回忆他们过去在表达某一自然地理要素时是如何表达的，如人口分布差异、降水分布差异等，让学生运用先前的经验进行新内容的学习，这是培养学生对空间分布格局的觉察能力的一个训练过程，使学生能逐步建构起关于空间分布格局的认识和表达。

（四）论原因

工农业生产活动是人们在当地环境条件的综合作用下发展起来的。由于各地的发展条件不同，不论是有利的或不利的条件，都会影响到人们的选择和发展。地理位置、交通条件、矿产以及国家政策等，会使不同地方工业生产有所不同。因此，可以在通过读图了解到空间分布差异之后，让学生试着找出不同地区之间产生差异的主要影响要素，并进而用联系的观点分析某工业区或工业中心的发展条件。提出这样的任务是在直观读图的基础上，为学生进一步发展地理思维而搭建的“脚手架”，让学生学会继续深入地思考问题。

（五）做迁移

可将观察位置、获取信息、分析比较、做出解释、得出结论这样综合的分析工业分布特点的过程运用到新的一个区域的探究中，实现地理学习能力的迁移。教师对如何迁移要有一定的指导，要根据不同的区域、不同的问题在实践中灵活运用。

案例示范

案例 1

我国工业的分布

陈诗　福建省福州三中金山校区

<table>
<tr><th colspan="2">教学环节</th><th>教师活动</th><th>学生活动</th><th>设计意图</th></tr>
<tr><td rowspan="2">找分布</td><td>分区</td><td>在学生成果基础上，总结学生分析思路，并提出分区：西部经济带、中部经济带、东部经济带。</td><td>学生分组派代表展示“国产工业产品产地小调查”的调查结果。</td><td>让学生从身边地理事物入手，获得中国工业空间分布差异的感性认识。使学生意识到生活处处有地理。
小组合作调动学生学习积极性。</td></tr>
<tr><td>比较</td><td>提问：想一想，同学们的调查结果能全面反映我国的工业分布状况吗？
讲解：空间上比较工业中心、工业基地的分布；数值上比较人均工业产值等经济指标的高低。
讲述：
辽中南工业基地——重工业为主；
京津唐工业基地——北方最大综合性；
长三角工业基地——我国最大综合性；
珠三角工业基地——轻工业为主。</td><td>学生思考、回答。
阅读学案中关于工业中心、工业基地的定义。
完成学案活动题：
1. 数一数，图中三个地区工业中心的数目；工业中心最密集的是什么地区？
2. 找一找，我国工业基地由北向南依次是哪些？这四大工业基地集中分布在哪里？（从方位和海陆位置两个角度描述）。
3. 比较我国人均工业总产值与工业中心的分布，你能得出什么结论？</td><td>培养学生批判性思维，促进学生思维由感性认识向理性认识提升。
训练学生从地图中提取信息、分析信息的能力。</td></tr>
<tr><td colspan="2">究原因（归因）</td><td>展示：中国地形分布简图、中国铁路干线分布图、中国人口分布图、我国矿产资源分布图。</td><td>学生合作探究：
1. 我国东部沿海工业发达的原因。
2. 结合学案文字资料和“我国矿产资源分布图”，归纳中西部地区工业发展的优势。
学生讨论、交流。</td><td>培养学生综合处理地理信息的能力。
通过让学生推理地理要素之间相互关系，让学生意识到工业的分布受到诸多因素的影响，地理事物之间是相互联系的。</td></tr>
<tr><td colspan="2">明方法</td><td>总结认识区域工业分布特点的一般方法：
1. 分区；
2. 比较工业中心与工业基地的空间分布的差异、人均工业产值等经济指标的差异；
3. 归因（影响因素）。</td><td>学生思考。</td><td>将“我国工业分布”这一地理知识，提升至方法策略层面，帮助学生建构新的知识体系，以帮助学生在新情境中进行知识迁移，解决新问题。</td></tr>
</table>

续表

教学环节	教师活动	学生活动	设计意图
善迁移	展示：福建重点产业集群（基地）布局图、福建人口分布图（2010年）、福建主要铁路线分布图、福建人均GDP分布图（2009年）。	合作探究：福建工业分布的特点。 1. 福建工业中心主要分布在哪里？ 这些地区发展工业的优势主要体现在哪些方面？ 2. 福建地区人均生产总值分布有什么特点？ 3. 如何带动福建工业相对薄弱地区的发展？ 讨论、交流。	读图析图、迁移运用。
板书设计	（见下表）		

	西部地区	中部地区	东部地区
工业中心	较少	较多	多
工业基地			辽中南、京津唐、长三角、珠三角
人均工业产值	较低	较高	高
主要发展优势	政策、资源		自然条件优越，交通便利 劳动力丰富，市场广阔

案例2

我国工业的分布

关凌慧　福建省福州格致中学鼓山校区

教学环节	教师活动	学生活动	设计意图
导入新课	复习设问：我们学过了日本和俄罗斯，请回忆一下：日本工业地带分布有什么特点？日本工业发展的最主要有利条件和最不利的条件是什么？日本工业发展中如何克服不利条件？俄罗斯的工业部门与矿产资源的关系是什么？ 引导：影响工业分布的因素很多，主要有交通、资源、市场、劳动力、政策等。工业分布一般在资源能源充足、交通便利、市场广阔的地方。当然，资源不够丰富的地方，如日本，经济发达、市场广阔、交通便利的也可以从其他地方运资源进来。 引入主题：我国工业分布有哪些特点？我国工业分布受到哪些因素影响呢？	学生回忆旧知识，产生疑问并思考。	联系学习过的日本和俄罗斯工业分布的内容，提出本节内容的核心问题，开门见山，切入主题。

续表

教学环节	教师活动	学生活动	设计意图
环节一：读“中国主要工业中心和工业基地分布图”，总结现阶段我国工业分布有何特点			
找位置，比差异	展示中国主要工业中心和工业基地分布图。 整体感知：图中红色的点代表我国工业中心，从图中可以看到我国工业中心分布均匀吗？ 总结： 我国工业中心分布特点：东部沿海地区密集，并集中了我国四大工业基地（辽中南工业基地、京津唐工业基地、沪宁杭工业基地、珠江三角洲工业基地）；西部地区稀疏，工业中心较少；中部地区工业中心较多。 具体分析验证： 1. 在图中找出我国东部沿海省份及其主要工业中心。 2. 在图中确认我国沿海四大工业工业基地（绿色区域）及位置（包括省区位置和海陆位置）。 3. 比较“我国工业中心图”与“中国省级行政单位人均工业总产值的分布图”，你能得出什么结论？（比较沿海省份如山东、福建等与西部内陆省份如新疆、西藏等。）	1. 整体感知我国工业中心分布不均匀。从图中信息看出我国工业中心分布在中东部。 2. 具体验证：采用小组合作，设定时间为“4 分钟”。具体读图步骤：结合教材“中国的省级行政区域图”“我国工业中心图”与“中国省级行政单位人均工业总产值的分布图”。	本环节注重读图并总结分布规律，学生通过自主读图增强了独立思考的能力和快速读图的能力。
环节二：我国工业布局的影响因素			
找原因，做评价	承转：为什么我国工业分布呈现出：东部沿海工业中心密集，西部工业中心少、稀疏的特点呢？ 展示：我国地形分布图、我国主要铁路分布图、我国气候分布图、我国人口分布图。 总结：我国沿海地形气候等自然条件优越，东部人口、城市密集；再加上沿海位置交通便利，工业基础好，市场广，为发展工业基地创造了条件。而西部自然条件不利，人口稀少、交通不便，所以工业中心少。 过渡：就我国工业分布来看，怎样协调东部工业中心密集，西部工业中心稀疏的分布格局，缩小东西部的差距，实现均衡发展呢？ 提示：为了使我国工业分布日趋合理，我国西部大开发战略提升了中西部地区的基础设施水平，促进了中西部工业发展。根据教材内容，说说中西部地区工业发展具备哪些优势？（自然资源丰富、生产成本低等优势） 总结：我国东西部的工业发展各有优势，在发展过程中要根据各个地区的特点，因地制宜地发展工业。	1. 同组学生交流讨论：工业中心主要集中分布在东部沿海地区的原因。 2. 根据资料找出我国中西部发展工业的有利条件，知道我国积极采取政策促进西部大开发，缩小东西部差异。	从课本中的材料入手，循序渐进提高学生的比较能力，培养学生以地理视角看问题。

续表

教学环节	教师活动	学生活动	设计意图
环节三：长江沿江地带的工业布局			
迁移应用	图片展示：长江沿江地带工业中心和工业分布图 资料展示：长江沿岸是我国高度发达的综合性工业地带。通过众多南北支流和交通干道，这些经济技术优势可向南北辐射，使我国南北经济成为一体。目前，自东向西已经形成了4大工业基地。 小组合作： 1. 找出长江沿岸江地带的主要工业中心。 2. 根据所给材料，比较长江沿江上游和中下游的工业发展优势：从地形、自然资源的种类和数量、交通、资金、技术等比较。 3. 讨论长江沿江地带上游地区和中下游地区应当怎样进行协调。	1. 主要的工业城市有：重庆、武汉、南京、上海。 2. 长江上游水能丰富，自然资源种类多，但是在内陆，对外的经济往来受限制，信息不畅，缺乏资金和技术；中下游地区经济发达，产业密集，技术先进，科技教育力量雄厚。 3. 讨论长江沿江地带上游地区和中下游地区应当怎样进行协调。	对教材内容进行补充，由中国工业分布迁移应用到长江沿江工业分布，让学生学会举一反三。有助于锻炼学生的发散思维。

案例3

运用资料说明某区域工业生产的分布特点

叶芳菲　福建省莆田擢英中学

教学环节	教师活动	学生活动	设计意图
创设情境导入新课	情境导入：同学们有没有用过苹果公司的产品？iPhone？iPad？你们觉得苹果公司的产品是中国生产的还是美国生产的？ 播放视频：《富士康苹果产品生产实拍》（1分钟） 设问：同学们眼里的外国货其实是在中国生产的，为什么乔布斯不在美国建立苹果产品的代工厂，而要选择中国、巴西等发展中国家呢？企业家们是怎么考虑工业生产布局问题的？	1. 学生根据自己的生活体验回答。 2. 学生观看视频并思考。 3. 学生得出结论：中国使用苹果产品的人数比较多。	用学生们感兴趣的苹果产品创设情境，从视频导入，有效激发学生们浓厚的学习兴趣，学习生活中有用的地理。

续表

教学环节	教 师 活 动	学 生 活 动	设 计 意 图
承转新旧知识联系	承转：中国苹果产品使用人数多，说的专业点就是中国的市场比较大，还有一个原因是因为中国的劳动力比较廉价，比美国工人的工资更低，要放在巴西设厂也是同样的道理。现在了解下中国工业的总体分布情况。 展示：中国人口空间分布图和中国工业分布图。 设问：请同学们回顾怎么描述我国人口的空间分布特点，进而分析总结我国的工业分布特点。	在教师引导下温故知新，进行分析总结。	"中国人口空间分布图"进一步说明工业分布和人口分布的密切关系；从熟悉旧知识入手，回顾有关"分布特点"的分析方法，培养读图析图和迁移运用的能力。
活动一：分四大组限时读图竞赛，分别找出沿铁路线、黄河、长江和沿海的工业中心及工业基地			
学生自主学习"找位置"	展示：中国工业分布图 1. 教师对个别学习能力比较差的学生进行方法指导。 2. 教师对最快完成的小组进行加分奖励，对超时的小组进行扣分。 3. 教师随机抽取各小组代表上台指图并进行分析评价，依据学生代表们的表现给各小组打分。	1. 学生根据比赛规则快速读图，完成学案内容。 2. 学生代表上台指图，其他同学进行纠错。	学生通过自主读图和完成学案，增强了独立思考能力和快速读图能力；通过比赛的方式营造浓厚的学习氛围；通过指图活动，指图的学生代表锻炼了口语表达能力，其他同学通过纠错其他小组的学习成果，更能集中注意力，更有效的建构较全面的知识结构。
通过小组合作、交流"比差异"	展示：辽中南地区工业分布图、沪宁杭地区工业分布图 任务布置：完成课本活动。 设问：找出这两个地区工业分布的共同点和不同点。 方法指导：通过地图的三要素之一"图例和注记"入手找异同。 教师引导并评价：对找到正确异同点的小组进行加分奖励。	1. 同学间交流、讨论。 2. 各组派代表抢答。	培养学生合作、团队意识；从教材中的活动题入手，循序渐进提高学生的比较能力；通过抢答培养学生快速反应的能力。
师生总结归纳"比差异"的考虑方向"论原因"	板书总结：从不同地区工业分布的异同点归纳出一个区域工业分布要考虑到的共同因素有哪些？ 资源状况 比较主要的工业部门 { 交通条件 市场情况 劳动力 ……	学生在教师启发引导下回答。	培养学生归纳、总结能力。

教学环节	教师活动	学生活动	设计意图
活动二：延伸探究“珠江三角洲地区工业分布”			
补充学习资料，自主探究“说特点”	展示：珠江三角洲工业基地的文字材料介绍及珠江三角洲地区工业分布图 设问：1. 珠江三角洲工业基地分布的位置特点？（多选） A. 沿铁路线分布　B. 沿珠江分布 C. 沿海分布　D. 沿长江分布 2. 找出珠江三角洲工业基地与辽中南工业基地在资源状况及工业部门方面的差异。 3. 找出珠江三角洲工业基地和沪宁杭工业基地在交通及市场方面的共同点。 4. 在文字材料中找到珠江三角洲工业基地形成的（除了交通、市场、劳动力等以外）一个重要条件。 教师评价小结：根据学生回答情况进行加分奖励，评出表现最佳小组；总结出“政策”也会影响工业的分布。	1. 完成学案中“珠江三角洲地区工业分布”的探究内容 2. 同学间相互探讨答案，每组派一个代表回答其中的一个题目。 3. 其他同学对学生代表的答案进行评价。	活用教材内容，对教材内容进行补充，进一步培养学生的自主探究能力和合作学习意识。 通过从归纳到演绎的思维过程，通过与课本中两个案例的对比联系，学会运用资料分析工业分布的一般方法。
归纳总结提升，迁移运用	教师总结：合理的工业分布一般在水源丰富、资源能源充足、交通便利、市场广阔、政策也比较优惠的地方。当然，资源不够丰富的地方，如果经济发达、市场广阔、交通便利，也可以从其他地方运资源进来。如果像苹果公司的产品需要比较多的工人组装，工业要分布在劳动力充足而且廉价的地方。如果是作为像苹果公司这样的高科技产品的研发，就要选择在科技水平高的地方，比如苹果公司的研发中心就是在美国。 作业布置：（导学案）对照美国的资源、交通、水源、人口、气候分布图，如果你想在美国投资办厂（在钢铁工业、电子电器工业、服装工业中任选其一或者自己选择其他类型工厂），你会选择在哪里？在美国行政区图上描画，并写出理由。	与教师一起归纳总结，形成全面的知识建构。	总结提升，学会认识共性和特殊性。 回到苹果公司产品生产的例子，前后呼应。 通过作业布置，由中国工业分布迁移应用到美国的工业分布，让学生学会举一反三。采用开放性命题方式，有助于锻炼学生的发散思维。学习对生活有用的地理，对终身发展有用的地理。

评述与建议

三个教学案例都紧扣教学重点，即空间分布格局、成因联系和迁移运用三个方面，并且围绕此重点设计了相应的教学活动，教学环节清晰。从整体看，课标要求的行为动词是“说明”，体现了对学生综合的地理思维能力的要求，这在教学环节的设计中也有充分体现，如案例 1 所提炼的认识区域工业分布特点的一般方法，由感性到理性，从具体到抽象，培养学生的地理能力。我们看到三个教学方案都充分设计了学生的活动，给予学生较多的思考空间和表达交流的机会。在分布特点的教学设计中，主要是充分利用地图来探寻工业分布的特点，从地图中归纳分布特点，通过读图获取地理信息并做出地理推断，这是行之有效的教学方法。案例 1 和案例 2 主要从空间上比较工业中心、工业基地的分布，数值上比较人均工业产值等经济指标的高低，据此归纳出东部、中部、西部的空间分布差异。案例 3 从沿海、沿江、铁路沿线等空间线索让学生获得关于我国工业分布的基本特点。

但我们也可以看到三个案例中各有特色的思路和处理。首先是导入部分，考虑到工业的分布对学生来说还是比较抽象的概念，案例 1 设计课前调查活动，让学生调查身边工业品产地，通过参与、感受到产生疑问、寻求解答，引导学生主动学习。案例 2 联系学过的知识，以日本、俄罗斯的工业分布作为导入，联系旧知，产生思考，建构新知识。案例 3 联系学生的生活，以苹果公司的工厂这个案例作为突破，展开问题的分析，能够吸引学生的探究心理，有利于引发学生主动学习。其次是分析成因联系这一环节，案例 1 和案例 2 引导学生分析气候、地形、人口、交通等地图资料，探究工业分布格局形成的原因，主要侧重凸显不同区域间的优势与不足条件，引导学生理解地理环境对工业分布的影响。由于是在义务教育阶段，对于工业分布的影响因素分析并不像高中那么系统，在问题讨论中，并不强调诸要素本身，而是强调不同区域突出的条件。案例 3 则强调对影响因素的分析。以辽中南、沪宁杭的比较和珠江三角洲的探究活动具体地归纳出主要影响因素。第三是迁移运用这个环节，三个案例也是各有不同。案例 1 要求分析家乡福建的工业分布，联系身边的地理，很有意义。案例 2 分析长江沿江地带的工业分布，从河流对工业分布的影响视角出发。案例 3 则尝试让学生综合运用所学方法，在美国这个区域背景下进行工业布局，有拓展和延伸的意味，有利于学生提高综合实践和创新能力。当然，对于三个教学案例这里也还有一点建议供参考，那就是可以把运用资料说明工业生产分布特点与运用资料说明农业生产分布特点作一个异同点比较，在学习方法上，在主要影响因素分析方面，能够通过比较，巩固知识、提升能力，使学生对本课的学习目标有更深的理解。

【校本研修建议】

以教研组为单位进行校本研修，参考流程如下：

（1）教师自己备教材、备学生，提出自己的教学设想。

（2）观摩微课程案例，对比三个方案的优劣，进行深入分析和整理。

（3）制订优化后的方案并实施，在实施过程中进行调整。

（4）讨论：怎样在达成这一教学关键问题的过程中充分发挥学生潜能，组织学生自主学习？

（5）把自己实施中比较满意的方案制作成微课程或文字呈现，上传到资源平台。

教学关键问题3-7 如何指导学生掌握我国铁路干线的分布格局

教学关键问题分析

（一）问题的提出

交通运输业属于流通部门，是发展农业和工业等这些产业的先行部门，直接影响着经济的发展，在国民经济中起着极其重要的作用。在各种交通运输方式中，铁路运输以其运量大、运速快、运费低且受自然环境影响较小等特点占据突出地位。中国的铁路运输目前担负着全国近1/3的客运周转量和约1/5的货运周转量，是长途旅行和货运首选的交通运输方式。铁路运输对于许多学生学习、旅行及今后工作都具有现实意义。

地理课程标准的中国地理“经济与文化”部分明确规定，要求学生“运用地图说出我国铁路干线的分布格局”。课标要求学生能够根据地图信息说出我国铁路干线的分布格局，培养学生描述和归纳信息的能力。因此，教会学生如何运用地图是地理教学的重中之重。如何指导学生运用地图说出我国铁路干线的分布格局是一个教学难题。而“铁路干线的分布”是错综复杂的，教师往往花费了大量的精力，学生却还是很难掌握，是“交通运输业”一节的教学重点和难点。因此，如何让学生在地图上说出我国铁路干线的分布格局是教学亟须解决的关键问题。

（二）问题的价值

现代交通运输体系包括铁路、公路、水运、航空、管道五种运输方式，这五种交通运输方式具有各自的优势，互相协作，互为补充，构成我国交通运输体系。根据我国的国情和经济发展水平，铁路运输业在我国的交通运输体系中起着举足轻重的作用。解决“我国铁路干线的分布格局”这一关键问题具有重要价值。主要体现在：

（1）地理课程标准在课程性质中阐明地理课程具有“综合性”和“生活性”的特征，即“义务教育地理课程初步揭示自然环境各要素之间、自然环境与人类活动之间的复杂关系，从不同角度反映地理环境的综合性”“地理课程内容紧密联系生活实际，突出反映学生生活中经常遇到的地理现象和可能遇到的地理问题，有助于提升学生的生活质量和生存能力”。而交通运输业是影响农业、工业分布的重要因素之一。

（2）地理课程标准在课程基本理念中提到“学习对生活有用的地理”，本节课与实际生活密切相关，可以“引导学生在生活中发现地理问题，理解其形成的地理背景，提升学生的生活品位，增强学生的生存能力”。交通运输与学生的生活密切相关，不仅可以增长学生对交通运输的认识，在日常生活中也具有一定的实用性。

（3）地理课程标准在课程三维目标中指出：“能初步说明地形、气候等自然地理要素在地理环境形成中的作用以及对人类活动的影响”“初步学会根据收集到的地理信息，通过比较、分析、归纳等思维过程，形成地理概念，归纳地理特征，理解地理规律；运用已获得的地理基本概念和地理基本原理，对地理事物和现象进行分析，作出判断”“初步形成尊重自然、与自然和谐相处、因地制宜的意识及可持续发展的观念”。

通过画图等方法在实际教学中的应用，能够让学生深刻认识我国铁路的分布特征，结合学过的知识，认识中国铁路网如此布局的原因，深刻认识到自然环境对人类发展的影响以及人类在经济社会的发展过程中选择了对自然环境的适应，人类可以改造自然，但不能创造自然，只有因地制宜才能获得双赢的局面。

（4）在“内容目标”部分中也明确提出“运用地图说出我国铁路干线的分布格局”的教学要求。

由以上可以看出，我国铁路干线的分布格局是初中地理的基础知识，这一关键问题的解决可以锻炼学生的分析和归纳能力，通过画图等方法，联系各个知识点，使知识从分割走向整体，构建起学生的空间体系，提高课堂效率，也能够使学生更加清晰地了解我国铁路线的分布，让学生能够更加关注实际生活，增强将所学的地理知识运用于实际生活中，树立热爱祖国和立志建设祖国、家乡的情感。

教学关键问题解决

中国铁路线的分布充分体现了地理空间思维的能力，锻炼了学生将地图语言转化为文字语言，结合不同种类的地图综合分析地理问题的能力。为解决这一关键问题，学生之间进行小组合作，充分运用画图、比较、归纳、分析等方法，选取适当的课程资源和教学方法并在实际的教学中加以运用。

1. 让学生自己动手，体会地理知识

著名心理学家维果茨基认为，学生的发展存在“最近发展区”。即在教师的帮助下能够达到的水平以及自学所能达到的水平之间的差距。本节课的内容针对的是初二年级的学生，此阶段的学生处于形式运算阶段，抽象逻辑思维已接近成人的发展水平，能对事物做一定的概括。因此，在本节课的教学过程中，教师通过适当的指导和提示，让学生能够调动和运用已有的知识储备，将所学习的地理知识联系起来，逐渐形成一个系统的地理知识体系是必要之举。此外，地理课堂倡导以学生为主体、教师为主导的教学模式，充分考虑学生的实际动手能力，让学生能够通过自己动手的方式体会地理的感性和理性知识，对所学知识有更深刻的印象，并最终运用到日常的生活当中。

例如，案例1采用的是画图法，让学生自己动手在地理底图上根据教师的提示以及已有的地理素材，简单描绘我国铁路网五横四纵的铁路分布格局。

（1）提出问题，明晰知识点，指导学生看图。“每当你碰到不作进一步心理上的努力就不能有效地应付情况时，你就遇到了问题……当你要组织新的信息项目，或以新的方式运用已知的信息项目解决问题时，你就碰到了问题。”从心理学的角度看，问题的建构非常重要，是贯穿整个教学过程的主线。知识只有围绕问题展现，才能更好地为学生所理解和接受。因此，一切教学活动自始至终都应围绕问题而展开，才能从根本上保证教学过程的连续性和有效性。

教师应该设置恰当的提问，这也是组织和引导教学对话的重要手段。恰当地提问，正确地指导学生的思考活动，检查教学效果，使学生意识到问题所在。这种提问不仅会使学生再现其已有的知识，而且还会激发学生的思考；这种提问目标明确、内容清楚明白，便于学生理解，能给学生提供思维的方向。

例如，教学案例中，首先复习提问学生铁路运输业的特点是什么？其次提问学生

坐火车去过哪里？应该选择哪条铁路线？再次展示“中国铁路分布图”，宏观分析其分布格局。学生会感受到要通过这个图选择铁路线依然有难度，还需要掌握更多的关于铁路干线的知识。最后给出铁路干线名称的知识。

（2）“画图三步法”指导学生画图析图的策略。地理画图有很多种类型，要引导学生完成画图、比图、找图三个步骤，通过比较和综合分析，归纳出铁路干线的分布格局以及分布的原因。

画图：明确铁路干线的起止点和沿线城市。选择一条铁路干线，首先要知道这条铁路干线的名称。对这条铁路干线的位置有大概的了解。利用名称首先定位出铁路干线的起止点。铁路干线沿途经过的城市是学生的易错点。一方面，一般铁路干线的分布原则是尽可能多地接近城市，所以教师必须给出样本图，让学生有明确的画图方向；另一方面，学生对很多城市的名称和位置不熟悉，容易在城市的位置确定上出现错误，导致无法完成铁路干线的描绘。因此，做好第一步的指导对画图工作是至关重要的，关系到后面的比图和找图。

例如，在教学案例中，先给出“五纵四横”铁路线的名称，南北向干线：京哈—京沪线、京九线、京广线、太焦—焦柳线、宝成—成昆线。东西向干线：滨洲—滨绥线、京包—包兰线、陇海—兰新线、沪昆线。其后，指导学生根据“中国铁路分布图”来完成铁路干线的描绘。

比图：检验画图效果。在完成绘图后，会存在很多的遗漏和错误，因此，教师必须进行必要的检验，指出一些易错易漏点，让学生明白自己错在哪里。这里分为两个步骤。第一步，将一位同学的作品在投影仪上展示，让学生一起来“找茬”；第二步，根据第一步的经验，同桌之间互相“找茬”，确保绘图的准确性。

找图：运用画图成果。通过画图、比图的过程，学生画的地图基本完善，对铁路干线的记忆也比较清晰。因此必须趁热打铁，通过铁路枢纽的知识点，强化铁路干线的知识。

例如，在教学案例中，教师首先分析什么是铁路枢纽；其次引导学生找出所有的铁路枢纽；最后让学生进行交流，教师进行评价。

（3）布置练习。初中学生学习的自律性不强，课后不注重复习与巩固。能力的形成是一个渐进的过程，需要不断巩固和练习。因此，在学习之后，教师提供练习，检验学生的比较能力，找到需要改进的环节。

例如，教学案例中，布置描图作业，每人用较透明的纸等材料描一幅中国主要铁路简图。

2. 小组合作，多种方法学习铁路干线

桑代克的联结－试误学习理论认为，学习的过程是一个尝试错误的过程。在此过程中随着错误反应的逐渐减少和正确反映的逐渐增加，最终在刺激和反应之间形成牢固的联结。而学习求助策略正是通过小组合作的方式获取知识、增长能力，是一种重要的学习策略。通过小组合作学习以及教师适当的指导，学生能够联系已有的知识储备，建构自己的知识体系。结合初中生活跃、好动、爱表现自己的特点，激发学生的学习兴趣，给予适当的支持和鼓励，让学生能够掌握学习的主动权，通过自己的努力和他人的帮助获取知识。

例如，案例 2 体现的是小组合作学习与教师的适当指导结合的方法，让学生能够将新知识与已有知识建立适当的联系，形成新的知识结构，也能增强同学之间的合作

和互相帮助的学习氛围。

（1）小组竞赛激趣法。初中学生思维活跃好动，爱表现自己，但注意力容易分散。教师抓住学生的这一特点，在课堂上引入小组合作的竞争机制，以“争当铁路小博士”的活动来激发学生的学习兴趣，充分发挥学生学习积极性和主动性，培养团队合作能力。

（2）多元智能教学法。为了促进学生的多方面智能的发展，教师可在课堂上采用多种教学手段，让学生对铁路干线看、描、画、找，并且设计虚拟旅行、抢答、出谋划策等环节，让学生将动脑、动手、动口等结合起来，创造多种机会和条件，以多种方式参与到教学中，牢固掌握本节知识。

（3）读图分析归纳法。给学生提供我国铁路干线分布示意图，让学生通过读图分析归纳出我国铁路干线的命名、分布特点、铁路枢纽等知识，注重突出地理课的“空间概念”，提出“五纵四横”，以探究的方式师生共同完成铁路干线的地理位置，使重点知识能当堂掌握。

案例示范

案例 1

运用画图法掌握铁路运输的特点

林乔　福建省厦门市双十中学

教学环节	教师活动	学生活动	设计意图
创设情境导入新课	复习提问：铁路运输的特点是什么呢？ 展示：在中国大地上，有许多铁路干线纵横交错，成为铁路运输业的基础。 提问：你乘火车去过哪些地方？你知道当时火车所经过的铁路线的名字吗？	学生思考并回答问题。	联系生活实际引入，激发兴趣。
观察中国铁路分布图，并分析命名规则	提问：你知道铁路线的名字是如何得来的吗？ 归纳总结：其实铁路线的命名是有规则的，一部分铁路线的名字是以起止点两个城市名称中的一个字（或简称）加以连接而成的，如京沪线，就取的是北京的“京”字和上海的简称“沪”；京广线取的则是北京的“京”和广州的“广”字；而还有一些铁路线则是以起止点两个省的简称加以连接而成的，如川黔线，取的是四川省的简称“川”和贵州省的简称“黔”；黔桂线取的是贵州省的简称“黔”和广西壮族自治区的简称“桂”。 过渡：知道了铁路线的命名方法，下面你们能尝试给以下这些铁路线命名吗？ 活动：点击“中国主要铁路图”上的京九线、焦柳线和宝成—成昆线注记，计算机自动画出三条纵向的红粗线，并标上①②③记号。学生不仅要给它们命名，而且要根据学过的命名原则说出命名的理由。教师适时进行补充更正。	学生读图，了解铁路干线的名称和命名规则。	培养从图中获取信息的能力。

续表

教学环节	教师活动	学生活动	设计意图
承转	总结：我国的铁路线密如蛛网，不好记忆，但其中几条重要的铁路干线构成了整个铁路网的骨架，我们习惯上称之为“五纵四横网”。五纵指的是我国南北走向的这五条主要铁路干线，自西向东分别是：宝成—成昆线、焦柳线、京广线、京九线和京沪线；四横指的是我国东西走向的四条铁路干线，自北向南分别是：滨州—滨绥线、京包—包兰线、陇海—兰新线和浙赣—湘黔—贵昆线。接下来，我们就要重点来学习这些铁路干线。	学生跟随老师的讲解指图，了解他们的大概位置。	
画图	活动：接下来请大家在我国的铁路干线分布挂图上找出南北干线5条：① 京哈—京广线；② 京九线；③ 京沪线；④ 焦柳线；⑤ 宝成—成昆线。然后教师在黑板上粗略的绘制出我国海陆轮廓空白图。 活动：引导学生在我国的铁路干线分布挂图上找出东西干线四条：① 陇海—兰新线；② 京包—包兰线；③ 沪杭—浙赣—湘黔—贵昆线；④ 滨州—滨绥线。	学生自主读图：铁路干线经过的城市有哪些？并画在卷子上。	通过教师的指导画图让学生学会。
比图	图片展示：请一位同学将作品放在展示台上，由同学来找出不足之处。 小组合作：同桌之间互相比较，完善自己的地图。	小组合作比较铁路干线图，完善地图。	强化比较能力的形成。
找图	讲解：“五纵四横”铁路干线连接了我国很多重要的城市。尤其是两条或是更多铁路线的交汇处的城市，有着更大的交通运输意义。因此，这些城市也被称作铁路枢纽。 活动：请大家在图上找出下列7个铁路枢纽北京、郑州、徐州、株洲、兰州、成都等。	在地图上找到重要的铁路枢纽。	指导学生思考为什么铁路干线要经过这些城市。

案例 2

我国铁路干线的分布格局

贾会娟　福建省厦门市双十中学

教学环节	教 师 活 动	学 生 活 动	设 计 意 图
设情境 导入新课	展示图片：哈尔滨冰雕图片、中国铁路干线分布图。  提问：寒假快到了，厦门的初一学生玲玲想利用寒假时间坐火车去哈尔滨看冰雕，该怎么去比较便捷呢？你能帮她选择合适的铁路线吗？ 带着这个问题，让我们一起来学习一下我国的铁路干线。	学生思考问题。	以学生较熟悉的生活实际导入，激发学习兴趣。
过渡	这里有一顶博士帽，是要奖给今天表现最突出的一组同学。让我们争当“铁路小博士”，一起探究关于铁路干线的知识吧。	学生分组，准备探究知识。	利用奖励制度激发学生的学习热情。
多元教学 讲授新课	一、铁路干线的命名 展示：中国铁路干线分布图 “铁路小博士”活动一：命名我知道 以“京—沪线、成—昆线、兰—新线”为例，分组探究铁路干线的命名规则。 小结：大多数铁路干线是以铁路干线起止点所在城市或省区简称来命名，在地名上具有很强的指位功能，便于乘客对铁路的始发站、终点站及其整条线路的记忆。 教师以陇海线为例，简介特殊命名。	学生读图分析，小组合作总结得出铁路干线命名规则。	培养学生读图分析、归纳总结的能力，以及自主学习、合作学习的能力。
承转	纵横交错的铁路线让人眼花缭乱，如何区分和记忆这些铁路线呢？	学生思考。	引发学生思考，过渡到下一个知识点的学习。

教学环节	教师活动	学生活动	设计意图
多元教学讲授新课	二、铁路干线的分布 “铁路小博士”活动二：分布我来找 1. 从全国总体情况看，我国铁路运输线东西分布有何差异？为什么？ 2. 从铁路基本延伸方向看，我国主要铁路干线可以分为________干线和________干线两大组。 小结：我国铁路干线东部密集，西部稀疏，原因是受地形、人口和城市分布等影响；从铁路基本延伸方向看，我国主要铁路干线可以分为南北干线和东西干线两大组。 教师指导学生通过多种方式了解我国铁路干线的分布。 描一描：用红色和蓝色笔分别在中国铁路分布图中描出主要的南北向干线（京—沪线、京哈—京广线、京—九线、太焦—焦柳线、宝成—成昆线）、东西向干线（京包—包兰线、陇海—兰新线、沪—昆线），并注意这些铁路干线经过了哪些省份。 画一画：教师在黑板上板图画出中国铁路干线分布简图。教师展示学生优秀作品。 练一练：“坐上火车去旅游”。 寒假快到了，以下地区初一年级的几个同学都有了各自的出游计划，你能帮他们选择合适的铁路线吗？ 娜娜要从北京去上海看外滩。（京—沪线） 小明要从北京去广州长隆野牛动物园。（京—广线） 雨桐要从北京去香港购物。（京—九线） 小凯要从哈尔滨到南京参观夫子庙。（京—哈线、京—沪线） 贝贝要从乌鲁木齐到成都参观大熊猫基地。（兰—新线、陇—海线、宝—成线） 小雨要从武汉到昆明参观石林。（京—广线、沪—昆线） 玲玲要从厦门去哈尔滨看冰雕。（多种设计方案普快：鹰—厦线、沪—昆线、京—九线、京—哈线；高铁：福厦高铁、温福高铁、京—沪高铁）	学生读图分析，小组讨论得出铁路干线分布特点。 学生分别在图中找出南北向干线、东西向干线，并在图中逐条进行描绘，形成初步印象。 学生在空白图中画出线路，加深印象。 学生读图分析找出合适铁路线。	培养学生读图分析、归纳总结、小组合作学习的能力。 通过多元化的教学方式，充分调动学生动手、动脑、动口能力，扎实掌握铁路分布的相关知识。

续表

教学环节	教 师 活 动	学 生 活 动	设 计 意 图
承转	通过上面的旅游计划，我们发现，有的地方可以沿某一条铁路线直达，有的地方则需要中转，这些中转的城市是多条铁路线交汇的地方，被称为铁路枢纽。	学生聆听，在课本上划出“铁路枢纽”的概念。	过渡到下一个知识点的学习。
多元教学讲授新课	三、铁路枢纽 教师以石家庄的街区变迁图为例，说明铁路枢纽对城市发展的重要作用。 “铁路小博士”活动三：枢纽我明了 教师指导学生完成教材中的探究活动 1，了解重要的铁路枢纽城市。	学生小组合作找出重要的铁路枢纽城市，完成活动题目。	让学生了解铁路枢纽的重要作用，以便更好地完成活动内容。
知识巩固	“铁路小博士”活动四：抢答我最棒 教师用课件展示空白图中铁路干线和铁路枢纽位置，学生抢答说出铁路干线和铁路枢纽名称。	学生竞赛抢答。	通过抢答的方式，激发学生的竞争意识和学习热情，更好地巩固所学知识。
小组评价总结本课	评选出本节课表现最优秀的一组，把博士帽奖励给该组同学。	学生互评。	利用奖励机制激发学生的地理学习热情和小组合作精神。
出谋划策	每年的春运都使我国的运输部门，特别是铁路部门承受巨大的压力。通过今天的学习，你能为春运支点招吗？	学生课后探究。	拓展知识面，引发学生更多的思考，体会地理知识的有用性。

评述与建议

按照课程标准对铁路运输干线的要求，学生需要通过读图、析图得出我国铁路运输干线的分布格局。所以，如何指导学生看图析图就是重中之重。

案例 1 的教学活动中，十分注意把“图”作为启发学生积极思维的重要途径。通过读图吸引学生的注意力，激发学生的求知欲，提高学生的学习兴趣。并采用了“画图—启发—运用”的教学模式，把绘图、填图贯穿于教学过程之中，符合学生的认知规律。教学活动中尽量运用各种直观手段，使学生正确认识地理表象。实践证明，采用画图启发式教学，能较有效地传授地理知识，形成地理技能，采用“画图—启发—运用”教学模式，并把读图、析图贯穿于教学过程之中，能取得较为理想的效果。

在完成读图活动的过程中，教师虽然深入学生之间进行指导，但总体来说活动过程较为枯燥，而且整个过程师生互动较少，基本采用讲解法。若能对画图过程再精心设计一些环节，增加学生的参与度，相信效果会更好！

案例 2 思路清晰，采用小组合作竞赛的方式组织教学，能较好地调动初中学生的学习兴趣和主动性，促进教学任务的完成。通过多元教学手段，让学生在找图、描图、画图、练图的过程中，由整体到局部，由宏观到具体，真正掌握我国铁路干线的分布格局，充分锻炼学生的动脑、动口、动手的各种能力。案例 2 注重创设教学情境，设计的虚拟旅行和课后探究环节有利于引导学生发现并关注身边的地理知识，了解地理在生活中的实用性。

需要注意的是，在实际教学过程中，该教学案例需要占用较多的教学时间，15 分钟内很难完成，建议用半小时以上时间完成教学。同时，小组合作过程中需注意建立完善的评价机制，让每一位小组成员都能真正参与课堂活动并有所收获。

【校本研修建议】

以教研组为单位进行校本研修，参考流程如下：

（1）教师自己备教材、备学生，提出自己的教学设想。

（2）观摩微课程案例，对比两个方案的优劣，进行深入分析和整理。

（3）制订优化后的方案并实施，在实施过程中进行调整。

（4）讨论：怎样在达成这一教学关键问题的过程中充分发挥学生潜能，组织学生自主学习？

（5）把自己实施中比较满意的方案制作成微课程或文字呈现，上传到资源平台。

教学关键问题 3-8 如何指导学生运用地图评价某区域的地理位置

教学关键问题分析

（一）问题的提出

可持续发展是整个人类社会发展的目标，协调人与自然的关系是实现这一目标的基本手段，而人地关系的协调需要从全球、国家和地区等不同尺度区域和层次上进行。人口、经济发展、资源、环境和生态等可持续发展的核心问题及它们之间的相互关系，既是全球性问题，同时又表现出明显的区域差异。不同的地域，其人口、资源、环境和发展的内涵不同，解决这些问题既需要区域间的合作，也需要以区域为主要研究对象，研究区域自然环境特点、人文环境特点，遵循因地制宜的原则探索区域可持续发展的对策。

无论是研究区域环境特征还是研究区域之间的联系与差异，都是建立在对区域空间地理位置的深刻分析评价基础之上的。区域的地理位置，决定了这个区域的基本地理特征，不同的区域地理位置就会使区域内各组成要素的组合不同，因而形成不同的区域地理特征。“认识人和地方的位置是理解本地、区域、国家和全球相互储存关系的前提”，区域的地理位置定位、对区域空间区位特点的深刻认识，既是进一步研究区域的基础和起点，也是认识区域的重要技能和方法。

《地理教育国际宪章》把发展学生提出地理问题、收集和组织地理信息、处理分析资料、评价、判断、解决问题等能力作为能力培养目标。评价能力即是其中重要的地理能力之一。

通过“如何指导学生运用地图评价某区域的地理位置”这个关键问题的研究，学生不仅能认识不同区域的地理位置特点，掌握认识区域地理空间位置的方法技能，同时提高了评价位置的能力。

全面辩证深刻认识区域的地理位置特点，以及区域空间位置所蕴含的地理意义及其优劣、地理位置背景对区域环境与发展的影响，对培养学生运用地理的视角观察世界、观察区域特征、关注区域间的相互关系，启发学生深刻理解区域差异、区域因地制宜可持续发展，引导学生树立因地制宜思想观念，提升学生地理素养具有重要作用。

（二）问题的价值

1. 在落实地理课程标准要求方面的价值

（1）体现地理课程性质。义务教育地理课程以区域地理为主，展现各区域的自然与人文特点，阐明不同区域的地理概况、发展差异及区际联系。认识区域首先是要认识区域在地球表面的位置，包括它的界线和范围。区域位置决定该区域的基本地理特征，不同区域位置，会使区域自然和人文组成要素的组合不同，因而形成不同的区域地理特征。本关键问题体现了地理课程的区域性和综合性。

（2）落实“学习对生活与终身发展有用”课程理念。引导学生观察地理现象与地理问题，理解其形成的地理背景，尤其是区域空间地理位置对地理环境特征影响的背景，辩证全面评价地理位置的特点及其地理意义，引导学生从地理的视角思考问题，对学生的生活及终身发展均有重要作用。

（3）实现课程目标。① 知识技能目标：掌握阅读使用地图的基本技能，初步认识区域特征及其差异。② 能力目标：区域地理强调地理事物的空间分布、区位特征，判断空间方位，确定事物之间空间联系及结构，对学生逻辑思维能力和空间想象力的形成十分重要。根据区域地理位置特点推理其对区域其他环境要素、环境特征的影响，有利于培养学生归纳、抽象、推理、联想、分析、综合、辩证等逻辑思维及评价能力。③ 思想方法目标：区域地理位置特点是程序性知识，而如何运用地图认识、评价区域地理位置是地理策略性知识，是学生学习区域地理的核心知识、重要的思想方法和思维方式。帮助学生构建全面认识区域地理位置的知识体系，迁移运用到任何不同尺度区域，不同类型的区域，同时强调因区域而异，全面性与独特性、普遍性与特殊性、综合性与主导性相结合，把握区域位置中突出的特征要点，评价区域空间位置特点，理解位置所蕴含的地理意义，这是学习区域地理的重要思想方法。

高中地理区位分析、区域可持续发展的学习前提是会评价区域位置，学会评价区域位置特点，能为高中地理课程区位分析的学习奠定基础。

（4）达成内容标准。“运用地图等资料简述某大洲的纬度位置和海陆位置。”“在地图上找出某地区的位置、范围等，读图说出该地区地理位置的特点。”“运用地图说出我国的地理位置及其特点。”“运用地图简要评价某区域的位置。”“运用地图，描述家乡的地理位置，分析其特点。”

2. 在解决教学问题方面的价值

地理课程标准“中国地理（五）认识区域”的第一条要求，可以理解为“阅读地图描述我国某区域的地理位置特点，并评价该区域空间位置的地理意义、影响”。要求学生对我国不同区域的地理位置必须有深刻的理解认识，能够初步分析评价其优劣，延伸出理解位置对区域环境特征形成与区域发展的影响。要求对世界地理区域位置简单认识基础之上，不仅要说出位置，更要求评价，能力要求较高。

在教学中存在着课标落实不到位的现象：① 对地理位置教学停留在描述和简单认识的层面，而且描述不全面、无条理；② 忽略对地理位置的评价，位置的评价维度在教学中重视不足，教材中没有完整案例，教学中常常点到为止，不够全面；③ 如何选择符合要求的地图、如何指导学生阅读和运用地图，还需要进一步探索教学方法；④ 学生在遇到新的区域情境时往往机械回答，对位置的评价要点及如何评价，从何入手、如何运用地图进行评价，教学中重视不够，尤其在考试评价中存在这种现象；⑤ 教学中如何启发学生理解体会地理位置背后蕴含的地理意义，缺乏整体性、综合性思想，对认识区域的内在逻辑关系“位置与分布—联系与差异—环境与发展”均是建立在区域的空间位置之上的指导不足。

教学关键问题解决

本问题的解决主要落实课程标准的“运用地图简要评价某区域的地理位置”，教学策略上要运用建构主义理论，通过知识的学习过程，建构评价地理位置的知识体系，掌握方法，然后举一反三。教学中采用的具体方法是案例教学法，应指导学生总结案例分析的基本模式、方法和探究过程，通过其他区域实例进行评价方法的迁移，而不是机械记忆某区域具体的评价内容和结论。评价地理位置，要侧重从位置对有关地理要素影响的角度进行评价，注意全面性与突出区域典型特征相结合，例如西北地区突出的是其海陆位置对其自然环境特征的影响。

案例示范

针对该教学关键问题的解决，这里以西北地区为例，提出三个教学案例。

案例 1：利用比较的方法。比较的方法能增强对事物的认识能力。首先比较南方地区和西北地区地理位置的优缺点。其次评价西北地区地理位置对人类的生存发展的利弊。最后再总结评价区域位置的方法并迁移应用到如何评价泉州的地理位置。

案例 2：知识体系演绎法，以学案为平台进行小组合作探究。构建评价的知识体系，明确评价位置的角度与要求，然后运用于具体区域。引导学生按一定的读图方法与步骤阅读地图和资料，提取地理位置信息，培养学生运用知识结构评价位置优缺点。

案例 3：先给出西北地区“荒漠、草原景观”以及“畜牧业、灌溉农业”的“果”，引导学生分析产生“果”的“因”是“气候干旱”，进而再得出“气候干旱”的“因”是西北的地理位置。从而得出结论：地理位置会影响到一个地区的气候，进而影响到该地的生产生活。

案例 1

评价一个区域地理位置——以西北地区为例

庄科敏　福建省泉州第一中学

教学环节	教师活动	学生活动	设计意图
创设情境导入新课	视频展示：《舌尖上中国——时节》引入南方、西北降水量不同、生产不同。 设问：同学们从视频中发现南方、西北地区降水量差别很大，这跟地理位置关系密切，还记得怎么描述一个地区的地理位置吗？有哪些方面？	学生观看视频并思考。	以视频《时节》导入，有助于激发学生学习兴趣，体会生活有用的地理。

续表

教学环节	教师活动	学生活动	设计意图
师生一起回忆构建地理位置框架图	地理绝对位置{经度位置 纬度位置 海陆位置（略） 相对位置与邻近自然、经济地理事物空间关系。	在教师引导下回答地理位置具体内涵（复习）。	先明确地理位置具体内涵，为评价位置铺垫。
环节一：读图明确位置和范围			
位置和范围的设问	展示：带经纬线的西北地区地图和西北地区地形图，以及一张带有字母的空白填充图（略）。 1. 穿过西北地区主要纬度范围？位于哪一个温度带？ 2. 西北地区大约跨过多少经度？ 3. 西北地区临海吗？总体来看距海较远还是较近？ 4. （1）说出图中西北地区地形图中各山脉的名称；（2）用一句话描述图中山脉与西北地区相对位置关系？	学生完成相应学案。	学生通过读图自主完成学案，学习西北地区位置，从中培养学生自主学习能力、读图能力、描述地理位置的能力。
通过小组合作、汇报描述西北地区地理位置	教师预设： 1. 35°N—50°N，位于北温带 2. 跨约45°经度 3. 没临海，较远 4. 位于大兴安岭以西，昆仑山—阿尔金山以北	同学间交流、讨论并向全班汇报。	
师生总结描述区域位置方法	1. 经、纬度位置主要描述所跨范围，找出重要纬线 2. 海陆位置主要描述出该区域与海洋方位关系、距离 3. 与邻近地理事物位置关系，描述上主要说出方位	学生在教师启发引导下回答。	培养学生归纳、总结能力。
环节二：与南方比较，评价西北地区地理位置			
评价纬度位置	设问： 西北地区比南方地区纬度较高还是低？冬季气温较高还是低？对生产生活有什么影响呢？	学生自主学习、交流、讨论并向全班汇报。	通过与南方比较，评价西北地区地理位置，培养学生比较、分析思维能力。
评价海陆位置	设问： 对比已经学过的南方地区，评价一下西北地区的海陆位置？		
评价相对山脉位置	设问： 西北地区山脉多分布在西北边缘还是内部？这对西北地区的降水造成什么影响？		
总结	以上位置关系会对西北地区生存环境造成什么影响？什么位置是最关键的影响因素？	学生思考。	培养学生归纳、分析思维能力。

续表

<table>
<tr><th>教学环节</th><th>教 师 活 动</th><th>学 生 活 动</th><th>设 计 意 图</th></tr>
<tr><td colspan="4">环节三：总结评价区域地理位置方法并迁移应用</td></tr>
<tr><td>综合评价西北地区地理位置</td><td>展示新疆土地面积、人口、GDP 数据对比表，提问：西北地区地理位置对人类生产生活的影响有哪些？</td><td>学生自主学习、交流、讨论、并向全班汇报。</td><td>通过综合评价区域地理位置，培养学生归纳思维能力。</td></tr>
<tr><td>总结评价区域地理位置方法</td><td>让学生根据学习评价西北地区位置的过程，把评价区域地理位置的过程用线段连接起来（图 3-8-1）。
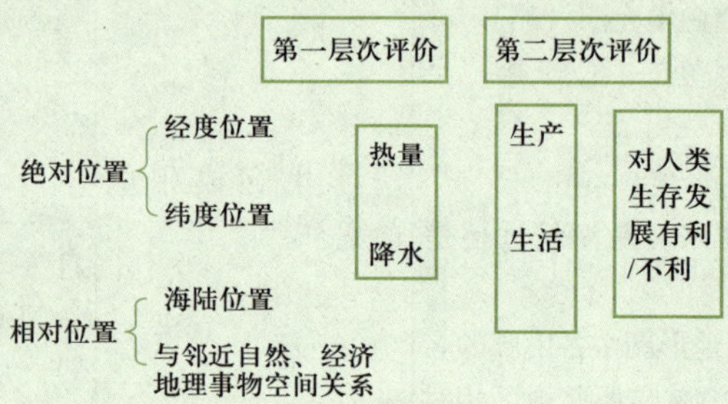

图 3-8-1</td><td>学生通过连线，自主梳理评价区域地理位置的过程。</td><td>厘清思路，总结提升。</td></tr>
<tr><td>迁移应用</td><td>请根据一个区域地理位置的评价方法评价泉州市的地理位置。</td><td>小组合作、讨论、汇报的方式。</td><td>迁移应用并体会生活有用的地理。</td></tr>
</table>

案例 2

评价一个区域地理位置——以西北地区为例

叶源忠　福建省泉州第一中学

<table>
<tr><th>教学环节</th><th>教 师 活 动</th><th>学 生 活 动</th><th>设 计 意 图</th></tr>
<tr><td>创设情境</td><td>播放视频片段《丝绸之路》。
设问：这是中国四大地理区域中的哪个地区？为什么形成独特的“大漠—草原”景观呢？这与当地的地理位置有无关系？该如何评价其地理位置呢？</td><td>进入“西北地区——丝路新探”情境，思考问题。</td><td>引发学生回忆有关的知识。</td></tr>
<tr><td>导入新课</td><td>构建地理位置及评价的框架图（图 3-8-2）。
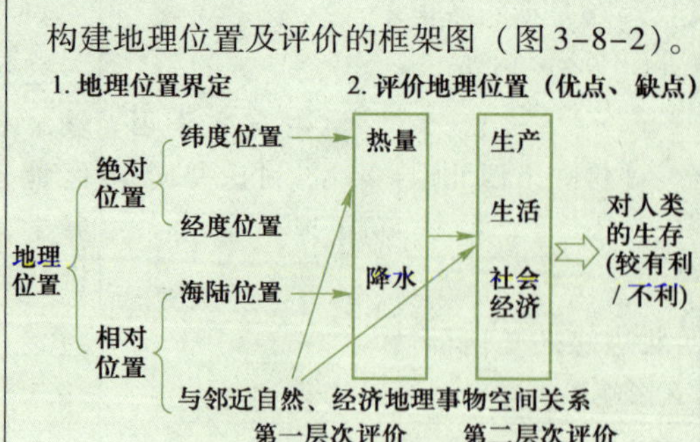

图 3-8-2</td><td>明确评价位置的角度与要求。</td><td>使学生明确评价位置的方法，为运用于具体某个区域做铺垫。</td></tr>
</table>

续表

教学环节	教师活动	学生活动	设计意图
环节一：确定西北地区的地理位置，完成学案			
纬度位置界定	1. 纬度位置 展示五带图（突出中国的位置）和西北地区地图，观察西北的纬度位置。纬度位置包括哪些？ 西北地区位于________带的北部，纬度较高。 小结：纬度位置包括温度带、高中低纬的划分。	找出西北地区大致的纬度范围。	展示地图，培养学生读图析图能力。
海陆位置的界定	2. 海陆位置 开启：谷歌地球，俯瞰西北地区所在的海陆位置。海陆位置包括中部、内陆和沿海。 小结：西北地区位于亚欧大陆的________（内陆/沿海）地区，特别是新疆深居内陆，距海________。 展示塔里木盆地与四大洋的真实距离，再次验证西北地区距海遥远。	演示谷歌地球，并说出其海陆位置。	
相对位置	3. 邻近的地理事象 相对位置包括——相邻的国家和邻省、周围重要的地形区等。 展示西北地区地图： （1）找出西北地区相邻的国家和邻省。 （2）找出西北地区重要的地形区及山脉。 小结：西北地区国境线________（长/短），与其相邻的国家（多/少）。地形上以________、________为主，高大山脉多在________（边缘/内部）。	读图回答问题。	
环节二：评价西北地区位置优缺点（知识体系迁移法）			
评价要求	既评价地理位置对热量和降水的正反方面影响，又评价对生产生活和社会经济的正反方面影响	每小组根据相应的地图和资料，结合学案探究。	
评价地理位置	第一小组——探究西北地区地理位置对降水的影响： 结合我国大沙漠、大草原的景观、西北地区降水量分布图、中国四大区域分布图、西北地区地形图，思考：西北沙漠、草原景观的形成与其所在的地理位置有何关联？西北地区距海，加上山岭重重阻隔。 评价： 优点——夏季降水少，晴天多，光照较________，利于作物光合作用，瓜果优良。 缺点——阻挡________季气流到达，因此降水较________，气候________（最主要自然特征），植被稀疏，以草原、荒漠为主。	探究地理位置与降水的关系。	小组根据相应的地图和资料，结合学案，进行探究。

续表

教学环节	教师活动	学生活动	设计意图
评价地理位置	第二小组——探究西北地区地理位置对热量的影响： 结合西北"早穿棉袄，午穿纱，围着火炉吃西瓜"的图片和西北气温降水资料图，思考：当地气温有什么特点？这与其地理位置有何关系呢？ 评价： 优点——夏季昼夜温差（大/小），利于积累________，瓜果优良。 缺点——西北地区位于________（内陆/沿海）地区，夏季炎热，白天升温________，晚上降温________（快/慢），昼夜温差________（大/小）；纬度较高，冬季气温________（高/低），热量________；对生产生活较________（有利/不利）。 第三小组——探究西北地区地理位置对农业的影响： 结合我国东西部农业差异图及西北农业产业结构图，思考：西北农业以畜牧业为主，种植业比重较少，这与其地理位置有无关系？ 评价： 优点——草场广布，畜牧业发达。 缺点——西北深居内陆，降水少，水源少，不利于发展种植业。 第四小组——探究西北地区地理位置对边境贸易的影响： 结合材料：随着沿边开放的深入和西部大开发的实施，新疆边境贸易高速发展，成为中国开拓中亚市场的前沿，但也易受境外干扰。思考：西北地区古有"丝绸之路"，而现在又是我国重要的边境贸易区，这与其地理位置有无关系呢？ 评价： 优点：________________________ 缺点：________________________	探究地理位置与气温的关系。 探究地理位置与农业的关系。 探究地理位置与边境贸易的关系。	小组根据相应的地图和资料，结合学案，进行探究。
完成以上探究学习	教师逐步启发引导教学。	自主学习、交流、讨论、并向全班汇报；其他组进行点评及补充。	学生自主学习、小组合作评价西北地区位置。

续表

教学环节	教 师 活 动	学 生 活 动	设 计 意 图
归纳总结	西北地区：最突出的特点是深居内陆的海陆位置，造就了气候最显著的特点——干旱，进而影响到当地的自然环境以及人们的生产和生活	与教师一起总结本节课的知识要点。	厘清思路，总结提升。
迁移应用	评价福建省的地理位置。	完成对福建省地理位置的评价。	迁移方法到其他区域学习中，对学习方法进行迁移提升。

案例3

评价一个区域地理位置——以西北地区为例

郑玉珠、宋家鸣　福建省泉州第一中学

教学环节	教 师 活 动	学 生 活 动	设 计 意 图
创设情境导入新课	投影展示西北地区的典型景观图片（包括沙漠景观、风蚀地貌景观、内蒙古高原草原景观等），配合新疆马头琴悠扬的背景音乐，把学生带入西北地区的情境中。 提问：同学们刚才欣赏的是我国西北地区的自然景观。可以用大家学过的哪两句古诗来形容呢？ 承转：那为什么西北地区会形成以草原和荒漠为主的自然景观呢？	学生欣赏景观图片，思考并回答问题	创设有效情境，激发学生学习的兴趣。培养学生读图能力。
环节一：探究西北地区气候干旱的成因（第一层次的评价）			
界限和范围	探究一：西北地区气候干旱的首要原因 展示：中国四大区域图、中国气候分布图、乌鲁木齐的气候直方图。 提问： 1. 说出西北地区主要的气候类型。 2. 读乌鲁木齐气候直方图，说出气候特点。 展示：西北地区等降水量分布图及西北植被景观图 总结：西北地区大部分位于干旱半干旱地区。干旱是西北地区最显著的自然地理特点。气候干旱，植被稀疏，自东向西，植被呈现由草原—荒漠草原—荒漠的变化。	学生读图思考，并在教师的引导下，回答问题。	培养学生读图、析图能力；分析问题、答题能力；发挥小组互帮互助作用。

续表

<table>
<tr><th>教学环节</th><th>教师活动</th><th>学生活动</th><th>设计意图</th></tr>
<tr><td>界限和范围</td><td>承接：那为什么西北会形成如此干旱的气候呢？
展示：中国夏季风图。
归纳总结：西北距海较远，夏季风难以到达，降水少，气候干旱。
进一步设问：内蒙古东部，离海洋很近，为什么降水也不多呢？
归纳总结：西北地区由于受到山脉的阻隔，海洋湿润气流难以到达，降水少。
回归设问：为什么西北地区会形成如此广阔的草原和荒漠呢？
展示图 3-8-3。
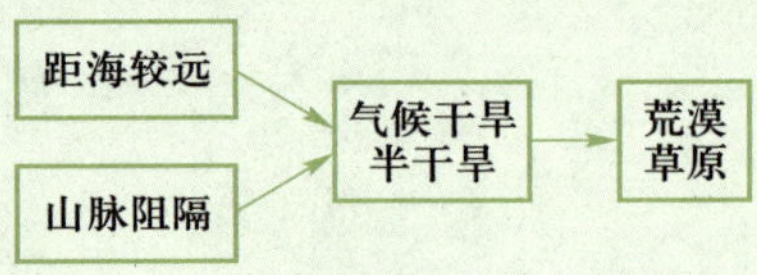

图 3-8-3
承接设问：那在干旱的气候条件下，西北地区农业会怎样发展呢？</td><td>学生在教师的引导下，完成思维导图。</td><td>由果溯因，加深学生理解。</td></tr>
<tr><td colspan="4">环节二：评价气候对社会经济发展的影响（第二层次评价）</td></tr>
<tr><td>评价海陆位置（相对位置）</td><td>探究二：西北地区农业的发展
展示：我国东西部农业分布图，西北地区畜牧业分布图，乌鲁木齐降水柱状图。
设问：西北地区的农业以什么为主，这与当地气候有什么关系呢？
小结：西北气候干旱，不利于发展种植业；但草场广布，可用来放养牛羊，发展畜牧业。
展示：灌溉农业区分布图，新疆葡萄架图、新疆“早穿棉袄午穿纱，围着火炉吃西瓜”景观图。
小组讨论：
1. 说出西北灌溉农业的分布规律，为什么？
2. “早穿棉袄午穿纱，围着火炉吃西瓜”反映了西北地区气候有什么特点？
3. 新疆以瓜果优良闻名国内外，请结合气候，分析新疆农产品品质优良的原因。
设问：可见，西北会形成以畜牧业为主、灌溉农业为辅的农业发展格局。
为什么会形成这种格局呢？
展示图 3-8-4。
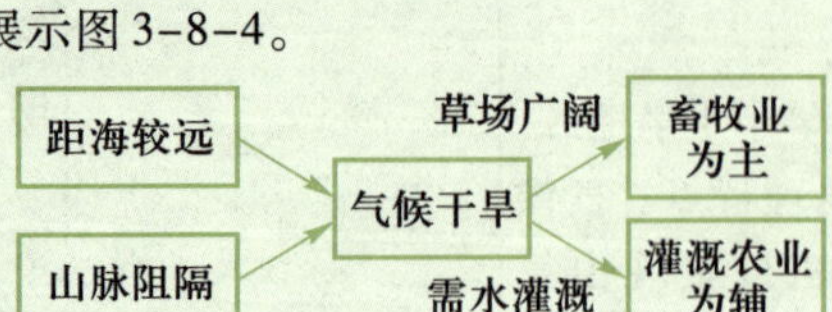

图 3-8-4</td><td>学生读图思考，小组协作，同组交流，回答问题。
学生在教师的引导下，完成思维导图。</td><td>由果溯因，加深学生理解。</td></tr>
</table>

续表

教学环节	教师活动	学生活动	设计意图
评价经纬度（绝对位置）	承转：可见，造就西北地区的气候以及农业生产格局，根源的影响因素是其所在的地理位置。一个地区所处的地理位置影响了西北地区的气候，进而影响到该地生产和生活，这就是对一个区域地理位置最简要的评价。 设问：如何简要评价地理位置对区域发展的影响呢？	学生在教师的引导下，归纳总结简要评价一个地区地理位置的方法。	总结提升出规律，便于学生进行知识迁移。
知识迁移归纳总结	长江三角洲自古以来就是著名的“鱼米之乡”，现在长江三角洲已经成为我国人口城市最稠密、经济最发达的地区，这与其所在的地理位置密切相关。请试着简要评价长江三角洲的地理位置。	学生课后小组讨论。	课内知识课外迁移，加深理解与应用。

评述与建议

地理课程标准的内容标准最后都要落实在区域地理上。本方案是针对解决“简要评价某区域位置”的教学难点而设计的。在国家推行素质教育的背景下，课程标准倡导自主学习、合作交流和探究学习的素质教育教学理念。

本教学关键问题是“如何指导学生运用地图评价某区域的地理位置”。在课标的“过程与方法”中要求：通过各种途径感知身边的地理事物和现象，初步学会通过比较、分析、归纳等思维过程理解地理规律，运用适当的方式、方法，表达、交流学习地理的体会、想法和成果。

本教学关键问题的解决方案，是通过引导学生“运用”地图及其他可以利用的生活体验或现代信息技术收集到的资料，如文字、资料照片等，组织学生进行自主学习、交流学习、探究学习，其过程和方法都体现了重视对学生综合分析能力的培养。此外，通过分类比较，形成良好的抽象和概括能力，强调归纳能力的培养，即强调“简要评价某区域的位置”的规律性。

基于以上的理解和认识，设计的三个教学案例均以“西北地区”为例，来引导学生学会运用地图来评价某区域的地理位置。三个案例均创设了教学情境，化抽象为具体，并提出富有启发性和开放性的问题，引导学生分析归纳，以化解教学重点、难点，培养学生的分析、归纳能力。虽然三个案例运用的教学策略（方法）各不相同，但最终都实现了既定的教学目标，可谓“殊途同归”！

案例 1 采用“一般比较法”，整节课自始至终都在运用“比较”的方法来引导学生的学习过程，把西北和南方比较是一个亮点。先通过比较南方地区和西北地区地理位置的特点，在此基础上评价出西北地区地理位置对人类的生存发展的利弊，这种思维方法确实大大增强了学生对地理事物的认识能力。另外，在评价地理位置时，采用分级评价的方法，可以使学生更快掌握评价的方法，符合从易到难的思维顺序。

案例 2 采用“知识体系演绎法”，其特色是以学案为平台进行小组合作探究，先构建评价的知识体系，明确评价位置的角度与要求，然后运用于具体区域。引导学生阅读地图和资料，按一定的读图方法与步骤，提取地理位置信息，培养学生运用知识结构评价位置优缺点。该方案注重通过讨论、课堂探究活动等一系列教学活动，使学生动口动脑，增强学生的交流合作和分析探究能力，引用的事例很贴近生活，如“谷歌地图”“边境贸易”体现了生活中的地理。这个方案由于教学效率较高，方法简单易用，符合“循序渐进”的教育原则，所以是较为常用的教学模式。

案例 3 采用“探究法”。由果溯因，即符合认知规律，也有助于加深对事物发展因果关系的理解，有助于培养思维能力。运用逻辑思维，先给出西北地区“荒漠、草原景观”以及“畜牧业、灌溉农业”的“果”，引导学生分析产生“果”的“因”是“气候干旱”，进而再得出“气候干旱”的“因”是西北的地理位置。从而得出：地理位置会影响到一个地区的气候，进而影响到该地的生产生活。该思维模式虽然与前两个不同，但是更可以激发学生学习兴趣，品尝自主学习的乐趣，这种思维训练有利于应试中对题目的分析和解答，也会培养学生对地理现象的理解及“初步形成尊重自然，因地制宜的意识”。

这三个案例有三方面的共同优点。一是最后的总结环节都注重“评价区域位置”方法的迁移应用，分别要求学生学会评价泉州、福建、长江三角洲的地理位置；二是三个方案也都突出读图能力培养以及地理逻辑思维导图（知识体系）构建；三是都在课堂上使用学案来增强基础知识和基本技能的巩固和训练，提高学生课堂的学习效率。但不足之处都是没有多注意面向不同层次的学生，如果能分层教学就会使基础薄弱的学生也能有表现的机会。

【校本研修建议】

以教研组为单位进行校本研修，参考流程如下：

（1）教师自己备教材、备学生，提出自己的教学设想。

（2）观摩微课程案例，对比三个方案的优劣，进行深入分析和整理。

（3）制订优化后的方案并实施，在实施过程中进行调整。

（4）讨论：怎样在达成这一教学关键问题的过程中充分发挥学生潜能，组织学生自主学习？

（5）把自己实施中比较满意的方案制作成微课程或文字呈现，上传到资源平台。

教学关键问题3-9 如何指导学生针对某区域存在的自然灾害及环境问题，提出相应的对策

教学关键问题分析

（一）问题的提出

人类都渴望拥有优美的环境、清洁的水源、蓝蓝的天空。当自然灾害发生时能采取有效措施积极应对，尽量减少自然灾害所造成的负面影响。但雾霾、沙尘暴、水污染、水土流失、泥石流等是世界许多区域存在的自然灾害或环境问题，尝试着去防治或解决这些问题，对提高生活质量和生存能力是十分重要的。这就要求现代国民能够科学地认识到环境、人口、资源和社会须协调发展，树立可持续发展观念，引导学生关注家乡、祖国和全球的环境问题和自然灾害，是时代赋予地理教育的使命。

但教师在教学中对某区域的自然灾害和环境问题的重要性认识不够，采用的教学方法也不够得当，学生对这部分内容的学习只停留在死记硬背阶段，不会灵活运用到防灾减灾和保护环境的生产生活实践中，因此如何针对某区域内的自然灾害及环境问题，联系学生的实际，吸收别人保护的成功经验，提出防御和治理的对策是非常重要的。

（二）问题的价值

教师通过对“如何针对某区域存在的自然灾害及环境问题，提出相应的对策”的研究有助于为国家乃至全球的环境保护和可持续发展，培养活跃的、有责任感的公民。有助于帮助学生掌握自然灾害及环境问题有关知识，知道环境、人口、社会和资源协调的重要性，遵循自然规律进行生活、发展生产的必要性，避免或防治自然灾害和环境问题给人们带来的危害。还帮助学生学会掌握分析问题的方法，学会采取恰当的措施保护环境和提高生存能力。有助于为国家乃至全球的环境保护和可持续发展培养活跃的，有责任感的公民。

解决“如何指导学生针对某区域存在的自然灾害及环境问题，提出相应的对策”这一关键问题具有重要价值。主要体现在落实以下的课标要求：

1. 有助于达到课程目标

本课题的研究有助于了解人类面临的人口、资源、环境和发展等重大问题，初步认识环境与人类活动的相互关系；关心家乡的环境与发展，关心我国的基本地理国情。增强热爱家乡、热爱祖国的情感；初步形成尊重自然、与自然和谐相处、因地制宜的意识及可持续发展的观念、增强防范自然灾害、保护环境与资源和遵守相关法律法规的意识，养成关心和爱护地理环境的行为习惯。

2. 有助于落实课程理念

地理课程标准提出：“乡土地理作为独立学习的内容，学生通过收集身边的资料，

运用掌握的地理知识和技能，开展以环境与发展问题为中心的探究式实践活动。”课标中的地理课程理念强调：“地理课程引导学生从地理的视角思考问题，关注自然和社会，使学生逐步形成人地协调和可持续观念，为培养具有地理素养的公民打下基础。”“现代社会要求公民能够科学、充分地认识人口、资源、环境和社会等相互协调发展的重要性，树立可持续发展观念，不断探索和遵循科学、文明的生产方式和生活方式。”

3. 有助于达成内容标准

落实课标的内容标准“根据资料，分析某区域内的自然灾害及环境问题，了解环境保护的成功经验”“了解我国是一个自然灾害频繁发生的国家”“举例分析自然资源、自然灾害对家乡社会、经济方面的影响”“根据资料，分析某区域存在的自然灾害及环境问题，了解区域环境保护与资源开发利用的成功经验”“以某区域为例，说明我国西部开发的地理条件以及保护生态环境的重要性”。

4. 有助于体现课程的性质

思想性：地理课程突出当今社会面临的人口、资源、环境和发展问题，阐明科学的人口观、资源观、环境观和可持续发展观念，富含热爱家乡、热爱祖国，关注全球以及可持续发展思想的教育内容。突出反映学生生活中经常遇到的地理现象和可能遇到的地理问题，有助于提升学生的生活质量和生存能力。生活性：本课题研究的价值就在于落实以上内容，培养学生初步形成科学的环境观、资源观，了解当前环境问题的严重性，增强对环境的忧患意识，树立保护环境的强烈责任感和使命感，还可以引导学生深入理解人与环境之间对立统一的关系，形成可持续发展观念和环境保护意识，分析环境问题、自然灾害产生的具体原因及解决环境问题的方法途径，增强解决问题的参与意识，达到具有理性的环境行为。

教学关键问题解决

解决“如何指导学生针对某区域存在的自然灾害及环境问题，提出相应的对策”这一关键问题，要满足“了解区域灾害及问题—分析区域灾害及问题—提出相应策略解决区域灾害及问题”这一过程，可以利用问题牵引来贯穿全过程，也可以通过呈现案例来指引解决问题的方向，还可以利用团队的力量讨论合理的解决策略。这一过程遵循了学生的认知规律，又鼓励学生自主构建知识体系，选用的教学策略也符合初中地理课程标准的要求。

（一）遵循认知规律，呈现成功经验，实现分析方法迁移

遵循学生的认知发展规律进行“自然灾害及环境问题”对策教学，让学生充分感受与理解“治理环境问题的成功经验”，激活学生的思维。这样学生才能针对某区域存在的自然灾害及环境问题提出对策。教师可以遵循“呈现—以问题串牵引分析—分组讨论—迁移借鉴”这一过程，达成借鉴治理“环境问题”的成功经验的目的，实现关键问题解决程序化。

（二）把握关键问题，发挥团队力量，自主构想对策

在对治理“环境问题”这一关键问题上，教师可以引导学生使用自主探究的方法，提出针对“环境问题”的对策。教师可以利用图片、声效、视频甚至情景剧展示来创

设情境，接着利用文字或者通过数据、访谈、调查报告、案例等形式，逐步引导学生深入探讨“环境问题”。学生采用分组方式，讨论、分析，提出针对“环境问题”的解决对策。

（三）遵循问题解决思路，解决关键问题

“如何指导学生针对某区域存在的自然灾害及环境问题，提出相应的对策”这一关键问题，可以应用问题解决法来掌握。

问题解决法是师生活动中学生自由度最大的一种方法，通过解决某个实际问题，达到启发学生创造性思维和培养学生解决问题的能力。具体步骤如下：

(1) 发现问题——家乡主要自然灾害及其造成的危害；

(2) 分析问题——家乡自然灾害形成的主要原因；

(3) 解决问题——提出相应的对策。

通过问题解决训练，培养学生做个生活中的有心人，形成解决问题的能力，提高生活的品质。

案例示范

案例1

拨开迷雾

陈凌　福建省福州第十六中学

教学环节	教师活动	学生活动	设计意图
创设情境导入新课	播放视频：我国北方某城市雾霾视频（利用雾霾照片制作成视频），造成居民出行不便，医院中上呼吸感染患者剧增。 设问：这里究竟怎么了？	学生思考并进入新课。	联系生活情境引入，激发兴趣。
案例教学呈现某城市现状	呈现案例：了解我国北方某城市雾霾现状。 现象：雾霾污染无人可置身事外。 “雾失楼台，月迷津渡”，古典诗词中意境朦胧的书写，这几天成了北方某城市空气状况的真实写照。10日晚间开始笼罩全城的雾霾连绵多日，12日该城市PM2.5指数濒临“爆表”，该城几乎所有区域被意味着最严重污染的“深褐色”覆盖。 污染是自由流动的，谁也不能独善其身。对浩荡的车流、高耸的烟囱、飞扬的烟尘，我们再也不能熟视无睹，以为不在自己家门口就没事。PM2.5的危害，已经像无孔不入的雾气一样，影响着我们每一个人。有研究更是指出，近年来PM2.5污染的高发和加重与煤炭消耗量的急速增长有直接关系。	阅读材料。 学习新知。	通过教师的引导设问，让学生学会归纳新知。

续表

教学环节	教师活动	学生活动	设计意图
设置问题引导分析	任务布置：了解雾霾的影响及危害。 1. 谈谈对该城市雾霾的感受。 2. 该城市雾霾的危害有哪些？ 3. 该城的雾霾可能是由哪些原因引发的？	分组讨论，按小组合作的方式共同完成总结。	培养学生合作学习的态度。
借鉴成功经验	展示案例：“雾都”“阴霾”“昏暗”等词在19世纪的英国名著中常常出现。进入20世纪中期，英国人为摘掉“雾都”的帽子，经过了半个世纪的努力治理空气污染。 英国人在经历了“毒雾”事件之后，开始反思空气污染造成的苦果，并催生了世界上第一部空气污染防治法案《清洁空气法》的出台。法律规定在伦敦城内的电厂都必须关闭，只能在大伦敦区重建。要求工业企业建造高大的烟囱，加强疏散大气污染物。还包括要求大规模改造城市居民的传统炉灶，减少煤炭用量，逐步实现居民生活天然气化；冬季采取集中供暖。20世纪80年代后，交通污染取代工业污染成为伦敦空气质量的首要威胁。为此，政府出台了一系列措施，来抑制交通污染。包括优先发展公共交通网络、抑制私车发展，以及减少汽车尾气排放、整治交通拥堵等。此外，20世纪80年代，伦敦市在城市外围建有大型环形绿地面积达4 434 km^2。政府决定尝试在街道使用一种钙基黏合剂治理空气污染。这种黏合剂类似胶水，可吸附空气中的尘埃。街道清扫工已将这种新产品用于人口嘈杂、污染严重的城区，目前监测结果称这些区域的微粒已经下降了14%。英国民众也可以通过网络查询每日空气质量的发布情况。	学生阅读案例。 教师引导，学生思考，小组讨论案例中的成功经验。	利用时事案例等学生感兴趣的事物，使抽象的知识具体化、形象化，利于学生理解。 创设情境，激发兴趣。 通过经验的指导为下面的区域规划、环境保护的开展引导出思维的新方向。 培养学生合作、团队意识，通过汇报培养学生口语表达。
设置问题引导分析	任务布置： 1. 伦敦“雾都”的由来？ 2. 伦敦的“毒雾”可能会影响哪些方面？这与该城市雾霾有何相似性？ 3. 伦敦采取哪些举措来摆脱迷雾？ 迁移：该城市该采取哪些可行的办法来缓解雾霾？	学生提出缓解雾霾的对策。	迁移应用，促进对策生成。
总结	课堂总结：该城市的雾霾可以靠车辆限行、减少石化燃料使用、舆论监督等来加以控制。	学生自行总结。	课堂总结可以把课堂传授的知识尽快地转化为学生的素质；使学生更深刻地理解地理知识在实际生活中的应用。

案例2

闽江口湿地的破坏与保护

陈凌　福建省福州第十六中学

教学环节	教师活动	学生活动	设计意图
创设情境导入新课	情景剧《闽江口湿地二三事》 闽江口湿地由于随意侵占和破坏，湿地面积锐减，现存天然湿地面积仅剩三分之一。在调查过程中，我们十六中的师生积极参与实地考察，我们发现：盲目围垦、环境污染是湿地“两大杀手”。为了更好地展示我们的发现结果，接下来，综合实践十六中的学生将为大家展现《闽江口湿地二三事》的情景剧表演。(一片生机勃勃的景象展现在眼前，翠绿色的芦苇随着风轻轻摆动，不时传来几声悦耳的鸟啼声，这时……)	观看情景剧，感受闽江口湿地的美丽、感叹闽江口湿地的破坏，进入“闽江口湿地的破坏与保护”情境。	创设有效情境，激发学生积极参与。
环节一：团队展示闽江口湿地现状的各类材料（发现问题）	学生团队汇报： 利用图表，汇报查找资料的方法以及对闽江口湿地的认识： （将闽江口湿地的曾经和现在从四个方面展示） 1. 制作闽江口湿地模型图，对比前后的区别 2. 绘制闽江口湿地用地情况饼状图，对比前后区别 3. 利用闽江口湿地植被景观图，对比前后区别 4. 绘制闽江口鸟类情况表格，对比前后区别 学生在展示的时候，进行说明闽江口前后发生的变化、变化的原因、变化的后果。	部分学生在教师引导下制作图表。 所有学生观察图表，了解闽江口湿地的现状。	学生自主查找资料制作并展示各类型数据图表，培养学生获取信息的能力。
	教师展示新闻资料： 湿地破坏和非法占用行为层出不穷，多处湿地告急 福州市天然湿地主要分布在闽江下游河口段和沿海的滩涂、浅海地区，面积大，种类多。福州市曾出台保护湿地的意见，但破坏和非法占用湿地的情况时有发生。 鳝鱼滩湿地是闽江口面积最大和保护较好的一块湿地。据记载，在鳝鱼滩发现的鸟类就多达73种，其中属国家二级保护的鸟类就占总数的15%。福建省副省长、省环委会主任苏增添目睹了上万只候鸟迁徙的壮观场景后表示，要	阅读材料，获取信息。	展示新闻材料，展示真实数据，培养学生获取信息的能力。

续表

教学环节	教 师 活 动	学 生 活 动	设 计 意 图
环节一：团队展示闽江口湿地现状的各类材料（发现问题）	保护好这块湿地。但由于目前保护区未划定，无人驻点管理，不少渔船仍频繁往来，在鳝鱼滩边就设有码头，停留了几十艘渔船。由于附近乡镇将大量污水排进滩外水域造成湿地水质恶化以及附近居民上岛大量捕杀等原因，湿地鸟类种群数量明显减少，20 世纪 80 年代每年几十万只候鸟在岛上越冬的景观已难见到。 专家告诉记者，湿地的潜在价值非我们这一代人所能了解，闽江河口任何一片湿地的破坏，都会不同程度地损坏已经形成的闽江河口生态环境，导致难以估量的后果。因此，专家呼吁：“再不采取强力措施，福州的重要湿地不到 10 年就没有了！”		
环节二：小组讨论，分析闽江口湿地现状（分析问题）	提问引导： 1. 闽江口湿地的位置在哪里？ 2. 闽江口湿地的现状是怎么样的？ 3. 你认为闽江口湿地有哪些环境方面的问题？ 4. 如何解决？	团队讨论。	问题引导，层层深入，团队协作，分析问题。
环节三：小组派代表阐述观点及对策（解决问题）	教师充当主持人，学生团队自主汇报，并提出对策： 1. 设立闽江口湿地自然保护区 2. 设观鸟屋 3. 加大宣传保护湿地 提出倡议： 1. 不乱扔垃圾，看见垃圾，请弯腰拾起 2. 不随便摘花采叶，保护湿地生态环境 3. 作为游人，要爱护鸟类，关爱生命，保护野生动物，不干扰它们的生存环境 4. 不过度捕鱼，不捕猎鸟类和野生动物 5. 积极参与保护闽江口湿地的各项活动	团队汇报并提出倡议。	学生自主探究学习并汇报，体现了学生为主体的新课改思想。
总结	本节课由团队自主探究完成。各团队从前期的搜集资料，再到制作图表，再到问题汇报，充分展现了个团队的合作创新能力。		

案例3

闽北山区的自然灾害及对策

邓永兰　福建省建阳区徐市中学

教学环节	教师活动	学生活动	设计意图
创设情境导入新课	图片展示：家乡近年发生的自然灾害图片。 设问：观看图片，说出图中所示自然灾害的类型。 承转：除了前面图中所示的自然灾害，我们家乡还发生过哪些自然灾害，这些自然灾害是不是都经常发生？	学生观察图片，回答问题。	引用身边事例，让学生真实地感受到灾害发生在身边。
环节一：（发现问题）家乡主要自然灾害及其造成的危害	设问：请根据图片以及文字资料思考：我们家乡较常发生的自然灾害有哪些？分别属于何类型？多发生在什么时间？对社会和经济造成哪些危害？尝试列表归纳。 图片展示：中国主要气象灾害的分布图。 文字资料：闽北山区自然灾害调查概况。 小结：列表展示（略）。	学生根据生活经验，联系新旧知识，结合图片和文字资料思考、回答问题。	进一步明确自然灾害的内涵，使概念清晰化。 培养从图文资料中提取有效信息，并对信息进行整合与分类的能力。
环节二：（分析问题）造成家乡自然灾害的原因	承转：是什么原因造成闽北地区多洪涝灾害和滑坡灾害呢？ 图片展示：中国年降水量分布图、中国气候类型分布图。 设问：结合家乡气候（降水）特点，分析多洪涝灾害的原因。 小结：依据学生回答进行补充、整理。 图片展示：南平市地形图、中国气候类型分布图、中国年降水量分布图。 设问：结合家乡气候（降水）特点，分析多洪涝灾害的原因。 小结：依据学生回答进行补充、整理 承转：自然灾害的成因可分为自然原因和人为原因。前面我们分析的造成家乡常见自然灾害的原因都属于自然原因，那除此之外还有没有人为原因呢？ 小结：依据学生回答进行补充、整理	根据图文资料，思考家乡多洪涝灾害和滑坡灾害的原因。	培养学生有效地提取信息和组织语言的能力。 调动学生已有的知识，形成知识链条，培养思维的逻辑性。 使学生养成全面思考问题的好习惯。
环节三：（解决问题）提出相应的对策	承转：我国自然灾害的种类多、发生频率高、损失严重，防灾减灾任务严峻。 小组讨论：以小组为单位，讨论家乡防灾减灾的措施。以小展板的形式进行汇报展示。 小结：将学生展示进行整合。 提问：我们如何针对其他区域存在的自然灾害提出相应的对策呢？ 总结：可以从以下方面进行： （1）发现某区域存在哪些自然灾害。 （2）分析这些自然灾害产生的原因。 （3）提出相应的对策。 练习：针对云南省的自然灾害提出相应的对策	小组讨论，分工合作，探讨闽北地区防灾减灾的措施，制作成小展板进行汇报展示。 小结方法。 迁移运用。	锻炼学生小组合作交流的能力和解决问题的能力。 养成总结学习方法的良好习惯。 学以致用，举一反三。

评述与建议

“如何指导学生针对某区域存在的自然灾害及环境问题，提出相应的对策”这个问题的研究有助于落实课标的“现代社会要求公民能够充分认识人口、资源、环境和社会等相互协调发展的重要性，树立可持续发展观念，不断探索和遵循科学、文明的生产方式和生活方式”的要求。

1. 本问题解决采用的教学策略的共同特点

一是注重地图的运用，提高学生的素养。地图不仅能帮助学生理解、记忆地理知识，而且能帮助学生进行形象思维，提高解决问题的能力。

二是应用问题解决的方式进行教学。通过教师启发引导，发现家乡存在的自然灾害或环境问题；基于学生生活经验，利用学生所学的知识，引导学生回答家乡有哪些自然灾害或闽江湿地有哪些环境方面的问题，对家乡造成了哪些危害或不利影响；联系实际，分析产生的原因，并提出应对策略。学生通过分析和解决这些问题，达成“针对某区域存在的自然灾害及环境问题，提出相应的对策”这一目标。同时，促进学生学会分析问题和解决问题，提高生活的品质和生存能力。

三是从案例教学渗透情感教育。环境教育是初中地理教学的重要组成部分，对某一区域灾害问题研究的一个重要任务就是在具体案例中对学生进行环境保护的情感教育。如案例1通过展示城市雾霾对人民生活和身体健康的影响，增强对其的感性认识，强化学生对环境保护的情感认同，有助于环境教育活动的开展。

2. 课题中的三个案例各自的特色

案例1“拨开迷雾”最大的特色是通过介绍英国治理雾霾的成功案例，引发我们对治理自己国家城市雾霾的思考，通过比较，促进对策生成，实现迁移应用。

案例2“闽江口湿地的破坏与保护”的特色在于：创设情景剧，对学生进行环境审美教育；对相关图表的对比分析，认识闽江口湿地的发展现状及趋势；合作学习始终贯穿自主探究的全过程。

案例3“闽北山区的自然灾害及对策”的特色在于：重视相关概念的界定、相关知识结构的梳理与总结；通过地理图表的叠加分析，归纳闽北地区气象、地质灾害的成因。

教学建议：

（1）教学要更多地关注学生的环保“行动”，而非仅停留在理念策略层面。学生环境认识的深化并不意味着一定能转化成实际行动。因此教学中要更多地关注如何去“做”，而非如何“看”。如案例1在雾霾的防治上，可以教给学生一些雾霾防治的生活小技巧，让学生思考家庭如何能为城市减轻雾霾做些什么，或许这样更有意义。

（2）案例3的环节三“闽北地区气象、地质灾害成因分析”图片展示需要调整。将“中国年降水量分布图”换成“闽北地区降水季节分布图”，并展示此地区植被破坏、山地开发、工程建设相关图片，更有助于学生对灾害原因进行分析。自然灾害的防治问题不能只是停留在课堂理论分析层面，还要有针对性地引导学生从自身的角度谈如何防治。

（3）“自主—合作—探究”的运用方式可以更灵活。自主合作探究模式一定要注重两个方面，一是问题本身的价值，且该问题值得探究；二是探究的形式要灵活，不要只局限于课堂中学生的口头表述或回答问题，而要激活学生的思维，提高学生的实践能力，比如说可以采取动手实验、辩论、画图等形式。在课堂过程中，可以请每组同学选择一种自然灾害或环境问题，完成两项任务：① 指出某地环境问题或自然灾害的种类并完成其分布图，分析成因；② 探究解决问题的方案，并寻求最佳方案。让学生分组讨论，探究分布、成因及对策，并利用实物投影仪进行成果展示并动手完成板图。课堂气氛很活跃，学生们争先恐后的举手发言，充分调动了他们学习的积极性，突破了难点，使枯燥的知识生动化，乏味的知识兴趣化，达到了很好的教学效果。通过探究，可以让学生动脑—动口—动手—离开座位—走上讲台，将自己的思想表达出来，让他们合作绘图，让他们互相辩驳、自主分析，让他们成为课堂上的主人、更加积极投入到学习过程中，以取得更好的学习效果。

【校本研修建议】

以教研组为单位进行校本研修，参考流程如下：

（1）教师个人先通过研读课标、钻研教材、分析学生后完成教学设计。

（2）观摩微课程案例并进行点评，分析案例的优点与不足。

（3）根据案例，取长补短，并结合当地实际与学生学习水平完成新的教学设计。

（4）实施教学，根据师生、生生互动与学生反映等情况，改进方案。

（5）把改进后的新方案制作成微课程或文字呈现，上传到资源平台或其他学校进行交流。

后记

初中地理教学关键问题实践研究，以聚焦课堂教学关键问题的解决为突破口，通过组建专业团队开展实践研究以及探索多种方式实现成果的推广使用，从而达到深入推进课程改革、提高课程实施质量和课程育人水平的目标。本书是国家社会科学基金项目“中小学学科教学关键问题实践研究”的子课题“初中地理教学关键问题实践研究”的研究成果，是豫、闽、晋三省协同创新的结果，是集体智慧的结晶，凝聚着所有参与研究人员的心血和汗水。项目实施具体分工如下：

项目指导：教育部基础教育课程教材发展中心

指导专家：林培英（首都师范大学）

牵头单位：河南省基础教育教学研究室

协同单位：山西省教育科学研究院、福建省普通教育教学研究室

联合负责人：

丁武营（河南省基础教育教学研究室）

李元平（山西省教育科学研究院）

郑云清（福建省普通教育教学研究室）

研究团队成员：

河南省：丁武营、杨惠茹、赵丽霞、陈卫东、单莉霞

山西省：李元平、张志岗、肖明光

福建省：郑云清、叶回玉、高福平、邹定琴、庄云芳

任务分工：

河南省：承担教学关键问题1–1，1–2，1–3，2–1，2–2，2–3，2–4，2–5

山西省：承担教学关键问题2–6，2–7，2–8，2–9，3–1，3–2

福建省：承担教学关键问题3–3，3–4，3–5，3–6，3–7，3–8，3–9

微课程后期制作：河南电子音像出版社

整个研究工作历时一年时间，大致分为前期准备、项目启动、文本研究、微课程开发、出版文本修订和微课程上线等五个阶段。在研究过程中，河南省基础教育教学研究室、福建省普通教育教学研究室、山西省教育科学研究院开展协同攻关，充分整合一线教师、教研员、专家学者等力量，组建优秀研究团队，建立多方协同研究机制和学科专家指导机制，创新教学研究工作方式，充分发挥指导专家作用，积极邀请指导专家参与各阶段的工作，为各阶段研究工作和成果评价提供强有力的专业支撑。

在本研究实施过程中，我们得到了教育部基础教育课程教材发展中心和高等教育出版社的大力支持，得到了首都师范大学林培英教授的悉心指导，在此表示由衷的

感谢！

另外，我们还要衷心感谢参与本项目的学校，正是由于他们的全力支持、倾心投入，本项目研究得以顺利实施，并最终取得预期的研究成果。

初中地理教学关键问题实践研究课题组

2016年6月

网络学习平台使用说明

1. 欢迎各位同学登录本课程的网络学习平台，进行答疑、完成作业及师生交流等学习活动。

网址 http://abook.hep.com.cn/45946

2. 登录方法：请在页面上点击“注册”按钮先注册，注册后的用户登录后点击页面右上方“充值”，正确输入本书封底标签上的明码和密码完成课程选择。

3. 注意事项：本账号自注册使用开始，有效期1年，过期作废。

电子邮箱 wangwy@hep.com.cn

咨询电话（010）58581734